TOPOGRAPHIE
Historique, Statistique
ET MÉDICALE
DE L'ARRONDISSEMENT DE LILLE.

TOPOGRAPHIE

HISTORIQUE,

STATISTIQUE ET MÉDICALE

DE

L'ARRONDISSEMENT DE LILLE,

DÉPARTEMENT DU NORD,

PAR J.-B. DUPONT,

Médecin de l'Hôpital de Seclin, membre de plusieurs
Sociétés savantes.

Je vais jusqu'où je puis ;
Et semblable à l'abeille, en nos jardins éclose,
De différentes fleurs j'assemble et je compose
Le miel que je produis.

J.-B. ROUSSEAU.

A PARIS,

Chez DELARUE, Libraire, quai des Augustins, n.° 11,
Et à LILLE, chez CASTIAUX, Libraire.

1833.

LILLE. — IMPRIMERIE DE BLOCQUEL.

A M. le Baron Méchin, Conseiller d'État, Préfet du département du Nord.

Hommage

D'ESTIME ET DE RECONNAISSANCE.

J.-B. Dupont.

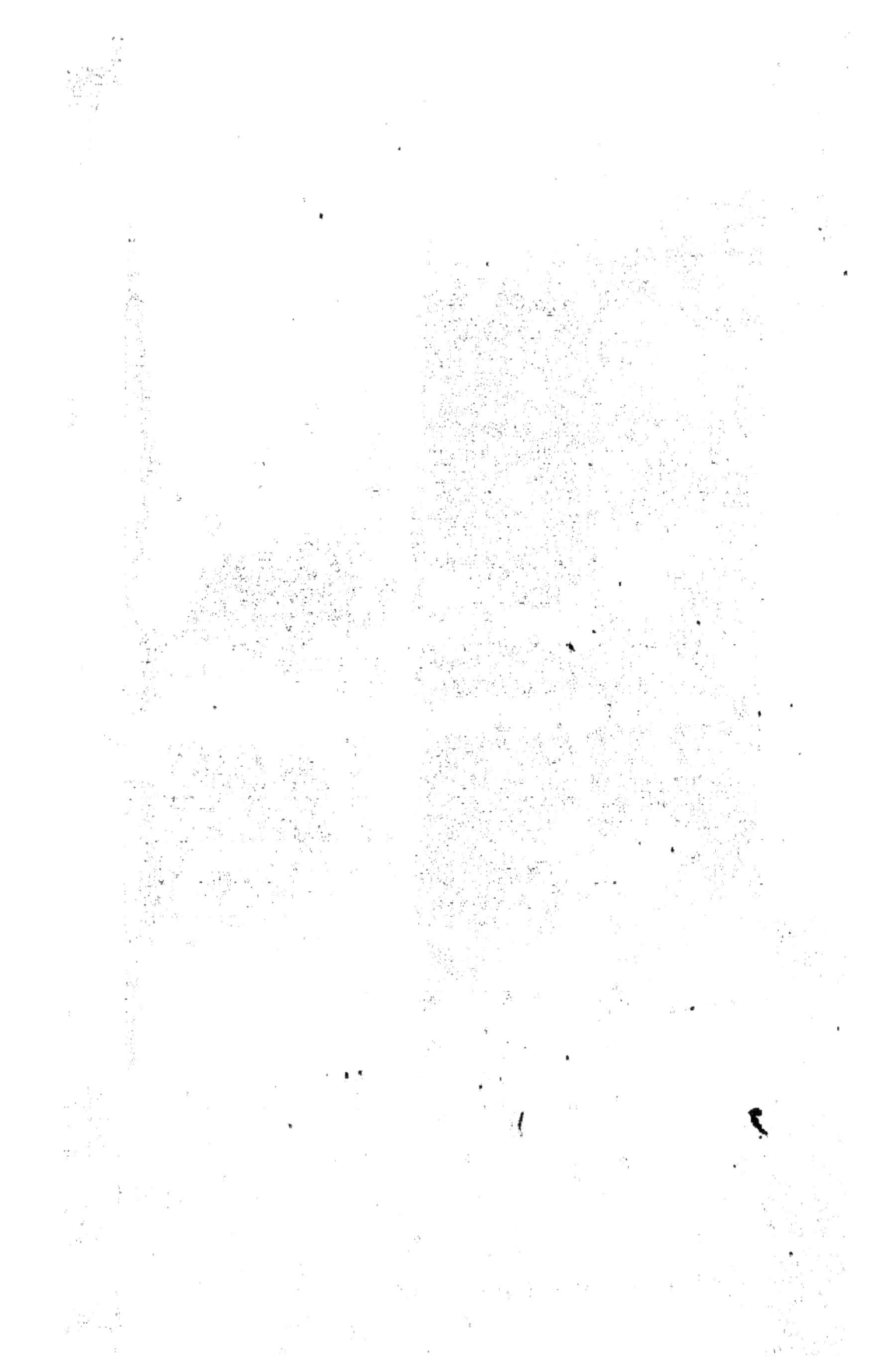

TOPOGRAPHIE

HISTORIQUE, STATISTIQUE ET MÉDICALE.

VILLE DE LILLE.

Chapitre premier.

HISTOIRE ET DESCRIPTION DE LILLE.

§ 1.er POSITION GÉOGRAPHIQUE DE LILLE.

La ville de Lille a commencé à s'élever au milieu d'un vaste marais que le courage et l'industrie de ses habitans a transformé en une plaine d'une fertilité et d'une richesse immenses. Elle est située à l'extrémité septentrionale de la France, dans le département du Nord, dont elle est le chef-lieu de préfecture, sur la rivière de la Deûle, qui la traverse et l'arrose d'un grand nombre de canaux.

Lille est à 20 degrés 44' 16" de longitude, et à 50 degrés 27' 50" de latitude. Elle est distante de la mer de 15 à 16 lieues. Lille est à 5 lieues de Tournai, 7 de Douai, 14 de Gand, 16 de Dunkerque, 14 de Mons, 60 de Paris.

§ 2. ORIGINE DE LILLE.

L'origine de Lille est remplie d'obscurités, que les fables absurdes débitées par les écrivains ne contribuent pas peu à rendre plus impénétrables encore. Cependant, long-temps avant qu'il en fût question, et même long-temps avant l'ère chrétienne, des villes considérables existaient dans le pays, et les Nerviens, les Ménapiens, les Atrébates, les Morins étaient des peuples belliqueux devant lesquels Jules-César fut obligé de reculer : la bataille qu'ils livrèrent aux Romains sur les bords de la Sambre, 56 ans avant Jésus-Christ, pensa arrêter le cours de leurs victoires : l'armée de César en fut si diminuée, qu'il se vit obligé de retourner en Italie avant la mauvaise saison pour y faire des recrues. Alors existaient Tournay, *Tornacum;* Wervick, *Veroviacum;* Cassel, *Castellum;* Terrouanne, *Tervanna;* l'arrondissement de Lille faisait partie du pays des Ménapiens.

Depuis Jules-César jusqu'à l'irruption des

Francs dans la Gaule Belgique, en 249 de l'ère chrétienne, rien n'annonce encore que Lille va sortir de son immense marais. Depuis environ cinquante ans, le christianisme s'était établi dans le pays, qui se trouvait dans un état florissant. Mais vers l'an 291, Maximien donne aux Francs des terres à cultiver dans la Morinie qui venait d'être dépeuplée par les ravages des barbares. Plus tard la Gaule Belgique est divisée en province première et seconde : dans la seconde se trouvaient comprises la Morinie et la Ménapie. C'est vers ce temps qu'existait Seclin, à deux lieues de Lille, dans lequel l'évêque Piat, de Tournay, vint mourir, après avoir souffert le martyre dans cette dernière ville. Les auteurs de l'annuaire statistique du département du Nord pour 1830, disent que l'origine de Seclin ne remonte pas au-delà du sixième siècle ; mais je crois que ces Messieurs se trompent, et ce qui me le fait croire, c'est que l'église de Seclin possède les os de St.-Piat, que son tombeau existe sous la voûte du chœur, et que l'on y montre une fontaine miraculeuse qui guérit de la fièvre, toutes les fois que l'on a pris la précaution d'avaler dix à douze grains de sulfate de quinine avant de boire de son eau. On voit que le christianisme avait fait de grands progrès dans le pays; un siècle plus tard, les enfans du grand Théodose ayant partagé entre eux la souveraine puissance, en la divisant en empire d'Orient et en empire d'Occident, on détruisit les temples du paganisme dans le pays des Morins et des Ménapiens.

Passons rapidement sur les évènemens, et arrivons au règne de Charlemagne. Les Morins, les Ménapiens, etc., furent soumis à ce conquérant (792). Avant lui, le voile qui couvre l'origine de Lille est difficile à soulever; d'aucuns disent que Clotaire II, roi de France, nomma Lydéric de Harlebecque *forestier* de Flandre, et lui donna le château du Buc, bâti sur une éminence située aujourd'hui dans le jardin de l'Hôtel des Douanes. Il fut chargé de purger le pays des brigands qui l'infestaient. Tout porte à croire que ce seigneur fixa son séjour dans la forteresse du Buc, et que les peuples voisins, trouvant plus de sécurité sous ses auspices, y vinrent construire des habitations qui donnèrent naissance à la ville de Lille. Cette version paraît tout aussi vraisemblable que bien d'autres, et elle a pour elle le témoignage du peuple, qui peut être de quelque poids sur ce sujet. Demandez au dernier artisan de ce pays où Lille a pris naissance, il indiquera sans hésiter cette île qui renferme l'éminence sur laquelle était bâti le château du Buc ; et, en effet, c'est ici le seul espace de terre entouré d'eau, d'où ait pu venir le nom d'*illa* ou *isla* dont on a fait l'isle, puis Lille, comme on l'écrit aujourd'hui. Le gouverneur s'adonna à l'agriculture, et s'occupa de grands défrichemens. Grâces à la justice rigoureuse exercée par lui et quelques-uns de ses successeurs, la population paisible de la Flandre, de l'ancienne Ménapie, s'accrut en peu de temps d'une manière prodigieuse. On n'entend plus parler de Lille dans les chroniques du temps, jusqu'à Baudouin I.er, dit *Bras-de-Fer*, qui, en 863, fit pendre plusieurs de ses ennemis aux murailles du château de Lille.

Les courses des Normands pendant le neuvième siècle et pendant une partie du dixième, durent nécessairement nuire aux progrès de Lille, et il faut arriver à Baudouin IV (1007), qui fit bâtir un grand nombre de maisons, et donna une forme positive à la ville.

Trente ans plus tard, Baudouin *Belle-Barbe*, la fait entourer de murs ; et vers 1047, son fils commence la construction de la collégiale de Saint-Pierre ; le clergé devenait puissant : la chose, d'ailleurs, n'était pas nouvelle, puisque quatre cents ans auparavant le grand

St.-Eloi, le même probablement qui faisait des observations au roi Dagobert sur la mauvaise position de son haut-de-chausse, avait doté Seclin d'un chapitre de chanoines.

§ 3. ETAT DE LILLE ANCIENNE; SON ACCROISSE-MENT.

Au dixième siècle, le bourg de Lille ne comprenait que la place du marché, c'est-à-dire la grande et la petite place réunies en une; et nécessairement les trois grandes rues qui y aboutissent, dont l'une s'appelait la Grande Chaussée, l'autre la rue Esquermoise; la troisième rue de la Cordwannerie, qui est aujourd'hui la première portion de la rue de Paris. Plus, la rue Basse, conduisant de l'extrémité de la rue Esquermoise à celle de la Grande-Chaussée, et communiquant au château du Buc par la rue actuelle du Cirque.

En 1066, Lille est divisée en deux parties : La première, la plus ancienne, est la paroisse Saint-Etienne, dont l'église a été brûlée par le bombardement de 1792, et que Baudouin V, dans la charte de fondation de l'église de Saint-Pierre, appelle *forum Illense*. La seconde, qui seule était entourée de murailles, ne comprenait que la paroisse de Saint-Pierre, et s'appe-

CHATEAU DE LILLE DIT DE COURTRAI
Bâti en 1300.

lait le château de Lille, *Castrum Illense.*
L'église de Saint-Maurice existait aussi, mais
elle était alors paroisse de Fives. Du côté de
la rue Esquermoise, le faubourg où étaient les
jardins des Chanoines, a formé depuis la paroisse de Sainte-Catherine.

En 1147, la ville avait une enceinte que
déterminent encore actuellement les canaux
des *Poissonceaux*, des *Ponts-de-Comines*,
et *des Sœurs Noires*. Elle ne renfermait alors
que les paroisses de Saint-Pierre et de Saint-
Etienne. Celles de Saint-Maurice et de Saint-
Sauveur n'y ont été réunies que dans les siècles
suivans.

Ainsi en partant de la porte septentrionale
qui se trouve être aujourd'hui une partie de la
prison Saint-Pierre et le coin de la rue Française, on longeait la Basse-Deûle, actuellement
le Grand Rivage, jusqu'au château de Courtrai, vers l'emplacement actuel du Moulin du
Château : la place Saint-Martin, la rue des
Foulons (rue des Arts), les Ponts-de-Comines, la rue de la Cordwannerie (de Paris), la
place du Marché, la rue Esquermoise, la rue
Basse, et, passant près du château du Buc,
par les ponts, on allait rejoindre la rue d'Angleterre et la rue Saint-Pierre.

En 1243, la ville est presque augmentée du double de sa grandeur, par l'adjonction des paroisses de Saint-Maurice et de Saint-Sauveur. Cette dernière comprenait les rues de Fives, de Saint-Sauveur, du Curé, du Croquet, de Poids, des Robleds, des Étaques, de Male-Part, du Banc-de-Wedde et des Malades. Lille alors n'avait point de fortifications, sinon vers le nord où devaient subsister encore les anciens terreaux. Le fort des Reigneaux avait été détruit par les Français eux-mêmes à leur rentrée dans Lille (1214).

La place du marché est divisée en grande et petite places par la construction des quartiers qui forment aujourd'hui la rue des trois Couronnes.

En 1304, la ville est entourée de murailles et de fossés par le comte de Guy, à cause de ses démêlés avec Philippe-le-Bel. La rue actuelle de Saint-André, le Béguinage, la Cense du Metz, la rue de la Barre, l'église de Sainte-Catherine, le château de Courtrai, bâti par Jacques de Chatillon, gouverneur pour Philippe-le-Bel, sont encore hors de l'enceinte. Ce dernier château, remarquable par ses hautes tourelles et ses nombreuses flèches, a disparu sans laisser d'autres traces que ses fossés, qui forment maintenant le canal qui passe derrière la rue des Tours, traverse la rue de Gand, et revient aboutir au rivage.

Les couvens et les hôpitaux commencent à devenir nombreux : Les Frères Prêcheurs, l'Hôpital-Comtesse, l'Hôpital Saint - Sauveur, les Frères Mineurs, le Couvent de l'Abbiette, les hôpitaux Saint-Nicolas, Saint-Nicaise et de la Trinité.

En 1450, la paroisse Sainte-Catherine est enclavée dans la ville, et la porte de la Barre, qui avait été construite vers 1381 pour mettre le faubourg de Sainte-Catherine à l'abri d'un coup de main, devient une des portes de la ville.

1604. Depuis 1450 jusqu'à cette époque, un agrandissement considérable a eu lieu vers le sud-ouest de la ville. La nouvelle enceinte était en construction, et l'ancienne muraille existait encore. Cet agrandissement, projeté par Charles-Quint n'avait pu s'effectuer de son temps à cause des guerres.

Le nombre des couvens et des établissemens de charité est fort augmenté depuis l'époque précédente. Les principaux sont : la maison de la Grange ; l'Hôpital de Sainte-Catherine de Sienne ; les Sœurs grises ; les Bonnes filles ;

l'Hôpital-Gantois ; les Sœurs de la Madeleine ;
les pauvres Claires, les Capucins ; l'école de
Stappaert et les Jésuites.

Les Dominicains, trop exposés en temps de
guerre dans leur ancienne maison située dans
le faubourg Saint-André, à proximité de la
porte septentrionale, ont obtenu ce qu'ils solli-
citaient depuis long-temps, la permission de
s'établir en ville ; une magnifique église et un
vaste monastère sont élevés pour eux en 1579,
rue Basse, au pied de l'éminence sur laquelle
était jadis le château du Buc, et qui leur sert
de jardin.

En 1667, un nouvel agrandissement a eu
lieu, à la demande du gouverneur (1621), et
sur l'avis des ingénieurs, qui ne jugeaient pas la
ville susceptible de défense depuis la démolition du vieux château. Les faubourgs de *Courtrai* et des *Reignaux* sont incorporés dans la
ville, et les portes connues sous ces deux noms
sont remplacées par celle de la Madeleine et
de Saint-Maurice.

La ville a pris l'accroissement et les limites
qu'elle conservera au midi ; la porte des Malades, la noble Tour, la porte de Fives, la porte
Saint-Maurice et celle de la Madeleine, forme-
ront son enceinte. Au nord, la porte septentrio-

nale, ou de Saint-André, est toujours où nous voyons maintenant la prison Saint-Pierre : de ce côté, la ville ne va pas plus loin que la rue d'Angleterre ; tout le beau quartier de la rue Royale est encore à bâtir, et l'Église Saint-André se trouve bien loin dans le faubourg de ce nom.

Sept nouveaux couvens sont venus renforcer l'armée monacale : Les Carmes déchaussés ; les Carmelites ; les Urbanistes ; les Annonciades ; les Augustins ; les Minimes ; les Dominicains. Par compensation, l'hospice des Vieux-Hommes, l'hôpital de la Charité, le collège des Hibernois, celui des Jésuites, des Bapaumes, viennent offrir un asile à la vieillesse souffrante, et l'instruction à la jeunesse studieuse. La Bourse est bâtie à la demande d'un grand nombre d'habitans.

1786. La ville s'est agrandie de tout le beau quartier qui s'étend depuis la porte de la Barre jusqu'à celle de la Madeleine. Lille est devenue l'une des places fortes les plus importantes du royaume. Ses fortifications, ouvrage du chevalier des Isles, et de Vauban ; sa citadelle, bâtie par Vauban, en ont fait un des boulevards de la France.

Les monumens et les établissemens publics

sont aussi venus l'embellir : La porte de Paris, l'Hôpital-Général, l'Intendance, la salle de Spectacle ; l'Hôpital-Militaire, de superbes Casernes pour la cavalerie et l'infanterie, attestent que le gouvernement a voulu donner à cette place toute l'importance qu'elle mérite.

On sait ce que sont devenus depuis la révolution de 1789, les Eglises, les Couvens et les Monastères ; je donnerai plus loin la description des monumens modernes.

§ 4. MALHEURS DONT LES HABITANS EURENT A GÉMIR ; SIÉGES QU'ILS EURENT A SOUTENIR.

Le premier fait militaire dont l'histoire de Lille ait à s'occuper paraît remonter à Robert-le-Frison (1070), frère de Baudouin de Mons, qui, après avoir offert aux Gantois son assistance contre les persécutions des seigneurs de Mailly et de Créqui, et contre la tyrannie insupportable de Richilde, veuve dudit Baudouin, la suit sous les murs de Lille, s'empare du château dont Gérard-du-Buc lui ouvre les portes, pénètre bientôt après dans la ville ; les habitans se joignent à lui, et massacrent le seigneur de Mailly. Plus tard (1128), après quelques guerres et quelques batailles dont ce pays fut le théâtre,

Thierry-d'Alsace, petit fils de Robert-le-Frison, fut proclamé comte de Flandre.

Vers 1203, la fureur des croisades travaillait plus que jamais les cerveaux des nobles seigneurs qui couraient se faire tuer en Palestine pour conquérir le tombeau du fondateur du Christianisme. Baudouin IX, comte de Flandre, devint le chef de celle qui eut pour résultat de placer sur son front la couronne impériale. Mais vaincu sous les murs d'Andrinople (1205), par le roi des Bulgares, il fut mis à mort, et Jeanne, l'aînée de ses filles, épousa Ferrand de Portugal, qui devint comte de Flandre moyennant la cession de Saint-Omer et d'Aire à Philippe-Auguste, oncle de Jeanne, qui consentit à leur accorder sa protection.

Ferrand, peu satisfait de cet acte de probité royale, refusa de se joindre à l'expédition que Philippe préparait contre l'Angleterre. Celui-ci, furieux, dirigea toutes ses forces contre l'audacieux vassal, et s'empara des principales villes de Flandre. Lille fut prise et reçut une garnison qui bâtit le fort *Darnel*, *Dergniau*, ou *des Reigniaux*. Le fils aîné du roi y commandait, mais un jour qu'il était allé dans les environs exercer ses nobles brigandages, les Lillois s'insurgèrent, chassèrent ce qui restait de soldats dans le fort, et ouvrirent leurs portes au comte Ferrand.

Le monarque français engagé dans cette terrible guerre contre l'empereur Othon et le roi d'Angleterre, qui se termina par la bataille de Bouvines (1214), irrité contre les habitans de Lille, revint s'en emparer, pour la détruire de fond en comble. Tout fut livré aux flammes ; les terrains boisés qui entouraient la ville brûlèrent pendant plusieurs jours. Ce désastre épouvantable opéra sa ruine complète. Cependant le roi ayant retenu prisonnier le comte Ferrand, rendit ses états à Jeanne de Constantinople, sous le gouvernement de laquelle Lille ne tarda pas à se relever de ses ruines.

Attaquée par Philippe-le-Bel, la ville de Lille fut prise encore en 1297. Jean de Namur, fils de Guy de Flandre, la reprit en 1302, après la bataille de Courtrai. Philippe-le-Bel l'assiégea de nouveau après la bataille de Mons-en-Pévèle, mais il ne s'en empara point : elle lui fut cédée par traité. Philippe-le-Hardi, duc de Bourgogne, ayant épousé Marguerite, fille et unique héritière de Louis de Male (1346), Charles V céda ses droits sur cette ville et ses châtellenies au duc de Bourgogne, se réservant de les reprendre si les descendans mâles manquaient à ce prince. Philippe-le-Hardi mourut sans enfant mâle ; mais Maximilien d'Autriche, qui avait épousé sa fille, ne voulut point avoir égard aux droits du roi de France et conserva la principauté de la châtellenie de Lille. Les rois et les princes se faisaient alors un jeu de manquer à leurs engagemens et de trahir leurs sermens. Sont-ils beaucoup plus scrupuleux aujourd'hui ? Les traités entre Charles-Quint et François Ier arrangèrent cette affaire à la manière du Lion de la fable.

Louis XIV s'empara de Lille le 27 août 1667, après neuf jours d'attaque. En 1708, après une défense de quatre mois qui illustra le maréchal de Boufflers, la ville fut de nouveau prise par les alliés sous les ordres du prince Eugène et de Marlborough; elle fut enfin cédée à la France par le traité d'Utrecht.

Siége de 1792.

Mais le siége le plus mémorable que la ville ait eu à soutenir, celui dans lequel les habitans montrèrent un courage égal à celui de nos guerriers les plus intrépides, est sans contredit celui de 1792. Je vais essayer de le décrire ; j'y étais : j'en puis parler.

L'histoire est là pour raconter les évènemens qui amenèrent les Autrichiens devant Lille. Leur armée se trouvait forte de vingt-neuf mille hommes, dont huit de cavalerie. Elle vint le 24 septembre 1792 camper à la vue de Lille, ayant son quartier-général à Hellemmes.

Le lendemain, la ville fut investie, autant du moins que le permettait le nombre des troupes chargées de l'attaquer.

Tout le monde sait que Lille est maintenant une des places les plus fortes de l'Europe. Elle se trouvait bien approvisionnée. Sa garnison ne se composait que de trois mille hommes de troupes de ligne ; mais les volontaires nationaux, la garde nationale, et les intrépides canonniers bourgeois, formant ensemble environ cinq mille hommes, paraissaient animés de la plus grande ardeur, et les habitans se montraient disposés à les seconder de tout leur pouvoir. Le lieutenant-général Duhoux, commandant la place, avait sous ses ordres les maréchaux-de-camp Ruault, Lamarlière et Champmorin. Le capitaine du génie Marescot en était l'ingénieur, et l'artillerie obéissait au lieutenant-colonel Guiscard. Le nommé Bryand, habitant de Lille, était à la tête de la garde nationale.

Les journées et les nuits des 25, 26, 27 et 28, se passèrent en escarmouches et en sorties de peu d'importance. Cependant le 29, les Autrichiens avaient des batteries formidables prêtes à jouer, quelque feu qu'eût encore fait sur eux, les jours précédens, le canon des remparts. A onze heures du matin ils envoyèrent en parlementaire le major d'Aspes. Introduit dans la place, cet officier remit deux sommations au commandant et à la municipalité de Lille. Dans ces sommations, le duc de Saxe-Teschen promettait de traiter tout le monde avec douceur, pourvu que l'on voulût embrasser la cause de la coalition, et livrer la ville. La résistance devait être punie d'un incendie général. Chacun répondit pour les siens. « La garnison que j'ai » l'honneur de commander, et moi », dit le ma- » réchal-de-camp Ruault, commandant d'ar- » mes, «nous sommes résolus de nous ensevelir » sous les ruines de cette place, plutôt que de » la rendre à l'ennemi, et les citoyens fidèles à » leurs sermens de vivre libres ou mourir, par- » tagent nos sentimens, et nous seconderont de » tous leurs efforts ». « Nous venons de renou- » veler notre serment d'être fidèles à la nation, » de maintenir la liberté et l'égalité, ou de » mourir à notre poste, « continua le maire, » nommé André »; «nous ne sommes pas des par- » jures, » Le peuple, entièrement pénétré des mêmes principes, reconduisit le parlementaire autrichien jusqu'à la porte, en faisant retentir les airs des cris mille fois répétés de *vive la nation! vive la liberté!*

A trois heures après midi le bombardement commença. En quelques momens il devint terrible. On voyait la ville continuellement couverte d'une grêle de bombes, d'obus et de boulets rouges. Des boulets rouges! moyen affreux de nuire aux habitans, et qui décèle le courage des uns et la lâche barbarie de l'autre! Trois batteries des Autrichiens étaient placées de manière à prendre Lille dans le sens de sa longueur, et à la couvrir de trois gerbes de feu qui répandaient le ravage dans tous les quartiers indistinctement. Les places, sur lesquelles s'étaient alors formés des rassemblemens où l'on causait des évènemens qui se préparaient, furent en un instant abandonnées et désertes. La plupart des habitans, ne se croyant pas même en sûreté dans leurs maisons, s'enfermèrent dans leurs caves, ou plusieurs trouvèrent la mort, étouffés par le feu ou la fumée, ou bien encore écrasés par les bombes et les débris de leurs habitations. La nuit, loin d'apporter aucun relâche à ces maux, vint y ajouter une nouvelle horreur. Dans cette nuit affreuse, le quartier Saint-Sauveur, le plus exposé aux coups de l'ennemi, devint la proie d'un vaste incendie qu'il ne fut pas possible d'arrêter, et auquel il fallut faire une large part, pour l'empêcher de s'étendre à toute la ville, pendant qu'on cherchait vainement à en éteindre le foyer. Ce supplice, si horrible pour un seul moment, dura cependant cinq jours sans la moindre interruption. La belle église de Saint-Etienne avait été consumée le premier jour.

Le premier de ces jours et la nuit qui le suivit, appartinrent à la terreur; c'était l'effet de la surprise et de la première vue d'un danger dont personne n'avait aucune idée : mais le lendemain, l'amour de la patrie réveillé dans tous les cœurs, et l'excès même de leurs malheurs semblèrent avoir transformé les habitans de Lille en héros. On n'entendit plus aucun d'eux se plaindre : tous ne s'occupèrent plus que de la défense des remparts et du soulagement des infortunés qui devenaient de moment en moment victimes particulières de la calamité publique. Pendant que les uns allaient servir le canon qui essayait de rendre aux assiégeans une partie des maux qu'ils faisaient à la cité fidèle, les autres s'arrangèrent entre eux pour diminuer ces maux eux-mêmes. Dans chaque quartier, dans chaque rue, on s'entendit pour qu'un certain nombre de personnes, toujours sur pied, surveillât et

neutralisât, autant que possible, l'effet des bombes. On vit des femmes, des enfans même, se
disputer l'honneur d'arracher les mêches enflam-
mées des bombes avant qu'elles éclatassent. Devant toutes les portes étaient placés des vases
pleins d'eau où l'on venait puiser aussitôt qu'un
nouvel incendie se manifestait quelque part. Il
suffisait qu'un cri indiquât l'endroit où était le
péril; on y courait aussitôt à l'envi, soit pour
porter des secours au feu, soit pour l'empêcher
de s'allumer, en saisissant le boulet rouge à
l'instant où il tombait, et en le jetant dans l'eau.
Il vint un moment où le caractère national per-
çant malgré la rigueur des circonstances, ce
bombardement sembla n'être plus qu'un jeu
pour ceux contre lesquels il était dirigé. Un barbier courut ramasser un éclat de bombe, et s'en
servit comme de bassin pour raser quatorze ou
quinze personnes qui l'y excitèrent l'une après
l'autre, au milieu du bruit que faisaient de nouvelles bombes en tombant de tous côtés. Le courage et la grandeur, traits distinctifs de ce même
caractère, se trouvèrent aussi partout où ils
avaient leur place. On vient avertir le brave
Ovigneur, canonnier bourgeois, qui faisait le
service de son arme sur les remparts, que sa
maison brûle. Il se retourne, la regarde avec

sang-froid, et continue de charger une pièce, en disant : « Je suis à mon poste, rendons-leur feu pour feu. Un boulet ayant pénétré dans le lieu des séances du conseil de guerre, y fut déclaré en permanence comme l'assemblée.

Le premier octobre, le fléau continuant avec la même activité ses ravages, le général Lamarlière entra dans Lille avec six bataillons de volontaires nationaux, deux de troupe de ligne, et trente-sept canonniers. Le lendemain 2, il entra encore un bataillon de fédérés. Ce jour-là le feu des Autrichiens s'était sensiblement ralenti. Il reprit cependant le lendemain une nouvelle activité, tandis que les pompes de Béthune, d'Aire, de Saint-Omer et de Dunkerque arrivaient avec des provisions de toute espèce. On comptait par approximation qu'il était tombé dans la ville environ trente mille boulets rouges et six mille bombes.

Dans l'après-midi du 6, le feu des Autrichiens, qui avait toujours été en s'affaiblissant, à dater du 3, cessa entièrement. Le duc de Saxe-Teschen effectua sa retraite dans la nuit du 7 au 8. On courut aussitôt combler les tranchées des Autrichiens. Le bombardement n'avait pas fait moins de deux mille victimes, tant parmi les habitans de la ville, que dans la garnison. Le faubourg de Fives et le quartier Saint-Sauveur n'offraient plus qu'un amas de décombres fumans. Plus de sept cents maisons avaient été la proie des flammes dans le reste de la ville. Il n'en était presque point qui ne présentât la marque de quelque bombe ou de quelque boulet. C'était au reste un honneur que s'enviaient les propriétaires. Beaucoup d'entre eux firent sceller sur la façade de leurs mais ons les boulets dont elles avaient été atteintes.

Cinq mois auparavant, le 29 avril, la ville de Lille avait été le théâtre d'un évènement horrible où la lâcheté devint féroce et se porta au crime pour couvrir son infamie. Quoique les habitans aient été étrangers au crime commis par une soldatesque indisciplinée, je crois pouvoir utilement en parler ici, parce que les détails en sont peu connus.

Sorti de Lille, dont il était commandant, le 28 avril au soir, le maréchal-de-camp Théobald Dillon, à la tête de huit escadrons et de six bataillons, avec six pièces de canon, avait atteint, le 29, à une heure du matin, le village de Baisieux, où il apprit qu'un général autrichien était sorti de Tournai avec trois mille hommes. Après quelques coups de fusil échangés en tirailleurs, et comme il avait l'ordre formel d'éviter tout engagement, le général commença sa retraite. A la vue de ce mouvement, l'ennemi tire au hasard quelques coups de canon dont les boulets ne peuvent pas même atteindre les derniers rangs des Français. Aussitôt les escadrons chargés de couvrir la retraite, s'émeuvent, prennent l'épouvante, fuient et renversent ce qu'ils rencontrent, en criant : *Nous sommes trahis! sauve qui peut!* Les charretiers, abandonnant les canons et les équipages, viennent encore augmenter l'embarras; tous, pêle-mêle, et encombrant la chaussée, se précipitent vers Baisieux; c'était une cohue horrible. Dillon essaie vainement de faire entendre sa voix et d'arrêter les fuyards; on ne passe auprès de lui que pour l'insulter et le menacer; un dragon encore plus furieux que ces misérables, tire sur lui un coup de pistolet et le blesse.

Cependant l'alarme redouble, la fuite devient plus vive et n'a de terme qu'à Lille; les plus braves sont entraînés par les plus lâches; la moitié des hommes périt de lassitude sur le chemin, mais ce ne fut point à ces scènes de lâcheté et de confusion que les choses en restèrent. Parvenus dans les murs de Lille, les fuyards haletans, échauffés, se rassemblent auprès de la porte de Fives, et se mettent à déclamer contre leurs chefs. Ils tombent, comme des bêtes furieuses, sur le colonel du génie Berthois, qui venait de visiter les remparts, le pendent à la corde d'une lanterne, et le criblent de balles. En même temps ils massacrent trois ou quatre prisonniers qu'on amenait. Leur dernier crime est de se jeter sur leur général, le malheureux Dillon, qu'on ramenait blessé dans une voiture; ils le percent de leurs baïonnettes, et arrachant ensuite de la voiture son cadavre qu'ils traînent dans les rues jusqu'à la grande place; ils le jettent dans un feu allumé avec les enseignes qu'ils ont arrachées de la façade des maisons.

Tableau statistique des cinq cantons de Lille, et des communes qui y sont réunies.

NOMS DES COMMUNES.	RIVIÈRES ET RUISSEAUX.	NOMBRE DE		DISTANCE DE LILLE.
		MAISONS.	MÉNAGES.	

1 Canton. *Lille Nord-Est.* 19,254 habit.

Lille	Haute-Deûle.	1460	2143	»	»
Fives	»	255	303	»	2
Hellemmes	»	108	114	»	4
Mons-en-Barœul		152	160	»	3

2.e Canton. *Lille Centre.* 20,271 habit.

Lille	Basse-Deûle.	1454	2143	»	»
Madeleine	»	135	151	»	2

3.e Canton. *Lille Sud-Est.* 18,457 habit.

Lille		1454	2143	»	»
Faches	»	256	256	»	6
Lezennes	»	170	172	»	6
Ronchin	»	207	213	»	6

4.e Canton. *Lille Sud-Ouest.* 16,406 habit.

Lille	»	1454	2143	»	»
Esquermes	Haute-Deûle.	273	336	»	3
Wazemmes	Arbonnoise.	1165	1176	»	2

5.e Canton. *Lille Ouest.* 16,620 habit.

Lille	»	1453	2145	»	»
Lambersart	»	185	190	»	3
Marquette	Basse-Deûle.	241	243	»	5
St.-André	»	101	104	»	5
Wambrechies	»	641	685	»	6

Chapitre II.

DESCRIPTION DE LA VILLE DE LILLE, DANS SON ÉTAT ACTUEL.

§ .Ier LILLE ACTUELLE.

Lille, ancienne capitale de la Flandre Française, aujourd'hui chef-lieu de la préfecture du département du Nord, et de l'arrondissement qui porte son nom, est maintenant une place de guerre très-forte.

Les rues, en général bien percées, sont au nombre de deux cents, sans les places, les marchés, les ruelles et les *courettes.* Les maisons, au nombre d'environ neuf mille, sont solidement bâties, régulières, presque toutes d'un goût moderne, et elles ont, pour la plupart, des caves dans lesquelles loge la plus grande partie de la classe ouvrière et indigente, ce qui altère sa santé et enfante une foule de maladies chroniques. On compte à Lille soixante-dix-mille habitans parmi lesquels vingt-huit mille reçoivent des secours à domicile.

Lille renferme un grand nombre d'établisse-

INTÉRIEUR DE LA BOURSE

Cet édifice a été bâti en 1652

ANCIENNE ÉGLISE DE St ANDRÉ.

Cette Église, bâtie vers la fin du 13e siècle, était située
à l'extrémité de la rue qui porte son nom.

FONTAINE AU CHANGE.

Construite en 1253, sur l'emplacement actuel de la Bourse.

mens publics et quelques monumens remarquables : parmi les modernes on admire la porte
de Paris , arc triomphal élevé à la gloire de
Louis XIV, en 1682 ; l'Hôpital-Général, superbe
bâtiment qui n'a point été achevé ; la salle de
Spectacle , dont le péristyle n'est pas sans noblesse , bâtie en 1786 , restaurée et rendue détestable à l'intérieur en 1824 ; la salle du Concert qui est fort belle et très-sonore ; le Pont-
Neuf ; la Façade du Musée ; le Pont Napoléon ;
l'Abattoir public ; les Marchés au Poisson , au
Beurre et de Saint-Nicolas.

M. Brun-Lavaine , mon compatriote , livre
en ce moment au public un superbe Atlas topo-
graphique et historique de la ville de Lille,
auquel j'ai emprunté beaucoup de détails pour
lesquels je saisis l'occasion de le remercier ici.

J'ai cru être utile à mes lecteurs , qui tous
ne peuvent pas dépenser soixante francs et plus
pour se procurer son ouvrage , monument élevé
à la gloire du pays , et qui fera honneur à son
auteur.

Les monumens anciens et modernes de la ville
de Lille , avec les dates de leur construction ,
sont :

1.° Le Château du Buc , long-temps avant Lydéric , bâti
en 805
2°. L'Eglise de Saint-Etienne , en 1007

(1) Transférés rue Basse, en 1579.

TOUR DE L'ÉGLISE DE St SAUVEUR,

*Bâtie en 1144, telle qu'on la voyait avant le
bombardement de Lille, en 1792.*

ANCIENNE EGLISE DE S⁺ ETIENNE.

Cette Eglise bâtie en 1027 étant située sur la grande Place, sa principale entrée
étant en face de la rue S⁺ Etienne, elle a été brulée le 1ᵉʳ jour du bombardement
de Lille, en 1792.

§ 2. ETABLISSEMENS PUBLICS, MONUMENS, etc.

L'Eglise de Saint-Etienne, la plus ancienne de Lille, n'existe plus. Elle est tombée huit cents ans environ après son érection, sous les boulets et les bombes des Autrichiens. Elle a fait place à un quartier de maisons élégantes et commerçantes parmi lesquelles on remarque l'établissement des messageries de l'Eclair et une loge de Francs-Maçons. Etrange bizarrerie des choses d'ici-bas ! des roses-croix célébrant leurs mystères sur les ruines d'un temple catholique romain !

L'Église de Saint-Maurice est encore assez belle, malgré la démolition de sa tour, qui d'ailleurs menaçait ruine. Elle est ornée des statues de Saint-Pierre et de Saint-Paul, du statuaire Bra, auquel la ville de Douai s'énorgueillit d'avoir donné naissance.

L'Eglise de Saint-Sauveur est aussi une fort belle église ; sa tour était surmontée d'une superbe flèche, qui a été incendiée pendant le siége de 1792.

Le Palais de Rihour. Jean-Sans-Peur, après l'assassinat du duc d'Orléans, s'était retiré à Lille ; il y fit bâtir (1430), le palais de Rihour (*ruisseau qui coule*), qui sert aujourd'hui d'Hôtel-de-Ville. Son fils, Philippe-le-Bon, y tint le second chapitre de l'ordre de la toison d'or, le plus illustre de la chrétienté.

Ce fut dans cet édifice que le 9 février 1454, se fit le *vœu du faisan*, par lequel le duc de Bourgogne et tous ses chevaliers s'engageaient à aller rejeter les Turcs en Asie. C'est là qu'ils firent tant d'extravagantes promesses qu'ils n'accomplirent jamais. Ce palais fut ensuite habité par Charles-Quint, et prit le nom de *Cour de l'Empereur*; Philippe IV, roi d'Espagne, le céda aux magistrats de Lille en 1660. Il sert depuis ce temps d'Hôtel-de-Ville. L'aile gauche par ses tours à créneaux et ses croisées gothiques, montre suffisamment qu'elle date de l'époque de la construction du palais par Jean-Sans-Peur; mais l'aile droite est d'un style moderne. Un incendie consuma toute cette partie droite qui fut rétablie dans le siècle dernier.

Dans cette aile de bâtiment siége, avec l'administration municipale, le tribunal de première instance de Lille. L'escalier à droite, reste de l'ancien palais, conduit au cabinet d'histoire naturelle, et aux salons de la société des arts, des sciences et de l'agriculture, composée de savans très-recommandables et de littérateurs distingués.

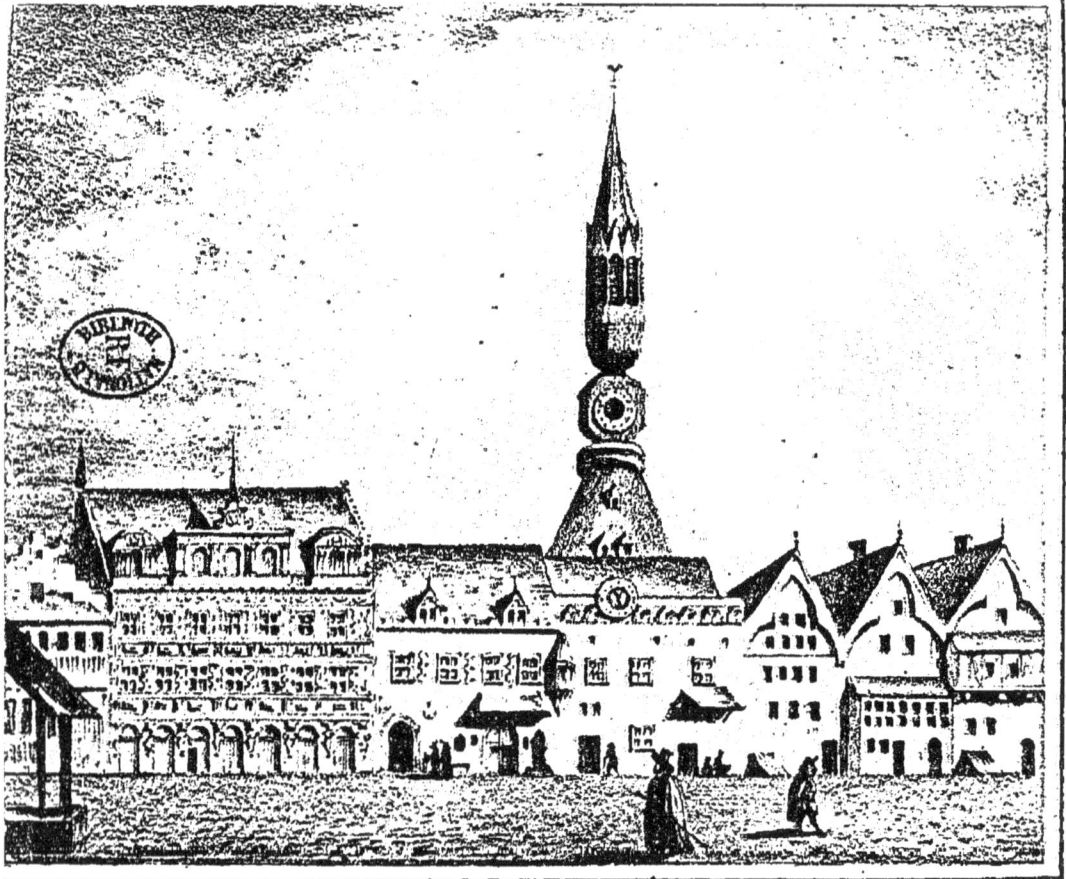

BEFFROI ET ANCIEN HÔTEL DE VILLE DIT LES HALLES.

La façade du Café Lalubie, sur la petite Place, est un reste de cet édifice bâti en 1300.

Le Mont-de-Piété. Très-bel établissement philanthropique fondé en 1610, par un ami de l'humanité, nommé Bartholomé Masurel, qui lui fit un fonds de cent mille francs, à charge de prêter sans intérêts. Ce n'est plus aujourd'hui qu'un gouffre dans lequel vont s'engloutir les ressources des malheureux, auxquels l'administration et ses agens soutirent plus de cent pour cent d'intérêts. Voici comment : un ouvrier a besoin de six francs ; il dépose chez le porteur-juré pour douze francs et plus de gages, de vêtemens. Ordinairement il les engage le lundi, pour les retirer le samedi, s'habiller proprement le dimanche, les réengager le lundi, et ainsi de suite. Il paie cinq centimes de commission pour chaque engagement et dégagement, de manière qu'au bout de l'année cet argent lui a coûté plus de cent pour cent d'intérêts, sans compter ceux qu'exige l'établissement. Cette manière de prêter entretient la misère ; la misère entraîne après elle les privations ; les privations altèrent la santé et deviennent des causes de maladies: donc le Mont-de-Piété, dans son état actuel, est plutôt un repaire d'usure qu'un établissement utile.

La Porte de Paris peut être citée parmi les édifices remarquables que renferme la ville de

Lille. Ce fut en 1682 que le magistrat fit élever ce bel arc de triomphe à la gloire de Louis XIV. L'architecte qui le fit exécuter se nommait Volans : la décoration de ce monument d'ordre dorique est surmontée de plusieurs trophées : celui du milieu représente la victoire assise couronnant le buste du monarque aimable, guerrier, libertin, dévot, hypocrite et fanatique, que la flagornerie et la sottise ont surnommé le Grand ; aux deux côtés, entre les colonnes, sont deux belles statues colossales représentant Minerve et Hercule, qui ont vu passer successivement Louis XIV, Louis XV, le grand Voltaire, Napoléon, Joséphine de Beauharnais, Marie-Louise, Louis XVIII, le duc de Berry, Charles X, et tout récemment Louis-Philippe et sa progéniture, tous grands personnages qui ont reçu tour-à-tour des complimens selon la circonstance. Restauré en 1827 pour le voyage du célèbre *Carolo dilecto*, ce monument ne le cède à aucun autre pour la beauté du dessin et le fini de l'exécution.

L'Hôpital-Général, fondé en 1739, pour y recevoir des vieillards, et des enfans des deux sexes, qui y sont nourris et élevés, est d'une architecture noble et régulière. Son aspect est imposant, et l'on ne se douterait pas, en le considérant, de la misère, du désordre et du gaspillage qui règnent dans son intérieur (*Voyez* ci-après, le chap. IV,§ 2 et 3, article hôpitaux).

L'Intendance, aujourd'hui l'hôtel de la Préfecture, a été construite en 1786 par l'architecte Lequeux, pour l'Intendance de la Flandre française. Depuis la révolution jusqu'en 1826, cet hôtel a été occupé successivement par les généraux qui ont commandé la 16me division militaire. C'est depuis cette dernière époque que le Préfet l'habite et y a établi ses bureaux.

La Salle de Spectacle de Lille offre la figure d'un parallélogramme régulier ; on y pénètre par un beau péristyle élevé de sept marches, dont l'entablement et le balcon sont soutenus par six colonnes d'ordre ionique. Cet ordre règne sur les quatre faces de cet édifice. L'intérieur était autrefois parfaitement distribué, mais l'administration municipale, en voulant réparer, a gâté une des plus belles salles de spectacle de France. La première faute que l'on ait commise est d'avoir fait démolir de fond en comble une salle d'une coupe agréable et commode, pour faire construire à grands frais une salle neuve qui a été l'objet des plus justes critiques ; chacun se demandait comment il était possible que cette construction ne fût

pas mise au concours ; pourquoi l'administration confiait aussi légèrement tant d'argent !...
un demi-million !... à des hommes qui ont prouvé, il est vrai, qu'ils s'entendaient très-bien
à bâtir des maisons, voire même de petits châteaux , mais qui totalement étrangers aux premiers principes de la perspective et de l'acou-
stique , ont oublié en établissant leurs plans
que c'est d'abord et avant tout pour *voir* et pour
entendre que le public entre dans une salle de
spectacle. Enfin le mal est fait , peut-être est-il
sans remède ; et quand je répèterais ici toutes
les réflexions auxquelles la construction vicieuse
du théâtre de Lille a fourni matière, quand
je signalerais tous les abus qui ont eu lieu, cela
ne remédierait à rien ; il n'en resterait pas
moins de fait que nous n'avons qu'un théâtre sans
avant-scène, un orchestre d'un tiers trop petit,
une salle où un quart des places est perdu , des
galeries et des loges où l'on est mal assis et
enfoui jusqu'au menton. Le chef-d'œuvre de
M. Peyre et compagnie a coûté 5oo mille francs.

Depuis dix ans , la décadence de l'art drama-
tique à Lille a fait de rapides progrès : à qui
la faute ?... à tout le monde un peu. D'abord
à l'autorité qui n'a pas jugé convenable de venir
au secours du directeur, que les lenteurs

apportées dans la construction de la nouvelle salle ont ruiné, et qui offrait au public une troupe meilleure et plus complète qu'aucune de celles qui lui ont succédé. Le tort du parterre est d'avoir souvent mis plus de rigueur que de discernement dans ses arrêts; il faudrait, dans l'intérêt de l'art et dans celui de tout le monde, que la sévérité ne fût jamais extrême et surtout qu'elle fût toujours juste. En usant avec trop de latitude, de *ce droit qu'à la porte on achète en entrant*, le parterre de Lille a effrayé les directeurs et les acteurs; aussi, depuis quelques années, l'autorité a-t-elle été forcée, en quelque sorte, faute de pouvoir choisir, de confier l'administration théâtrale à des mains inhabiles.

Le Musée est un ancien couvent des Récollets, dont la façade mérite l'attention du voyageur; on rencontre au premier la Bibliothèque de la ville, riche d'environ vingt mille volumes, classés avec ordre; on y trouve quelques éditions du quinzième siècle et quelques ouvrages précieux.

Au-dessus de la Bibliothèque se trouve une belle Galerie de Peinture, dans laquelle brillent les ouvrages des flamands, Rubens, Vandick, Arnould de Vuez, Van-Ost, Jordain, Grayer,

Ruisch ; des italiens Raphaël , Jules Romain,
Bassano , Guido , Delsarto , Véronèze, Piazetta, .
Salvator Rosa , Sassenio, Maratti , Romanelli;
des français , Philippe de Champagne , Joseph-
Vernet, Charles Lafosse, Pierre Mignard , Abel
de Pujol , Hilaire Ledru , et de grand nombre
d'autres maîtres.

Le Pont - Napoléon. En 1809, le général
Pommereul , Préfet du Nord , engagea l'autorité municipale de Lille , à réunir la partie de
l'Esplanade qui se trouve entre le canal et la
citadelle , avec celle qui sert de promenade ;
par un pont d'une construction légère et fort
élégante , qui reçut le nom de Napoléon. Les
noms des batailles qui avaient illustré les Français dans les champs de l'Europe et de l'Afrique ornaient les quatre faces de ce monument
élevé à la gloire de nos armes. En 1814 , le
préfet et le maire eurent la lâcheté de faire
effacer ces noms glorieux , comme pouvant
offusquer les yeux du pouvoir et de ses acolytes.
On poussa le ridicule jusqu'à remplacer le nom
de Napoléon par celui du duc de Berry : aujourd'hui , ce pont a repris son nom et ses
trophées , en attendant peut-être de nouveaux
évènemens.

La Salle du Concert. Etrange effet des ré-

PONT NAPOLÉON.

volutions physiques et morales ! vers l'an 1047, Baudouin, Comte de Flandre, fils de Baudouin Belle-Barbe, bâtit la collégiale de Saint-Pierre ; pendant près de huit cents ans, les voûtes d'une superbe église retentissent des chants religieux adressés au Seigneur ; des chanoines vermeils, bien gras et bien dodus, se livrent saintement à toutes les joies de ce monde, en attendant celles du paradis ; tout-à-coup, l'orage qui grondait sourdement dans le lointain, éclate avec fureur ; l'édifice est renversé, les heureux cénobites sont dispersés, et l'audacieux Satan s'assied sur les ruines du temple du vrai Dieu ; une salle de concert et de bal s'élève maintenant sur les lieux jadis si chers aux amateurs de la bonne chère et des chants sacrés ; M.me Catalani et M.elle Dorus, MM. Paganini et Baillot, ont remplacé le plain-chant et le faux-bourdon, et nos élégantes danseuses valsent et courent le galop sur les cendres des Comtes de Flandre. *O Tempora !* (1).

(1) Tous les comtes de Flandre n'ont point reçu la sépulture dans l'église collégiale de Saint-Pierre. On lira sans doute avec intérêt la note suivante sur les forestiers et les comtes de Flandre, que j'extrais d'un vieux bouquin imprimé à Anvers en 1608.

Lyngin, d'Harlebecque (792), mort en 836, inhumé à Harlebecque.

. ¨ La salle du Concert de Lille passe généralement pour la plus belle , la mieux construite ,
et la plus sonore de celles qui existent en France,

Inguelran , son successeur , mort en 852 , inhumé au même lieu.

Odoacre , fils du précédent , mort en 863 , idem.

Baudouin , *Bras-de-Fer* , I.er comte de Flandre , mort en 879 , inhumé à Arras.

Baudouin , *le Chauve* , II.e comte , fils du précédent , mort en 919 , inhumé à Gand.

Arnould , *le Vieux*, son fils aîné , III.e comte , mort en 964 , inhumé à Gand.

Baudouin , *le Jeune* , son fils , IV.e comte , mort de la petite vérole en 967 , inhumé à St.-Bertin.

Arnould , *le Jeune* , son fils , V.e comte , mort en 988 , inhumé à Gand.

Baudouin , *la Belle-Barbe* , son fils , mort en 1035 , inhumé à St.-Pierre de Gand.

Baudouin , *de Lille* , son fils , VII.e comte , mort en 1067 , inhumé à la collégiale St.-Pierre , à Lille.

Baudouin , *de Mons* , son fils , VIII.e comte , mort en 1070 , inhumé à l'abbaye d'Hasnon.

Arnould , *le Simple* , son fils , IX.e comte , mort en 1072 , inhumé à l'abbaye de St.-Bertin.

Robert , *le Frison* , fils puîné de Baudouin de Lille , mort en 1077 , inhumé à Winedale.

Robert , de Jérusalem , son fils , mort d'une chute de cheval en 1111 , inhumé à Arras.

Baudouin , *à la Hache* , XII.e comte , mort en 1119 , inhumé à St.-Bertin.

Charles , *le Bon* , XIII.e comte , mort sans descendans en 1127 , inhumé à Bruges.

Guillaume , de Normandie , nommé comte par Louis-le-Gros , mort en 1129 , à St.-Bertin.

Thierri , d'Alsace , fils de Gertrude , fille de Robert-le-Frison , mort en 1168 , à Wattine.

Philippe , d'Alsace , XVI.e comte , fils du précédent , mort en 1190 , inhumé à Clairvaux.

Baudouin , de Hainaut , XVII.e comte , mort en 1195 , inhumé à Mons.

après Paris. L'administration communale y a
établi une académie de musique, devenue depuis une succursale de l'école de chant et de
déclamation de Paris ; cette mesure détermine
d'une manière positive tous les avantages accor-
dés aux élèves qui se distingueront par leurs
talens, en pouvant aspirer à aller au Conserva-
toire de Paris , et y jouir de la pension.

L'Abattoir. Combien de fois l'homme instruit , le médecin , le passant , l'homme enfin
le plus indifférent à la salubrité publique, n'ont-
ils point reculé de dégoût et de mécontentement
en passant dans les rues où les bouchers avaient

BAUDOUIN , de Constantinople, son fils , mort en Turquie.

JEANNE , de Constantinople , sa fille , morte en 1243 , inhumée à
Marquette.

MARGUERITE , sa sœur , morte en 1279 , à l'Abbaye de Flines.

GUILLAUME de Dampierre , fils de Marguerite , mort en Afrique.

GUY , de Dampierre, mort en 1304, inhumé à Flines.

ROBERT , de Béthune, XXIII.e comte, mort en 1322, inhumé à
Ypres.

LOUIS DE NEVERS , petit-fils du précédent, mort en 1346.

LOUIS DE MALE , son fils , XXV.e comte, mort en 1383 , inhumé à
St.-Pierre, à Lille.

MARGUERITE , sa fille , mariée à Philippe-le-Hardi , morte en 1404 ,
inhumé à St.-Pierre, à Lille.

JEAN , *l'Assuré* , fils de Philippe, mort en 1419, inhumé à Dijon.

PHILIPPE , *le Bon* , fils de Jean , mort en 1467 , à Dijon.

CHARLES , *le Travaillant* , fils de Philippe , mort en 1476 , à Nanci.

MAXIMILIEN , d'Autriche, époux de Marie, fille de Charles , mort
en 1519.

PHILIPPE , dit *Croit-Conseil* , Charles-Quint, empereur.

PHILIPPE , II , roi d'Espagne , et Albert , archiduc d'Autriche (1600).

établi leurs tueries, ou bien en voyant les charcutiers égorger et brûler des porcs à la porte de leurs maisons. J'ai vu ces horreurs pendant quarante ans ; j'ai respiré avec mes concitoyens les exhalaisons pestilentielles qui s'échappaient de ces cloaques dont les eaux et les matières en putréfaction s'écoulaient dans les canaux intérieurs de la ville, et comme eux j'ai été surpris que le génie administratif qui a prodigué tant d'argent pour des établissemens inutiles, ait attendu aussi long-temps pour procéder à la construction d'un abattoir. Celui que possède aujourd'hui la ville de Lille est fort beau et très-salubre : bâti sur l'ancien emplacement de la *cense du Metz*, il réunit tous les avantages sous le rapport de l'utilité et de la salubrité publique.

La Prison Saint-Pierre, reste de l'ancienne porte septentrionale, est destinée aux condamnés militaires. C'est un cloaque malsain et dégoûtant, désigné depuis long-temps à l'autorité comme extrêmement nuisible à la santé des détenus.

La Prison dite le Petit-Hôtel. Depuis long-temps l'homme humain et charitable gémit sur le sort des détenus dans cette maison d'arrêt, tant sous le rapport de la salubrité, que sous celui du régime et de l'organisation intérieure : il semble qu'un génie malfaisant ait pris plaisir à rassembler dans ce lieu de désespoir tout ce qui peut rendre la captivité insupportable : insalubrité, malpropreté, confusion des âges, des délits, des crimes, des prévenus, des condamnés, tout s'y réunit pour en faire une école de crime et de brigandage. Les enfans au-dessous de dix-huit ans sont confondus avec les condamnés aux fers ; la plupart des prisonniers indigens sont couchés comme des animaux, sur des lits de camp à fleur de terre, couverts de paillasses pourries et remplies de rats ; l'eau y est détestable et malsaine ; les latrines dans un état horrible et dégoûtant ; l'air infect ; etc., c'était pourtant dans ce repaire qu'un honnête bourgeois qui n'avait point monté sa garde, ou qui avait manqué de respect à la police, allait naguère passer quelques jours ! cet état de choses a frappé, il y a six ans, les regards d'un magistrat placé à la tête du département du Nord. Aussi ardent à soulager les maux des infortunés, que zélé protecteur des sciences, le comte de Murat a gémi sur les souffrances des malheureux ; il a trouvé des cœurs compatissans dans les membres du conseil général du département, et dans sa session de 1825, ce conseil à voté la construction à Lille d'un palais de justice, et d'une maison d'arrêt y attenante, où seront placés à la fois trois cents détenus des deux sexes.

Cette œuvre utile et philanthropique a été ajournée pour des motifs qui me sont inconnus; mais aujourd'hui l'autorité supérieure s'en occupe très-activement, et les travaux sont commencés.

Le programme de ces deux établissemens est assez remarquable pour que je croie devoir le rapporter ici :

« Le terrain choisi pour la construction de ces édifices est situé au centre de la ville, à front du quai de la Basse-Deûle, formant un parallélogramme de 88 mètres de long sur soixante-six mètres de large, entièrement isolé sur les quatre faces, et limité, savoir : *au nord* par la nouvelle rue ayant huit mètres de largeur, à *l'est* par le quai de la Basse-Deûle, ayant dix-sept mètres de largeur; *au sud* par la rue Comtesse, qui a huit mètres de largeur, et à *l'ouest* par la rue du Concert, à laquelle il sera donné six mètres de largeur.

« Le terrain sur lequel il s'agit de construire est solide ; c'est l'emplacement des anciens remparts de la ville dont on trouve encore les fondations sous les constructions nouvelles. Le sol de ce terrain sur la ligne des bâtimens actuels, éloigné de dix-sept mètres du mur du canal, est à trois mètres au-dessus du niveau constant des eaux de navigation. A partir de cet alignement le terrain s'élève en amphithéâtre jusqu'à deux mètres environ de la rue du Concert.

» Toutes les constructions existant maintenant sur ce terrain seront rasées.

» Le Palais de Justice doit être disposé de manière qu'il y ait un grand vestibule avec un escalier principal, un corps-de-garde pour vingt hommes, deux pièces pour les greffes civil et correctionnel avec un cabinet pour le greffier, une pièce pour le dépôt des registres de l'état civil de l'arrondissement, une autre pour les archives du tribunal, trois ou quatre pièces pour le juge d'instruction, une pour la salle de discipline des notaires, une salle des criées pour les notaires, une pièce pour les avoués, une salle de conférences avec cabinet pour les avocats stagiaires, un logement de concierge, les corridors, escaliers, passages nécessaires, un dépôt de pompes à incendie, un grand palier, une grande salle des pas perdus précédant les deux salles d'audience du tribunal civil, deux grandes salles d'audience ayant chacune pour accessoire une salle des délibérés, un vestiaire, une garde-robe ou latrine particulière pour les membres du tribunal. Trois pièces, dont une grande, pour le parquet du procureur du Roi. Un cabinet avec anti-chambre pour le Président du tribunal, une chambre pour les témoins, une pièce pour les huissiers, une salle pour les avocats, une salle d'audience, une salle des délibérés et un greffe pour le tribunal de commerce. Autant pour le tribunal de police. Cinq pièces ou salles de conférence et de conciliation, pour les cinq juges de paix, et une pièce particulière pour le commissaire de police chargé du ministère public près le tribunal de police. Une bibliothèque.

» La façade sera simple et noble, l'édifice d'un aspect imposant et en harmonie avec sa destination.

» La maison d'arrêt sera établie en arrière du palais de justice, et séparée de celui-ci par une cour. Elle sera composée d'un logement excavé pour le concierge, d'une chapelle, et de deux quartiers distincts, l'un pour les hommes, l'autre pour les femmes, et disposés de telle sorte qu'il n'y ait entre les deux quartiers aucune communication.

» Chaque quartier sera subdivisé en six sec-tions dont une sera affectée aux prévenus, une aux accusés et aux condamnés correctionnelle-ment à moins d'une année, une aux détenus pour dettes, une aux enfans au-dessous de 16 ans, détenus en vertu de la puissance pa-ternelle; une à l'infirmerie, et une dernière enfin servant de dépôt pour les prisonniers pas-sagers.

» Chaque section devra avoir sa cour parti-culière avec latrine et hangar couvert, pour que les détenus puissent s'y retirer en temps de pluie. La cour et le hangar ne seront pas de rigueur pour les passagers, auxquels il suffira d'affecter dans chaque quartier une chambre particulière, au rez-de-chaussée, avec lit de camp capable de contenir quinze à seize indi-vidus. A l'exception des passagers, tous les dé-tenus seront logés à l'étage dans des dortoirs affectés à chaque section.

» Les pièces correspondantes du rez-de-chaussée serviront d'ateliers, ou chambres com-munes, dans lesquelles les détenus se tien-dront pendant le jour, hors les heures de pro-menade.

» Dans chaque quartier un parloir devra être disposé, soit dans une chambre particulière, soit dans une portion du corridor. Il y aura aussi des chambres de punition ; plus, une cantine pour la vente et distribution des comestibles dont l'usage sera permis par les règlemens de police intérieure de la maison, afin que l'accès du logement du concierge soit interdit à tous les détenus. Des chambres d'infirmiers et d'infirmières seront disposées près des infirmeries, ainsi qu'une pharmacie et une lingerie.

» La chambre commune des malades pour chaque sexe sera également au rez-de-chaussée; un cabinet de bains sera ménagé près de chacune de ces chambres.

» Des oratoires séparés pour chaque section seront établis dans la chapelle, et disposés de telle sorte que les individus de sexe différent ne puissent même pas s'apercevoir.

» Le bâtiment de la section des enfans féminins sera disposé de manière à servir de logement à des sœurs hospitalières qui pourront être placées dans la maison. A cet effet, une portion de ce bâtiment sera réservée pour le petit nombre d'enfans de ce sexe qui pourront être détenus, et qui se trouveront ainsi plus particulièrement sous la surveillance salutaire desdites sœurs.

» Des corridors ou chemins de ronde règneront autour de la maison, des portes avec *vasis-tas* en fer, seront placées et disposées de manière que le concierge faisant sa ronde, puisse toujours voir ce qui se passe dans les cours, dortoirs, ateliers, sans même être aperçu des détenus.

» Les latrines seront établies dans les cours et placées de manière à ne pas incommoder l'intérieur des bâtimens.

» Des pompes seront disposées de manière à fournir de l'eau dans chaque section, au moyen de robinets. Des aqueducs seront établis pour recevoir et porter dans la Deûle les eaux pluviales.

» Des chambres d'isolement pourront être construites en madriers de chêne blindés, dans les combles, pour les prisonniers dont la mauvaise conduite et la turbulence exigerait qu'ils fussent séparés des autres détenus. Ces chambres d'isolement et de punition devront être indépendantes des emplacemens exigés pour trois cents détenus » (1).

_____

(1) Des changemens et des modifications considérables ont été opérés dans le plan du Palais de Justice que l'on construit en ce moment, et une économie mal entendue viendra encore faire du *gâchis*, ni plus ni moins

On voit par ce que je viens de citer combien les malheureux prisonniers devront de reconnaissance à une administration qui s'occupe si efficacement d'améliorer leur sort ; je vais dire quelques mots sur les moyens que l'on pourrait employer dans la maison d'arrêt sous le triple rapport du moral, de l'intelligence et du physique, pour que la société et la morale se ressentent de cette amélioration.

L'administration des prisons de la ville de Lille, voulant remédier aux désordres graves et aux abus de tout genre qui se sont introduits, à la longue, dans le régime des prisons, désordres tolérés et mis à profit par les concierges et geôliers, qui se partageaient les produits de leurs concussions, fit rendre par l'autorité un arrêté qui fixa par un tarif, le prix des comestibles et des boissons. Cette mesure a produit le plus grand bien.

Je conseillerais volontiers à l'administration des prisons de prendre pour modèle celle de Lyon, pour le régime intérieur et la direction donnée aux détenus dans la maison de déten-

qu'à la Salle de Spectacle. Je ne changerai rien au plan que je viens de tracer, afin que l'on puisse voir ce que l'on n'a pas fait, et ce qu'on aurait dû faire.

tion de Saint-Joseph. Il est démontré de reste qu'outre la mauvaise éducation et les mauvais penchans, l'oisiveté est encore une des causes les plus puissantes de perversité ; pour remédier à ces causes permanentes de délits et de crimes, il faut, comme à Lyon, établir des ateliers, et mettre ceux des femmes sous la surveillance et la direction de personnes de leur sexe, de bonnes sœurs hospitalières, dont il est parlé dans le programme.

Par ce moyen, la maison de détention renfermera une population utilement occupée, tranquille, et que l'on pourra peu à peu amener à remplir les devoirs de la morale et de la religion ; la douceur, la sensibilité compatissante et les vertus dont les sœurs offriraient les leçons et l'exemple, ne contribueront pas peu à rendre meilleurs des êtres plus souvent égarés qu'entièrement pervertis.

L'esprit du prisonnier a besoin d'être distrait par l'occupation ; il doit toujours être fixé à quelque chose de bon et d'utile pour ne pas s'abandonner à de mauvais desseins ; aussi, quand les détenus ne sont pas occupés, les concierges ont beaucoup de peine à maintenir l'ordre parmi eux. L'obligation du travail doit entrer dans tout système d'amélioration ; sans cette obligation , on retombe dans les absurdités de l'ancienne méthode , qui n'amenaient que les excès de la corruption. Dans une prison bien dirigée , le détenu se dépouille peu-à-peu des habitudes qui ont causé sa condamnation; s'il était paresseux, il se résout à travailler; s'il était ivrogne , il cesse de faire usage des liqueurs fortes qui lui étaient funestes ; s'il était adonné au jeu , il ne peut plus jouer ; s'il n'avait pas de métier pour gagner la vie , il en apprend un , qui, dans la suite, devra contribuer à son bien-être et à celui de sa famille.

On a remarqué que les progrès dans le bien sont constamment en proportion directe du travail, que les personnes des deux sexes tout-à-fait oisives ne s'améliorent que peu ou point. Les seuls exemples de régénération complète se trouvent parmi ceux qui travaillent sans relâche. Ainsi, plus les détenus mèneront une vie laborieuse , plus ils gagneront en industrie et en honnêteté; n'y eût-il donc aucun profit , fût-on au contraire exposé à des pertes , encore faudrait-il les occuper et payer leur travail, comme le seul moyen d'améliorer leur caractère et leur moral , et d'éviter le désordre.

C'est en vertu de ce principe proclamé par tous les bons esprits , que l'administration des prisons doit s'attacher à fournir du travail aux détenus, et à les y intéresser en leur accordant une partie des produits de ce même travail; à adopter des règlemens sages, humains et faciles à exécuter; à chercher plutôt à prévenir la transgression qu'à la punir; à arrêter que la punition la plus sévère sera le cachot.

Il serait utile d'interdire au concierge la faculté de vendre aux détenus les comestibles et les boissons; les sœurs seraient chargées de ce service. Les liqueurs fortes seraient défendues, et la quantité de vin et de bière limitée, pour prévenir l'ivrognerie. Le prix des comestibles et des boissons serait fixé au cours le plus bas des marchés publics; tout ce qui pourrait nuire à la santé des détenus serait prohibé.

Mais ce n'est point assez pour une administration d'obtenir un bon état sanitaire : il faut encore chercher à régénérer le moral des prisonniers.

Divers auteurs ont écrit longuement sur les principes de la morale, sur les moyens de les inculquer aux détenus, sur les effets moraux de l'emprisonnement, sur l'influence qu'exerce le moral sur le physique, influence qui varie suivant les affections, les tempéramens et le degré de perversité; sur l'instruction religieuse à donner aux détenus.

On s'est livré à de vives déclamations contre les peines infligées, on a critiqué amèrement et quelquefois avec raison plusieurs dispositions des lois pénales ; on a exagéré quelques faits, dénoncé de nombreux abus ; on a proposé des moyens pour ramener les condamnés à des sentimens de repentir. Des philanthropes ont poussé l'exagération jusqu'à vouloir un tel bien-être dans les prisons que le coupable y trouverait plutôt une récompense qu'une punition ; c'est ainsi qu'au lieu d'améliorer son moral, on endurcirait le coupable par une fausse pitié, et l'on perdrait de vue que l'objet direct des châtimens infligés est d'inspirer une terreur salutaire.

Je ne cherche ni à appuyer ni à combattre ces idées dans toute leur étendue ; je respecte les intentions bienfaisantes en me contentant de faire observer que, si une classification est essentielle, si l'établissement des ateliers est indispensable, si des règlemens humains pour le service de l'intérieur peuvent contribuer à adoucir le sort des détenus, si l'instruction religieuse peut les amener au repentir, l'exécution de toutes ces mesures n'est pas moins difficile qu'importante.

Sans doute il existe parmi les détenus, des

êtres pervers, endurcis au crime, et que rien ne touche ; mais ces exceptions deviennent plus rares d'année en année, et l'administration a la douce satisfaction de remarquer une amélioration dont elle peut et doit s'applaudir. Nos mœurs, notre froide raison, nos lois qui punissent toujours et qui ne corrigent jamais, un intérêt qui n'est pas toujours mal entendu, repoussent loin de nous les individus sur qui les tribunaux ont vengé la société outragée.

Le temps de la peine ordonnée par le jugement étant expiré, ces malheureux ne peuvent plus rentrer dans une famille qu'ils ont déshonorée ; ils ne sauraient être admis dans les ateliers et manufactures, parce qu'ils devraient exhiber un livret, ou un certificat de bonne conduite qu'ils n'ont pas ; ils furent la plupart condamnés pour vol, et le passé fait craindre pour l'avenir ; sans ressource pécuniaire, sans travail, sans asile, il faut donc qu'ils meurent de faim, ou qu'ils rentrent de nouveau dans la carrière du crime : ils n'avaient commis que des vols simples, et les voilà devenus voleurs avec escalade, avec effraction, et quelquefois assassins ; bientôt la justice a repris son glaive, et ils retournent peupler les prisons.

Une rechute endurcit le malfaiteur, et le perd généralement pour toujours.

Cet inconvénient est si grave, surtout dans les prisons qui sont privées de personnes charitables et dévouées, que pour y remédier, le gouvernement, sur le rapport du conseil des prisons de France, a publié le 26 décembre 1819, un règlement qui est un modèle de sagesse, de prévoyance et de charité; il est en général peu observé, même peu connu. Nos hommes d'état ont bien autre chose à faire que de s'occuper de l'amélioration du physique et du moral des hommes.

Je souhaite sincèrement que l'autorité ne cède pas à la crainte puérile d'un nouveau surcroît de dépenses, ou qu'elle ne recule pas devant la difficulté de composer des conseils gratuits, et des maisons de refuge pour les condamnés libérés. Dieu veuille que je ne rêve pas tout éveillé !

§. 3. CARACTÈRE DES HABITANS, RÉGIME, INDUSTRIE, COMMERCE, MOEURS, DIVERTISSEMENS.

Les descendans des Atrébates et des Nerviens n'ont rien perdu de leur antique bravoure; le même sentiment les possède, l'indépendance de la patrie. Ce sentiment les anime au berceau, et ne les quitte qu'avec la vie.

Il y aurait beaucoup de choses à dire sur les changemens qui se sont opérés dans l'esprit et les mœurs des habitans, depuis les conquêtes de Jules-César jusqu'à nos jours; mais l'objet de mon livre n'est pas de voir les choses d'aussi loin. Il y a déjà une passable différence entre les Lillois de Baudouin Bras-de-Fer, et ceux de nos jours. L'industrie et le commerce, cependant, ont toujours été les deux points dominans de leur caractère.

La population, généralement parlant, n'est pas belle à Lille : les beaux hommes et les belles femmes y sont rares. En revanche les scrofuleux, les rachitiques, les bossus, les boiteux y abondent. Je parlerai plus tard des causes qui produisent ces maladies, que le régime de vivre et les excès ne contribuent pas peu à développer.

Le pain, les légumes de toute espèce, forment la base de la nourriture : les viandes, la volaille, le gibier, le poisson, les fruits, la pâtisserie, etc., garnissent la table du riche. L'ouvrier ne mange de la viande que le dimanche ; le pauvre mange du pain, du fromage et des pommes de terre.

Généralement sobres, les gens riches et les artisans ne boivent que de l'eau, du vin et de la bière. On a même, depuis quelques années, poussé la tempérance jusqu'à ne boire que de l'eau pure au repas, parce qu'il est du bon ton d'avoir une gastrite plus ou moins imaginaire.

Sobres, et pour raison, pendant la semaine, les ouvriers boivent de la bière, et le plus souvent de l'eau; mais il en est peu qui ne prennent un ou deux verres d'eau-de-vie avant de se mettre à l'ouvrage. Le dîné est toujours suivi du café, dont les femmes et les filles font un usage abusif, ainsi que de l'eau-de-vie.

La ville de Lille qui peut, à juste titre, passer pour l'une des villes les plus industrieuses de la France, consacre spécialement ses travaux aux arts manufacturiers; à voir la prospérité et la richesse de cette ville, il semblerait que les procédés de fabrication soient arrivés à la perfection, et qu'elle n'ait plus de progrès à faire dans la confection de ses machines. Il me paraît, au contraire, que sous ce dernier point de vue, il reste beaucoup à désirer, et qu'il est urgent d'appeler sur cet objet l'attention des savans et des commerçans eux-mêmes: l'antique richesse du chef-lieu du département du Nord ne reconnaît point pour source le génie calculateur qui invente et perfectionne les métiers, ni cet insatiable amour des découvertes, qui se met à l'affût de tout ce qui se fait de nouveau; elle a été accumulée par l'amour héréditaire du travail, une constance quelquefois routinière, mais imperturbable et opiniâtre, un ordre parfait et qui ne se dément jamais, une économie exemplaire qui ne prodigue rien et ne connaît pas de petits bénéfices. Ce sont là les véritables causes qui ont enrichi la ville de Lille, et qui l'ont placée si éminemment au-dessus des villes considérables qui l'avoisinent. A ces causes il faut ajouter encore la réputation d'une probité intacte et d'une franchise ennemie des discussions, et sa situation dans un pays extrêmement fertile et coupé de nombreux canaux. La prospérité de cette cité populeuse, qui prend un essor si rapide, ne connaîtrait pas de bornes, si, à tant d'élémens de richesse, ses habitans joignaient plus de cette vivacité qui fait saisir instantanément une vue utile, ou de cette perfection active, qui analyse avec profondeur les moyens journellement usités. On ne peut se dissimuler pourtant, en voyant les nombreuses améliorations qui, chaque jour, apparaissent dans cette ville, que nous sommes à la veille de voir s'opérer de grands changemens dans toutes les anciennes routines ; et l'on peut croire que les cours de chimie, de physique, de dessin et d'autres sciences, que la population est à même de suivre, sous d'habiles professeurs, contribueront puissamment à ce réveil des esprits ; non pas seulement en révélant une foule de secrets précieux, mais encore en dirigeant la pensée vers les occupations scientifiques.

Beaucoup de personnes influentes, et chose inconcevable, beaucoup de personnes instruites d'ailleurs, mais décidées à rester étrangères aux connaissances de l'économie politique, croient encore que l'introduction des machines est quelquefois plus nuisible qu'utile. Elles sont excusables dans leur erreur, puisqu'elle naît de leur philanthropie : elles craignent que la substitution des moyens mécaniques aux forces de l'homme, ne laissent sans emploi, et par conséquent sans pain, les ouvriers dont on remplace les bras. Cette crainte heureusement est mal fondée et facile à détruire ; je pense que le perfectionnement des machines est le plus grand bien que l'on puisse faire à la société ; mais puisque la question est soulevée, je crois utile de traiter brièvement

ici ce point d'économie politique : il me semble qu'il ne sera point nécessaire d'insister
beaucoup sur la proposition que j'ai émise :
peu de mots doivent suffire pour arriver à
une démonstration rigoureuse.

On hésite un instant lorsqu'il s'agit de prouver cette question, tant elle semble évidente.
A quelles singulières erreurs n'arriverait-on
pas, en effet, en adoptant la proposition
inverse ! si on n'admet pas que les moyens de
rendre le travail plus facile et les produits plus
abondans sont éminemment avantageux, il faut
de toute nécessité admettre qu'il est utile de re-
chercher les moyens qui entravent et gênent la
production. Tout ce qui la ralentira sera précieux, tout ce qui nuira à l'abondance des objets
de consommation sera admirable ; il faudra détruire toute espèce de machine, toute combinaison ingénieuse, il faudra délaisser même toute
espèce d'outils. Qu'on rassemble donc des troupes d'ouvriers, qui, au péril de leur vie, por-
teront au sommet des bâtimens, les matériaux
de construction, qu'une simple poulie aurait
enlevés ; qu'on récolte la moisson épi à épi, et
qu'on choisisse le blé grain à grain ; s'il s'agit
d'enfoncer un clou, qu'on jette le marteau, et
qu'une foule stupide emploie ses membres nus

5

à faire pénétrer le corps dur dans le bois. C'est là que nous conduiraient ceux qui veulent un travail lent et pénible; c'est à ces monstrueuses absurdités qu'on arrive, si l'on prétend que ce n'est point un bienfait pour l'humanité, que d'augmenter ses forces par les secours de la mécanique. Dès qu'on assure qu'il est nuisible d'accélérer la fabrication, il faut se résigner à soutenir qu'on doit adopter tout ce qui ralentit le travail de l'homme, parce que, plus il faudra de forces pour accomplir ce travail, plus on emploiera de bras. On en viendra à ce point, qu'il est utile de faire travailler les ouvriers le moins possible. Quelle irréflexion! on ne voit pas que ce produit qu'on a créé en rassemblant tant de forces, n'est toujours que le même produit; le bénéfice acquis est toujours le même: c'est en vain que vous voulez en nourrir un grand nombre d'individus.

Après avoir réduit à l'absurde l'opinion de ceux qui prétendent qu'on ne doit point accueillir avec enthousiasme chaque perfection mécanique, j'examine d'une manière directe si les machines sont utiles, et s'il est vrai, comme on l'annonce encore, qu'elles ôtent le travail aux ouvriers : le contraire est facile à prouver. Un seul argument suffit pour arriver à ce but : les machines diminuent les frais de production, mais en diminuant ces frais, elles n'ont pas diminué la faculté des acheteurs ; ceux-ci par conséquent peuvent acheter une plus grande quantité du même produit ; les ouvriers peuvent donc toujours prétendre au même salaire ; ce raisonnement sera rendu plus sensible par un exemple : supposons que les richesses d'un pays comme la France, lui donnent la faculté de consommer une certaine quantité d'étoffes de coton ; supposons que par l'invention d'une machine, on réduise à la moitié le travail des ouvriers qui confectionnaient ces étoffes ; voilà le nombre des ouvriers réduit à moitié, mais cette partie va-t-elle rester sans emploi ? En aucune manière. Si on a économisé la moitié du salaire des ouvriers, ce bénéfice, qu'il soit fait par le fabricant, les consommateurs, les ouvriers encore employés, ou partagé entre eux, doit être consommé et appeler ainsi la production d'une plus grande quantité du même produit ou d'un autre ; en conséquence, les ouvriers pourront se consacrer au même travail, ou trouveront nécessairement une autre occupation.

Au lieu de craindre que les perfectionne-

mens de la mécanique ne réduisent les travailleurs à l'indigence, on doit plutôt reconnaître
que toute invention utile améliore leur sort.
Si les produits deviennent à meilleur marché,
les ouvriers pourvoiront à leurs besoins avec
moins de dépense; c'est pour eux comme si
l'on avait augmenté le salaire. Si, par exemple, on a appliqué des procédés plus parfaits
à la construction des maisons, à la confection
des vêtemens, à la production de la nourriture, ils seront plus facilement nourris, logés
et vêtus. Tous les habitans de la terre auront
leur part de cette amélioration sociale, et
nous pourrons adoucir le sort de ceux qui
naguère étaient sans abri, sans pain et sans
habits. Par quelle fatalité faut-il que ceux qui
doivent retirer le plus d'avantage de la perfection des machines, que les ouvriers soient
si souvent opposés aux améliorations que chaque jour voit éclore, et qu'on les voie souvent
braver la rigueur des lois pour satisfaire leur
haine insensée contre des inventions qui ne
doivent travailler qu'à leur bonheur. Puissent-
ils bientôt recevoir une instruction qui les
mette à l'abri de pareilles erreurs, et assurer
en bien des cas la tranquillité publique.

Le commerce est la principale affaire à

Lille ; celui des huiles paraît d'abord le plus important, mais les denrées coloniales emploient de plus grands capitaux ; c'est à Lille que s'approvisionnent une partie des départemens du Nord, du Pas-de-Calais, de l'Aisne, des Ardennes, de la Meurthe, de la Meuse et de la Moselle, plus de deux millions de consommateurs. Cette immense consommation, une population de soixante-dix mille ames, de nombreuses et d'importantes fabriques, placent la ville de Lille au-dessus de celles de Metz, Besançon, Strasbourg, et presque à l'égal de Rouen, Lyon, etc.

Après le commerce des denrées coloniales, il faut ranger par ordre d'importance les fabriques de coton, et celui des huiles ; la fabrique de fil est aussi l'une des principales branches du commerce Lillois.

La ville de Lille possède des filatures de laine et des fabriques de draps, des fabriques de tulle, de calicots, de linge de table, de fil retors, de dentelle, de toiles à matelas, de bonneterie, de couvertures de laine, de sarraux. Les raffineries, les salines, les savonneries y sont en grand nombre.

Cette population industrieuse et commerçante est composée d'individus chez lesquels les

mœurs, les habitudes, les goûts, les plaisirs
et même les maladies, diffèrent selon la position sociale dans laquelle ils se trouvent placés.
Les ouvriers ne sont ni forts ni robustes ; nés
de parens adonnés aux excès, et la plupart
d'un tempéramment lymphatique, en proie aux
ravages des affections héréditaires, ou qui proviennent de la désorganisation du système digestif, les enfans sont faibles et mal portans.
La malheureuse habitude de demeurer dans des
caves, et l'entassement d'un grand nombre d'individus dans des carrefours, des *courettes*, des
rues étroites et malpropres, ne contribue pas
peu à détériorer leur constitution, et à empêcher le développement de leurs facultés physiques et morales. Ces enfans restent continuellement sous la direction des femmes jusqu'à ce que
l'âge leur permette de prendre un métier qu'ils
apprennent avec négligence, et qu'ils exercent
de même. On les envoyait naguère pendant une
ou deux années chez les frères Ignorantins, qui
leur apprenaient tant bien que mal à lire, à
écrire, à calculer et à réciter des prières, et
qui ont souvent donné des preuves de brutalité
à leur égard.

Les filles sont de bonne heure jetées dans
les fabriques de tulle et les filatures de coton,

pêle-mêle avec des garçons de leur âge ; et
des hommes d'une moralité peu sévère ; abandonnées à elles-mêmes , sans éducation , elles
suivent l'impulsion de la nature et l'exemple de
leurs mères , en fondant le bonheur de leur
existence sur les charmes physiques dont elles
sont douées. Les jouissances chez elles ont
presque toujours devancé le développement de
la puberté , et après cette époque , elles s'aban-
donnent si fréquemment à tous leurs désirs,
que leurs charmes sont bientôt flétris. C'est vainement , dans certains quartiers , que l'on cherche une femme de trente ans pourvue de la fraîcheur , de la force et de la vigueur de son âge.

Il est malheureusement démontré que la classe
ouvrière est livrée à l'ignorance et à la dépravation : l'intempérance et la débauche exercent
une action directe sur sa santé et sur sa constitution physique. Ces causes de maladies n'existe-
raient pas si les pères et mères avaient une idée
des vertus individuelles et sociales , et si les
enfans recevaient une éducation bien dirigée et
propre à en faire des hommes de bien et des
hommes bien portans. L'administration existant
antérieurement à 1830 , chargée de diriger l'é-
ducation des enfans pauvres , a cru devoir pendant long-temps donner la préférence aux frères

Ignorantins sur l'enseignement mutuel , parce
qu'elle a pensé que les enfans auraient plus de
religion et une conduite plus régulière , et en
cela elle s'est grandement trompée : des prières,
des signes de croix , des génuflexions , deux ou
trois cents pages de catéchisme et des cantiques
n'étaient pas propres à graver dans le cœur de
la jeunesse les préceptes divins de la morale
chrétienne , et leur application à la vie privée :
la propreté , le courage , l'activité , l'économie ,
l'amour paternel , l'amour filial , les devoirs de
maître et de serviteur , les hauts principes de
justice et d'équité , voilà ce qu'il faut appren-
dre aux enfans , voilà des vertus et des qualités
étrangères à des hommes voués au célibat , pro-
fessant des principes religieux exclusifs , et peu
soucieux de la pratique des vertus qui font le
bonheur des familles. Si ceci s'appliquait aux
garçons , les mêmes objections se reproduisaient
pour les filles. Cette partie intéressante de la
population serait restée livrée à l'ignorance et à
la dépravation , tant qu'on se serait obstiné à
se traîner dans l'ornière du fanatisme et de l'obscurité , qu'on aurait mis obstacle au progrès
des lumières et à la propagation de la morale et
de la véritable religion. Quand l'éducation du
peuple est insuffisante ou mal dirigée , elle

n'empêche point le développement des vices qui dépravent le cœur et ruinent la santé ; elle agit d'une manière aussi funeste sur le physique que sur le moral , et devient une cause de maladies et d'infirmités.

Les enfans de la classe plus élevée sont instruits dans des maisons d'éducation particulières, situées dans la ville ou dans les communes environnantes. On s'attache généralement dans ces établissemens à former des hommes sains, robustes, et l'on n'y néglige aucun moyen de procurer aux élèves les connaissances et les talens qui doivent un jour les rendre utiles à la société. Le collége qui se place entre ces deux genres d'éducation; le collége, où beaucoup de petits malheureux ne cessent de s'écrier : Qui me délivrera des Grecs et des Romains! était, il y a deux ans, privé de l'enseignement des langues vivantes, et les enfans y apprenaient tout, excepté ce qu'ils devaient savoir, c'est-à-dire, la langue française. On dit que de grandes réformes ont été faites, que des améliorations considérables ont été introduites dans le système d'éducation ; c'est ce que je souhaite de tout mon cœur.

Le luxe, les plaisirs, les divertissemens , sont encore la grande affaire des Lillois. Dans toutes les classes de la société, la manie de briller l'emporte sur toutes les autres considérations. Il est assez difficile de distinguer, à l'élégance de leur toilette, la fille d'un boucher, d'un boulanger, de celle d'un négociant ou d'un banquier; la grisette, de la demoiselle de bonne maison; la blanchisseuse, de la riche marchande. Le commis à cinquante francs par mois se pavane au spectacle, étranglé dans sa cravate, ou affublé dans son manteau, aussi roide et aussi important qu'un capitaliste. Tout le monde veut du luxe, tout le monde veut briller, et de ce conflit général d'orgueil et d'amour-propre, naissent une activité et des besoins qui tournent au profit de l'industrie et du commerce. Il en résulte bien par-ci par-là quelques désordres, quelques accidens; on voit bien de temps en temps quelques maris trompés, quelques vierges séduites ; mais que feraient les censeurs et les médecins, s'il ne se commettait jamais d'infractions aux règles de la morale et de l'hygiène.

Les plaisirs diffèrent selon la position sociale des individus : la noblesse et le haut commerce ont des châteaux et des maisons de campagne, où les premiers vont promener leur importance et leur nullité, et où les autres vont en famille se reposer des fatigues, des tracasseries de la

semaine, et jouir des douceurs que leur pro-
cure une fortune, fruit de leur industrie et de
leur activité.

Les marchands et les artisans s'amusent à
l'estaminet et au cabaret. Les estaminets fermés
sont très-nombreux à Lille. Ces réunions de
buveurs et de fumeurs se tiennent ordinairement dans un local loué exprès, et à frais
communs. Mobilier, objets de consommation,
tout appartient à la société, tout est payé par
les sociétaires. Voyez cet honnête marchand,
cet employé de bureau : il arrive à cinq heures
du soir, se place en face d'un litre de bière,
tire de sa poche sa pipe et son sac à tabac, et le
voilà fumant et buvant. Un autre arrive, et
alternativement la salle se remplit de cinquante
à soixante personnes, jouant aux cartes, et se
renvoyant mutuellement des bouffées de fumée
de tabac, qui remplit le local, fait pâlir les
quinquets, vous prend à la gorge, et raréfie l'air
au point de gêner la respiration. On appelle cela
s'amuser, prendre du plaisir. Examinez, le dimanche à dix heures du soir, cet individu qui
a passé une longue soirée d'hiver dans un estaminet rempli de monde, à respirer les émanations de tout genre et la fumée narcotique de
tabac dont l'appartement est rempli ; il est

échauffé par la boisson, par une atmosphère étouffante de chaleur ; examinez-le lorsqu'il rentre dans sa maison ; son corps et ses vêtemens répandent une odeur nauséabonde, sa face est rouge, animée, les veines de son front fortement injectées ; tous les symptômes d'une congestion cérébrale sont plus ou moins apparens ; et cependant telle est la force de l'habitude, que cet homme ne chancelle point. Il s'assoupit promptement, sa respiration est stertoreuse, la nuit agitée, et le lendemain il est pâle et abattu ! Si ce portrait paraît un peu forcé, toujours est-il que ces traits, plus ou moins nuancés, se retrouvent chez les individus qui mettent le bonheur à passer leur soirée à fumer, à se remplir de bière, et à rester renfermés dans des lieux peu aérés et malsains.

Les jeunes gens fréquentent le spectacle et les cafés. Dans la belle saison, les *ducasses* des communes environnantes attirent la jeunesse des deux sexes, qui s'y livre au plaisir de la danse.

Les ouvriers passent la journée du dimanche au cabaret, en ville ou dans les faubourgs, où se trouvent des guinguettes fréquentées par les amateurs de la danse. C'est-là qu'on peut admirer en même temps des grisettes, des bonnes d'enfans, des filles publiques, des ouvrières, des soldats, des fashionables de fabrique, des tapageurs rivalisant de zèle et d'amabilité, et offrant à leurs belles la fine tranche de jambon, et le verre de bière sentimental.

Mais la fête qui tient le plus haut rang chez les ouvriers, celle même à laquelle prend part toute la population, est la fête du *Broquelet.* On n'en connaît point l'origine : elle remonte sans doute à l'époque où l'on a commencé à fabriquer de la dentelle à Lille, puisqu'elle est principalement la fête des dentellières : elle fut d'abord peu nombreuse, parce que les femmes seules la célébraient ; mais les filtiers, ouvriers d'une espèce de fabrique très-importante à Lille, se réunirent pour la célébrer, et prirent, comme les dentellières, Saint Nicolas pour patron. Cette fête alors prit une grande importance ; le négoce du fil de lin et tout ce qui s'y rapporte, comme la toile et la dentelle, formant presque exclusivement le commerce de Lille, la fête du *Broquelet* devint celle de toute la ville. Les manufactures de coton, qui s'établirent sur les ruines des fabriques qui employaient des productions indigènes, et qui aujourd'hui occupent une si grande quantité d'ouvriers, se sont aussi rangées sous la crosse de Saint-Nicolas, et la fête a acquis une plus grande popularité.

Tout comme un autre j'ai voulu voir la fête du *Broquelet* : je sortis de la ville par la porte de la Barre, parce que la fête se célèbre dans le faubourg de la Barre et dans celui de Béthune, qui lui est contigu. C'était en 1821, le commerce était florissant ; toute la route était couverte d'une foule immense, et tous ceux qui la composaient étaient *endimanchés* et avaient un visage rayonnant de gaîté ; j'eus encore occasion de remarquer combien les flamands ont conservé de goût pour les plaisirs et les fêtes : il n'est pas de peuple à qui ce supperflu soit plus nécessaire, et qui s'y livre avec plus d'abandon.

Toutes les guinguettes, tous les cabarets, jardins publics étaient inondés des flots d'artisans de toutes les classes ; vieillards, femmes, enfans ; tous se pressaient de prendre part aux plaisirs ; on s'évertuait à qui montrerait le plus de gaîté, qui chanterait le mieux ou qui boirait le plus.

Je gagnai le faubourg de Béthune, et j'allai m'asseoir dans une salle de la *Nouvelle-Aventure*, lieu public d'une construction bizarre où se réunissent les dentellières et les fileurs de coton.

Quoique l'affluence soit grande, il est à remarquer que les individus ne sont pas confondus ; il règne dans ces jours de fête une espèce d'ordre naturel que tous les soins de la meilleure police ne sauraient ni régler, ni maintenir. Les dentellières sont rassemblées par sociétés ou par écoles ; les filtiers par fabriques ; les fileurs de coton par ateliers ; chaque compagnie a adopté un cabaret tout entier ou seulement une pièce de ce cabaret ; c'est là qu'on mange le jambon et le pâté, que l'on vide les *canettes* de bière en grande compagnie, mais toujours entre soi : des visites se font de société à autre ; on se régale réciproquement, on trinque suivant certaines règles d'étiquette adoptées de temps immémorial.

Après avoir admiré les quadrilles et les valses, et joui, comme on dit, de l'ivresse du peuple, qui est celle du plaisir, je sortis pour me rendre à la *Vieille-Aventure*, autre lieu de réunion ; comme à la nouvelle, on y dansait ; mais là, l'ordre avait entièrement disparu : c'était une véritable confusion. Pendant que les violons faisaient sauter les amateurs, d'autres chantaient d'une voix pleine, quoique déjà voilée par les nombreuses libations de bière. Une dentellière fredonnait l'amour près d'un fileur que Bacchus possédait tout entier ; un filtier chantait la fidélité à sa femme que pressait mys-

térieusement le genou d'un jeune compagnon ;
et le plus grand nombre criait plutôt qu'il ne
chantait, des chansons patoises du fameux *Brûle-
Maison*.

Il est facile à l'observateur de distinguer les
différentes classes d'ouvriers et d'ouvrières : à
son dos voûté, à sa poitrine resserrée, on reconnaît la dentellière ; l'habitude de se tenir
courbées sur leur carreau influe évidemment
sur la santé de ces femmes : il en est peu qui
parviennent à un âge avancé. L'ouvrier filtier
se fait remarquer par son agilité, par son cos-
tume qui se compose d'un gilet à la turquoise,
d'un pantalon de nankin de Roubaix, d'une
veste ronde de la même étoffe, et d'un chapeau à petits bords, placé sur l'oreille gauche. Le fileur de coton se distingue par une
mise plus recherchée, des bottes noires, cirées
et luisantes, un chapeau plus fin et une redin-
gotte de drap ; il est aussi plus robuste que le
filtier, effet naturel d'un travail plus pénible
et mieux payé. Les fashionables des deux professions ont porté la prétention jusqu'à endos-
ser l'habit noir et la cravate de mousseline
brodée. Les femmes et les filles qui ont épargné pendant l'année sur leur *masse*, ont une
mise très-propre et fort recherchée.

Lorsque l'heure de la fermeture des portes de la ville fut arrivée, on sortit de tous les lieux de plaisir, et chacun chercha à regagner son domicile ; ici, se soutenant les uns les autres ; là, s'aidant de l'appui des murailles ; d'autres se faisant hisser dans des fiacres où ils entrent dix, douze, hommes, femmes, enfans, non compris ceux que le cocher prend près de lui, ou qui montent derrière la voiture. La fête, qui ne devrait durer que trois jours, se prolonge toute la semaine, et même jusqu'au lundi suivant ; alors tout rentre dans l'ordre accoutumé, et chacun reprend ses occupations en formant des projets pour l'année suivante.

§ 4. SAVANS, POÈTES, ETC., NÉS A LILLE.

La ville de Lille a donné le jour à un assez grand nombre d'hommes de mérite : elle a produit des savans, des historiens ; mais les poètes y ont été peu nombreux, et bien peu d'entre eux ont cultivé avec distinction le commerce des muses. Je citerai cependant par ordre chronologique les noms et les ouvrages des hommes qui se sont rendus recommandables par leurs travaux littéraires, d'après les renseignemens que j'ai puisés dans les ouvrages très-imparfaits publiés jusqu'aujourd'hui :

ALAIN DE LILLE vivait au treizième siècle ; il fut surnommé le *docteur universel*, et sa vaste science ne nous a légué que quelques poésies latines assez médiocres.

GAUTHIER DE CHATILLON, auteur de l'*Alexandriade*, naquit aussi à Lille, ainsi que Jaqueman Giélé, qui lança dans le treizième siècle un poème satirique en vers excellens pour l'époque, intitulé : le *Nouveau Renard*, critique très-fine et très-piquante des mœurs du temps de Philippe-le-Bel, et qui n'épargne ni les rois ni les grands.

D'OUDEGHERST, Pierre, né à Lille, d'une famille noble, au commencement du seizième siècle, auteur des *Chroniques et Annales de Flandre*, peut être placé parmi ceux qui ont le mieux écrit sur l'histoire de la Flandre. Dans un siècle où le goût et la méthode étaient encore au berceau, d'Oudegherst avait appris à l'école des anciens le secret d'une composition régulière : il s'était convaincu que l'histoire d'une nation ne doit pas être celle de l'univers. Cependant le commencement de ses annales

n'est, ainsi que celles de Meyer, autre historien né à Vleteren, près Bailleul, en 1491,
mort curé de Blankenberg en 1552, appuyé
sur aucun fondement authentique. Depuis longtemps les chronologistes ont fait justice de ces
fables. Les savans auteurs de l'*Art de vérifier
les dates*, font remonter à l'an 792 seulement,
l'existence d'un Lydéric de Harlebecque, forestier de Flandre sous Charlemagne ; qui
paraît avoir été le bisaïeul de Baudouin *Bras-
de-Fer*, premier comte de Flandre (863).

BAUDIER (Dominique), né à Lille en 1561,
mort en Hollande en 1613, réfugié calviniste ;
il dut à son talent la nomination d'historiographe des états-généraux et celle de professeur
d'histoire à Leyde. Ses cours furent les plus
réputés de l'époque ; des remarques sur Tacite, insérées dans ses cahiers, sont un chef-
d'œuvre de saine critique ; ses lettres, qui ne
traitent pas toutes d'histoire, sont imprimées
et connues dans le monde savant.

DELOBEL (Placide), moine de l'abbaye de
Loos, mort en 1706, est un des auteurs les
plus féconds et les plus laborieux qui aient
paru : il a laissé dans les cartons de la bibliothèque de sa maison, plus de cent traités sur

toutes sortes de matières. Un religieux instruit de l'abbaye s'occupait à faire l'extrait des productions de dom Delobel, pour les livrer à l'impression, quand la révolution française vint mettre obstacle à cette publication.

HANNETON (Guillaume), au dix-septième siècle, donna une tragédie latine et composa divers ouvrages de jurisprudence. Dans le même siècle se distinguèrent par leurs poésies, Jacques Dujardin et Théodore Vandewalle, auteurs de deux tragédies latines, l'une sur la vierge Marie, et l'autre sur l'empereur Othon III.

VANDERHAER (Floris), naquit à Louvain en 1547, et mourut à Lille en 1634. Une longue résidence en cette ville, où il était chanoine de Saint-Pierre, me donne le droit de le réclamer. Voici la note de ses ouvrages imprimés en français: *Les Châtelains de Lille, leur ancien état, office et famille; la Vie de Baudouin de Lille*, en latin: *De initiis tumultuum belgicorum.*

L'histoire des châtelains de Lille est d'un style supérieur à l'époque où l'auteur écrivait. Bien que lié d'amitié avec Pierre d'Oudegherst, il apprécie sa chronique à sa juste valeur, en déduisant les raisons qui ont déterminé son

jugement. C'est sa description de Lille, considérée sous trois âges, qui suggéra, plus
tard, au père Watelain, l'idée et le plan de
son intéressante *Géographie de la Gaule Belgique.*

Les troubles des Pays-Bas dont il avait été
témoin oculaire, sont pleins de détails vrais,
curieux et rédigés dans une latinité élégante.

GODEFROI (Denis), né à Paris en 1615, mort
à Lille en 1680 ; GODEFROI (Jean), fils du précédent, mort en cette ville en 1732 ; GODEFROI
(J.-B.-Achille), son fils, mort en 1759, et
enfin GODEFROI (Denis-Joseph), fils de ce dernier, né à Lille en 1740, mort en 1819, forment une succession d'historiens de la Flandre
et d'hommes d'un grand mérite. Plusieurs historiens ont dû et doivent la réputation dont ils
jouissent aux notes échappées de la plume du
premier. Le second était, de son temps, l'un des
hommes les plus versés dans la connaissance de
l'histoire de France et de Flandre ; ses contemporains, et autres savans biographes, le quali-
fient de *vir celeberrimus*. Le troisième avait tout
disposé pour une édition de la chronique de
Jean Molinet, suivie d'un volume de notes et de
pièces additionnelles, lorsque la mort vint le

surprendre. Le quatrième enfin s'adonna au classement des archives du pays , et sacrifia le reste de son temps aux travaux historiques et littéraires. On voit de quelle utilité durent et doivent être les travaux d'une famille qui prend rang dans les sciences dès le commencement du seizième siècle , et quels services elle a rendus à l'histoire.

PANCKOUCKE (André Joseph), né à Lille , en 1700, exerçait la profession de libraire. Ses ouvrages, dans lesquels il joint l'intelligence de son état , au goût et au talent d'un homme de lettres, sont : 1° *Etudes convenables aux demoiselles* (1749, 2 vol. in-8°); 2.° *Dictionnaire géographique de la châtellenie de Lille* (1733 , in-12); 3.° *Abrégé chronologique de l'histoire de Flandre , contenant les traits remarquables des comtes de Flandre, depuis Baudouin 1.er jusqu'à Charles II, roi d'Espagne* (in-8°, Dunkerque 1762). Panckoucke étant mort en 1753, cet ouvrage doit être considéré comme posthume. Le discours préliminaire est de l'abbé Montlinot : on lui reproche d'être mal écrit, et rempli d'inexactitudes. On a encore d'André Panckoucke : *l'Art de désopiler la rate ; Etudes mathématiques ,* etc. Tous ses ouvrages supposent une littérature variée : il commença dignement cette succession de libraires-imprimeurs dont le nom s'attache depuis un demi-siècle aux plus grandes entreprises littéraires.

WATTELAIN, Jésuite conventuel de Lille, que plusieurs contemporains ont connu, a mis au jour dans un style plein de dignité une description de la Gaule-Belgique, selon les trois âges de l'histoire, imprimée chez la veuve Cramé, à Lille, en 1761. C'est une véritable introduction à l'histoire des Pays-Bas et d'une portion de la France, autrefois comprise dans la Gaule-Belgique ; elle doit être placée au rang des meilleures productions des écrivains flamands.

MONTLINOT (Leclercq de) n'est point né à Lille, comme l'avancent plusieurs auteurs. Né à Crépy en Valois, en 1752, mort à Paris en 1801, il était chanoine de la collégiale de Saint-Pierre à Lille, et écrivit une histoire de Lille, depuis sa fondation jusqu'en 1434. Cet ouvrage, que les uns regardent comme une œuvre de philosophie et d'indépendance, que les autres traitent de libelle rédigé sans méthode et sans art, dans lequel l'auteur prend l'incrédulité de la sottise pour le scepticisme judicieux de la critique, valut à Montlinot de violentes persécutions, et ses ennemis lui prouvèrent victorieusement qu'il avait tort, en le faisant enfermer en vertu d'une lettre de cachet. Quant à l'utilité dont son livre peut être à l'histoire du pays, le chanoine aurait tout aussi bien fait de ne pas écrire.

FEUTRY, né en ...., mort à Lille, en 1789, poète d'un genre mélancolique et sévère. On a de lui un volume de poésies, dans lequel on remarque une ode sur le jugement dernier, qui a remporté le prix à l'académie des jeux floraux de Toulouse. Les tombeaux et le temple de la mort sont des morceaux très-remarquables. La fortune ne répandit point ses faveurs sur le nourrisson du Pinde, et Feutry accablé de vieillesse et de misère, mit fin à ses jours d'une manière déplorable.

FOURMANTEL (Agathon), né à Lille vers 1773, mort en 1805, poète satirique, incorrect, mais rempli de verve et d'originalité. Jeune encore, il montra du goût pour l'étude, de l'éloignement pour la vie mercantile et stationnaire qu'on lui destinait. Avec beaucoup d'esprit naturel, imbu des doctrines des écrivains du 18me siècle, il se montrait indocile aux pratiques de religion et de dévotion minutieuse qu'il avait sous les yeux. Avec de pareilles dispositions son éducation fut mauvaise; son cœur ne fut point formé : mal vu, et en quelque sorte déplacé dans sa famille, il devint frondeur, chagrin, et lorsque la révolution éclata, les rêves de la liberté, et plus encore l'amour de la patrie, embrasèrent l'ame ardente de Fourmantel : le premier il alla se placer dans les rangs des volontaires du Nord.

Là, sa probité personnelle, son caractère droit, mais irascible, trouvèrent encore mille sujets de mécontentement. Il a saisi le mousquet; muni d'une bonne dose de courage et de valeur, il vole à la défense de son pays menacé par l'étranger. Il arrive ; quels sont les objets qui se présentent à sa vue? Dans l'armée, des soldats sans habits, sans chaussure, sans argent et sans discipline : Dans les bureaux :

« Des faquins noircis d'encre et couverts de poussière ;

Parmi ses chefs :

« Un L... tout pétri d'ignorance et d'audace,
« Qui dans un corps si haut porte une ame si basse!

Parmi les généraux :

« Un brigand redouté que la Belgique abhorre....
« Qui punissait souvent avec sévérité,
« Le pillage où lui-même il avait assisté.

Dans les fournisseurs, des voleurs impudens

et tolérés, se gorgeant d'or, de richesses, et laissant mourir de faim nos soldats fatigués de se battre et de vaincre. Toutes ces choses n'étaient pas propres à calmer l'état d'irritation dans lequel il avait quitté sa famille, et ce fut sous les murs de Mantoue, où l'avait conduit l'homme qui commandait à la victoire, qu'il écrivit *les dégoûts du métier*, petit poème plein de verve et d'originalité, mais qui, comme toutes les productions de l'auteur, laisse à désirer sous le rapport de la versification.

Revenu dans sa patrie avec une jeune romaine qu'il avait épousée dans la ville où *un prêtre s'est assis au trône des Césars*, Fourmantel ne fut pas plus heureux; il se vit encore repoussé du foyer paternel. C'est alors qu'il composa *l'Epître au Diable*, *l'Epître à Dieu*, celle à *Molière*; le *Cirque*, etc., toutes pièces dans lesquelles les hommes qui font de la dévotion spéculative n'étaient pas ménagés, et qui n'étaient point du tout de nature à le raccommoder avec ses parens, la plupart marguilliers et administrateurs de fabrique; tous ces pièces, dis-je, qui furent bien reçues du public, valurent à l'auteur la réputation de poète satirique; mais aucun de ses nombreux admirateurs ne se présenta pour soulager sa misère, et l'infortuné, rongé de chagrin, exténué de besoin, alla mourir à l'hôpital Saint-Sauveur ! ! ! Quelle est donc cette fatalité qui semble s'attacher aux amans des muses que la ville de Lille a vus naître ? Douai, Cambrai, Valenciennes, ont leur Bis, leur Xaintine, leur Onésyme Leroy ; les palmes académiques, les faveurs du public, les dons de la fortune ont embelli leur carrière littéraire, et Feutry, que l'on peut véritablement citer comme poète ; Fourmantel, qui serait devenu l'un de nos premiers satiriques, si une main secourable avait offert un appui à sa jeune muse, ces deux hommes, qui auraient un jour illustré leur ville natale, périssent misérablement : l'un se donne la mort pour ne pas périr dans les angoisses de la faim, l'autre après avoir versé son sang sur les champs de bataille, où l'avait conduit l'amour sacré de la patrie, après avoir parcouru l'Italie en vainqueur, revient à Lille pour y souffrir, y végéter, et aller enfin mourir sur le lit d'un hôpital, au milieu d'une famille opulente !

Chapitre III.

PARTIE PHYSIQUE DE LILLE.

§ 1.er NATURE DU SOL , CLIMAT , SON INFLUENCE.

Au premier aspect, il est facile de se convaincre que la ville de Lille est assise au milieu d'un immense marais : le terrain, dans la presque totalité , est argileux , parsemé dans quelques endroits de couches sablonneuses ; les couches profondes sont composées de phosphate et de carbonate de chaux. Quelques-unes, moins profondes , sont mélangées de pierres friables , d'un rouge brun , indiquant la présence de l'oxide de fer. La fontaine existant dans l'intérieur de la citadelle , et dont les eaux sont légèrement ferrugineuses, peut servir à appuyer cette assertion.

Je m'occuperai dans la seconde partie de cet ouvrage , de la terre végétale et de ses productions.

La proximité de la mer au nord-ouest et à l'ouest rend le climat froid et pluvieux. Le sol bas et marécageux, les ruisseaux nombreux qui entourent la ville, les divisions plus nombreuses encore de la Deûle qui la sillonnent dans tous les sens, les brouillards qui s'élèvent fréquemment, entretiennent l'humidité de l'atmosphère. L'hiver est ordinairement humide, pluvieux et brumeux ; le printemps est tardif et court : il peut être confondu avec l'été, comme l'automne avec l'hiver.

Aussitôt que le Printemps a fait sentir son influence, la terre, naturellement humide, se couvre de verdure, et les arbres des promenades montrent leur feuillage verdoyant aux habitans que les rayons bienfaisans du soleil attirent en foule sur l'esplanade. Les variations continuelles de l'atmosphère dérangent souvent les calculs et font le désespoir des jeunes gens à la mode et des petites-maîtresses ; mais comme la mode et le désir de briller l'emportent sur toutes les considérations, on brave les inconvéniens et les dangers d'un rhume ou d'une fluxion de poitrine, pour faire admirer ses grâces et sa fraîcheur au renouvellement de la saison.

Les vents (1) qui règnent le plus ordinaire-

_____

(1) Voyez le § météorologie.

ment sont ceux d'ouest , de sud-ouest et de nord-ouest. Le vent ne tient pas long-temps au sud ; il passe rapidement au sud-ouest pour revenir à l'ouest et au nord-ouest. En hiver et en été, il passe quelquefois au nord et s'y tient quelques jours. Les vents nord-est sont froids et désséchans ; heureusement ils durent peu.

Le terme moyen du froid pour une année commune prise dans dix années est de 8 degrés de Réaumur. Le terme moyen de la chaleur pour une année commune est de 27 degrés.

L'impression presque constante d'une température froide et humide s'exerce sur la peau, sur l'appareil des membranes muqueuses , et principalement sur le système pulmonaire et gastro-entérique. Le refoulement de la transpiration cutanée porte continuellement sur le poumon et les voies digestives , des causes d'irritation qui deviennent d'autant plus intenses, que les individus y sont prédisposés par le régime de vivre, les excès qu'ils commettent journellement, les infractions aux règles de l'hygiène.

Lorsque le printemps arrivé vers son milieu voit se développer la chaleur atmosphérique qui annonce le commencement de l'été, la première impression se passe sur la peau dont la sensibilité vivement excitée accélère la circulation capillaire cutanée, et donne plus d'activité aux fonctions de cet organe : il en résulte une exhalation plus abondante de la transpiration. L'irritation est même quelquefois si vive que l'inflammation se développe et occasionne des maladies de la peau, telles que la rougeole, la scarlatine, la miliaire, la petite-vérole. Il est rare cependant que cet état se maintienne : les pluies, les brouillards, les vents du sud-ouest, ont bientôt changé cette modification hygiénique. L'été s'écoule en alternatives de froid et de chaleur ; les inflammations gastriques et pulmonaires apparaissent et se prolongent bien avant dans l'automne, jusqu'à ce que l'hiver arrive avec ses maladies aiguës et ses fièvres intermittentes.

§ 2. SOURCES ET RIVIÈRES.

La position du sol de la ville de Lille permet aux habitans d'avoir facilement l'eau nécessaire à leur consommation. Chaque maison particulière est pourvue d'un puits avec pompe, et les pompes publiques sont communes dans les rues. On trouve de l'eau à moins de trente pieds de profondeur ; elle repose presque partout sur une couche calcaire : elle dissout difficilement le savon, mais elle sert à cuire les légumes et les viandes, et n'est nullement malfaisante.

Je ne connais point d'autres sources ou fontaines à Lille que celle de la citadelle, et un petit filet d'eau qui coule dans la Basse-Deûle près de l'Hôpital-Général.

La rivière de la Deûle, et ses canaux nombreux répandus dans toute la ville, méritent spécialement l'attention de l'observateur et du médecin, sous le rapport des communications qu'ils établissent, de l'utilité dont ils sont pour certaines fabriques, auxquelles ils fournissent un élément indispensable ; et enfin de leur influence sur la salubrité des lieux qu'ils parcourent. M. Th. Lestiboudois, qui m'honore de son amitié, veut bien encore me permettre de le mettre à contribution dans cette affaire, et j'en profite d'autant plus volontiers, que je trouve l'occasion de rendre publiques les vues excellentes du médecin professeur.

La partie de la Deûle qui coule entre la ville de Lille et la Scarpe, se nomme Haute-Deûle; la partie qui s'étend jusqu'à la Lys est appelée Basse-Deûle: on désigne par le nom de Moyenne Deûle la partie qui traverse la ville. La rivière pénètre dans Lille par trois entrées: elle s'introduit par la porte du bassin appelé *bassin de la Haute-Deûle;* de là elle traverse l'esplanade, à l'extrémité de laquelle elle sort de nos murs, baigne le cordon de la place jusqu'à la Basse-Deûle, où elle est retenue par un sas. La porte par laquelle entre le second embranchement de la Deûle est un peu plus au sud que la précédente; le canal passe sous les ponts des rues de l'Arc, des Bouchers, Esquermoise, il coule ensuite sous les ponts de Roubaix, et arrive au Cirque; là il se divise en deux branches, qui vont se rendre au moulin à l'eau de la rue de la Monnaie, où ses eaux sont déversées dans le bassin *de la Basse-Deûle,* lequel forme une île à son extrémité, sort de la ville et continue le lit de la Deûle. Enfin le troisième embranchement entre dans la place en passant sous l'Hôpital-Militaire; il se rend à l'abreuvoir placé rue des Fossés, au pont des Molfonds, aux ponts de Comines, à ceux de la rue de Roubaix, de la rue des Fleurs, de la rue St.-Jacques, et là jette aussi ses eaux dans le bassin de la Basse-Deûle, après avoir fait tourner le moulin de la Place du Château, et avoir fourni une branche qui borde le derrière de la rue des Tours, traverse la rue de Gand, la rue des Célestines, et se rendrait en se bifurquant, dans le même bassin que le canal lui-même s'il n'était retenu par deux bâtardeaux.

» On voit d'après cette description, que des trois branches de la Deûle, l'une entre dans les murs, mais ne traverse pas réellement la ville ; les deux autres, qui la parcourent, vont se rendre au bassin de la Basse-Deûle et sont toutes deux barrées par un moulin ; ces deux branches sont réunies par un canal de communication qui naît un peu au-delà du pont des Molfonds, passe sous la place de la Mairie, et sous les ponts de la rue de la Nef, de Tenremonde, de Saint-Etienne et des Poissonceaux, et va se réunir à la deuxième branche de la Deûle, près du pont de Weppes. Il est évident, d'après cela, que les canaux intérieurs forment un cercle complet qui représente les fossés de Lille ancienne. En effet, les noms des lieux qui avoisinent cette ligne de circonscription, l'attestent visiblement : l'un des abouchemens de ces canaux dans la Basse-Deûle, se trouve près la place du Château ; le canal enveloppe ce lieu où était bâti un fort qui servait à la défense de la ville, et borde la rue des *Tours*, dont le nom rappelle les anciennes fortifications ; il longe la rue *des Jardins* qui lui est extérieure, et qui était située sur un emplacement formé de divers enclos consacrés à la culture , comme l'est encore la partie placée sous les fortifications qui aujourd'hui couvrent la ville de ce côté ; il se rend à la place des Raigneaux , où se trouvait la porte qui a été remplacée par celle de Roubaix , ainsi que cela est de reste indiqué par la rue qui part de cette place et porte le nom de rue du *Vieux-Faubourg*. Le fossé se rend ensuite au *Pont de Comines* ou de *Phin* , où se trouvaient la porte de Seclin et l'ancien château de Phinar , bâti sur l'emplacement de l'Eglise de Saint-Maurice ; il borde la rue *des Fossés* , passe sous la place de Rihour ; delà le fossé d'enceinte , après avoir passé près de l'Arsenal , coupe la rue *Esquermoise* , rue maintenant située au centre de la ville et dont le nom est emprunté au village d'Esquermes , où elle conduisait jadis ; enfin le canal arrive à l'île du Cirque, origine première de la ville , à laquelle elle a donné son nom ; puis il se décharge dans la Basse-Deûle vis-à-vis le point où je l'ai pris précédemment.

» Outre ces canaux principaux , la ville en a encore plusieurs autres dont la description serait minutieuse. J'ai exposé d'une manière générale la topographie des canaux de Lille ; le lecteur connaît maintenant toutes leurs communications et leurs nombreuses bifurcations ; ce sont ces détails préliminaires qui me guideront dans les recherches que je vais faire sur leur influence hygiénique.

» L'administration s'est occupée depuis long-temps d'un objet qui intéresse vivement la santé des habitans du chef-lieu du département du Nord. A plusieurs reprises elle a dépensé des sommes considérables pour en assainir les canaux ; mais jusqu'à présent ses louables efforts n'ont point eu le résultat espéré ; peut-être cela tient-il à ce qu'on n'a pas connu assez exactement les causes qui ont amené les tristes résultats qu'on veut détruire.

» On peut rapporter l'insalubrité des canaux de la ville de Lille à deux causes principales : la première et la plus essentielle est la mauvaise distribution des eaux; la seconde tient aux fabriques établies sur les canaux. Je m'occuperai successivement de ces deux points.

» La Deûle, qui traverse le terrain fangeux sur lequel est bâtie la ville de Lille, a un courant si faible que quelquefois elle peut à peine fournir aux dépenses d'eaux nécessaires à la navigation : il n'est donc point étonnant que cette rivière reposant sur un fond vaseux, chargée d'impuretés par une grande quantité de fabriques de toutes espèces, recevant les égoûts d'une ville

populeuse, devienne promptement une source
d'infection : on devrait donc chercher tous les
moyens d'accélérer au travers de la ville le cours
des eaux déjà si lent. Il semble au contraire
qu'on ait tout fait pour le ralentir. En appro-
chant de la place, la Deûle se répand dans les
fossés marécageux qui couvrent les remparts du
côté de la porte de la Barre, jusqu'au troisième
embranchement dont j'ai déjà parlé, où des bâtardeaux l'empêchent de s'étendre plus loin et
de remplir les fossés des fortifications ; puis, au
lieu d'entrer dans un lit, qu'on aurait dû resserrer le plus possible, elle se partage en trois
branches qui, comme je l'ai dit, se subdivisent
en un grand nombre de rameaux, de sorte que
le courant, à peine sensible lorsque la rivière
était unique, devient presque nul lorsqu'elle se
partage en tant de canaux parallèles, et que la
quantité d'eau qui passe par la ville, à peine
suffisante pour fournir à une chute continuelle,
fournit à trois écoulemens distincts ; tandis que
plusieurs branches n'ont même pas d'abouche-
ment direct, et que d'autres n'ont pas d'ouverture à leur origine, ainsi que je l'ai signalé.

» Mais ce n'est pas tout : d'autres causes
contribuent encore à rendre plus croupissantes
les eaux de l'intérieur de la ville : non-seulement

le cours de la rivière est divisé, mais comme je l'ai constaté, l'embranchement qui s'ouvre par un sas, le seul par conséquent qui serve à la navigation, est tout-à-fait extérieur à la ville : c'est le canal, de formation moderne, qui traverse l'Esplanade. Ce canal, qui ne reçoit aucun immondice, qui ne fournit aucun embranchement latéral, est celui qui consomme la plus grande masse d'eau, et si le transport par eau devenait plus actif, il pourrait se faire que le courant devînt tout à fait nul à travers la ville. Il suit de là que, dans l'état ordinaire, les canaux intérieurs barrés par deux moulins qui sont en repos une grande partie du temps, et qui ne travaillent qu'alternativement, sont remplis d'une eau croupissante et sont le foyer d'une infection permanente.

» On peut maintenant apprécier les causes nombreuses qui entravent le cours des eaux au travers de la ville de Lille : la première est la faiblesse du courant : cette cause si puissante par elle-même est fortifiée par la trop grande division des canaux, par le passage, à l'extérieur de la ville, de la voie navigable, de sorte que l'intérieur n'en a que le superflu.

» Les causes étant connues, il est facile d'établir quels sont les moyens de remédier à la

distribution vicieuse des eaux de la ville; malheureusement il ne sera pas aussi facile de
mettre ces moyens à exécution : la Deûle devrait s'écouler par un seul canal, ce canal
servirait seul à la navigation et serait intérieur.
Ce premier point est, dans sa généralité absolue,
réellement impraticable : car il est physique-
ment impossible de priver de leurs eaux la
quantité innombrable de fabriques, de manufactures placées sur les bords de ces canaux ;
mais s'il est d'une impossibilité complète d'exécuter ce projet d'une manière théorique, on
peut au moins faire sentir ce qu'il y a à faire,
et arriver à un grand degré d'amélioration.

» Lorsque l'on creusa le canal de l'Esplanade
pour établir une communication entre la Haute
et la Basse-Deûle, n'aurait-il pas été plus profi-
table de l'ouvrir par le canal qui traversait les
rues de l'Arc, de la Baignerie, des Bouchers,
Esquermoise ? de faire entrer ce canal dans le
bassin de la Deûle au moyen d'un sas, au lieu
de le barrer par un moulin ? Il résultait de là
que toute cette portion devenait parfaitement
assainie ; chaque bateau qui descendait la Deûle
entraînait une masse d'eau impure : ce projet
ne me paraît point impraticable ; il aurait l'avantage de doubler les points de débarquement

dans l'intérieur de la ville, et d'accroître ainsi, au-delà de tout ce qu'on peut calculer, la valeur des propriétés riveraines.

» Ce canal intérieur rendu à la navigation, la quantité d'eau nécessaire pour alimenter le moulin St.-Pierre, qui a deux roues, serait acquise au moulin du château, qui est placé à l'extrémité du troisième canal, lequel reçoit de nombreuses branches secondaires dont je n'ai pas encore parlé (*le canal des Hybernois, le Becquerel, le canal des Vieux-hommes*) ; il jouirait de toutes les eaux inutiles à la navigation, et certes elles ne seraient pas trop abondantes, puisqu'au faubourg de la Barre il n'y a qu'un moulin. Il faudrait ensuite resserrer le lit de ce canal à la plus petite dimension possible, ce qu'on fait déjà en permettant d'élargir les puisards ; mais il faudrait adopter une mesure générale. Quant aux embranchemens barrés à leur extrémité inférieure, ils servent à peu de manufactures, il ne serait peut-être pas impossible de les combler en entier : on pourrait peut-être faire de même pour les ramifications latérales qui rentrent plus ou moins dans le lit principal : on pourrait au moins les réduire à la condition de simples aqueducs couverts ; on devrait aussi nécessairement recouvrir et resserrer tous les canaux barrés à leur origine, puisqu'en réalité ils ne sont que des déversoirs des eaux supérieures. D'après ces dispositions, le canal qui sert maintenant à la navigation (celui de l'esplanade), n'aurait plus de courant. Mais qu'en a-t-il besoin? il est extérieur à la ville, et ne reçoit point d'égoût, ne sert à aucune fabrique, est en tous points bien aéré : il suffirait de le vider quelquefois ; il serait placé dans les mêmes circonstances que les fossés de la citadelle, dont les eaux sont parfaitement limpides ; comme eux, il ne ser- virait qu'à la défense de la place.

» Jusqu'aujourd'hui on a dépensé des som- mes considérables pour combattre les effets, et l'on a laissé subsister les causes : le dernier nettoiement, fait il y a quelques années, a coûté 3o,ooo francs, et les canaux sont aujourd'hui aussi pleins de vase qu'auparavant. C'est l'eau croupissante qui exhale des miasmes dangereux, c'est elle qu'il faut faire couler rapidement ; elle entraînera alors les immondices qui s'accumulent au fond. Les sommes qu'on aurait à dépen- ser me sembleraient mieux employées si l'on entreprenait avec elles les travaux propres à accélérer le cours des eaux. C'est ainsi qu'on empêchera la formation de cette croûte bulbeuse qu'on aperçoit souvent à la surface des eaux, et qui est produite par la vase entraînée par les gaz qui se dégagent des matières fermentescibles.

» Après avoir parlé des moyens d'entraîner les eaux infectées, il faut parler aussi des causes qui produisent cette infection. Je ne dirai plus rien de la stagnation des eaux, qui favorise la putréfaction des matières animales et végétales qui s'accumulent au fond des canaux : il me reste à indiquer les principales causes d'où proviennent ces matières elles-mêmes. Ceci me conduit au troisième point de vue sous lequel il faut envisager les canaux de Lille : l'effet qu'ont sur l'état des eaux les diverses fabrications. Je dois parler en même temps des causes qui les chargent de produits étrangers.

» On juge de la quantité de fabriques de toutes espèces qui sont établies sur les canaux d'une ville aussi industrieuse que Lille : ce sont principalement des teinturiers, des filtiers, des fabricans de colle, des tripiers, des tanneurs, des laveurs de laine, des amidonniers, etc., etc. ; de plus, tous les égoûts se rendent dans les canaux, beaucoup de latrines s'y vidaient.

» L'administration a fait disparaître un grand nombre des inconvéniens qui résultaient de ces abus ; elle a fait détruire, autant qu'elle l'a pu ; les latrines qui n'avaient de réservoir que les canaux ; elle a eu l'heureuse idée de fermer les bouches des égoûts de telle façon, que l'eau peut seule s'écouler, tous les immondices étant arrêtés à l'extérieur : cette disposition s'applique heureusement à une ville qui est bâtie sur un terrain très-plat, et qui par conséquent voit bien rarement ses ruisseaux considérablement grossis. Jusqu'à présent on a été peu sévère à l'égard des fabrications ; certainement on ne peut empêcher un teinturier d'user librement des eaux, dans l'intérieur de la ville ; sa profession sédentaire ne peut aller s'exercer au dehors ; d'ailleurs elle salit les eaux, et les infecte peu. Mais il me semble qu'on pourrait forcer d'aller laver les laines hors des murs, les matières animales dont elles sont chargées pouvant par la putréfaction devenir nuisibles. Je pourrais encore citer quelques fabriques qui sont pernicieuses et sont des sources d'infection ; mais il suffit d'appeler l'attention sur ce sujet. Je saisis avec plaisir l'occasion de citer un perfectionnement qui résulte de la construction de l'Abattoir : le sang et les matières putrescibles qui provenaient des animaux qu'on abattait dans tous les quartiers de la ville, allaient encore se perdre dans les canaux : maintenant toutes ces substances tombent à la dernière extrémité du bassin de la Deûle. »

L'analyse chimique des eaux de puits, prises dans les différens quartiers de la ville, démontre la présence du sulfate et de l'hydrochlorate de chaux. M. Kulman, professeur de chimie, observe cependant qu'une assez grande partie de la chaux qui se trouve dans ces eaux, y est dissoute à l'état de carbonate par un excès d'acide carbonique ; car l'ébullition les trouble par la formation d'un dépôt de carbonate calcaire ; et en faisant traverser les gaz qui s'en dégagent au commencement de l'ébullition, à travers de l'eau de baryte, celle-ci est troublée par la formation de carbonate insoluble dans l'eau.

§ 3. Météorologie.

(Voyez pour la direction des vents et de la température, le tableau ci-contre)

L'atmosphère variable de la ville de Lille y rend les pluies assez fréquentes; les bourrasques et les grandes averses sont assez rares, mais les mois de mars, avril et mai sont l'époque des giboulées, de la grêle, et de pluies douces qui favorisent singulièrement la végétation dans les campagnes. Le mois de juin voit souvent des

TABLEAU

...S ATMOSPHÉRIQUES D'UNE VILLE SITUÉE A 12 LIEUES DE LILLE AU...
(Année 1823).

...TURE ...OMÈTRE.	Maximum.	Minimum.	Moyenne au mois.	PESANTEUR AU BAROMÈTRE.	Pouces.	Lignes.	Maximum.	VENTS DOMINANS.	TEMPS.
...ié du mois. ...moitié.	7" 4	" 3	3° 2	Du premier au quinze. Du quinze au trente et un.	27 26	7 4	"	Nord, Nord-Ouest.	Sec et froid; ver...
...ié du mois. ...moitié.	6 5	" 1	5 3	Du premier au quinze. Du quinze au vingt-huit.	27 26	" 6	25 24	Nord-Est et Nord-Ouest, quelquefois Sud-Ouest.	Très-sec et serein; bourrasqu... fin du mois.
...ié du mois. ...moitié.	4 6	" 5	3 5	Du premier au quinze. Du quinze au trente et un.	28 28	5 "	28 27	Est et Nord-Est, Sud-Ouest.	Vent sec et froid; pluie pa... brouillards.
...ié du mois. ...moitié.	11 8	9 7	6 7	Du premier au quinze. Du quinze au trente.	27 27	5 7	27 27 et 10'	Nord-Ouest, Sud-Ouest.	Temps brumeux; pluie...
...ié du mois. ...moitié.	18 14	9 12	12 14	Du premier au quinze. Du quinze au trente et un.	29 27	1 7	27 '/. 27	Nord-Ouest, Sud.	Brouillards et pluie par in... serein par d'au...
...ié du mois. ...moitié.	18 20	6 10	14 18	Du premier au quinze. Du quinze au trente.	27 29	9 "	27 26	Sud, Sud-Ouest, Nord.	Vent orageux; temps sec...
...ité du mois. ...moitié.	27 24	12 14	16 18	Du premier au quinze. Du quinze au trente et un	28 27	1 8	28 "	Est, Sud-Est, Sud-Ouest.	Calme; quelquefois pluvie... tains.
...ité du mois. ...moitié.	22 25	10 16	20 22	Du premier au quinze. Du quinze au trente et un	28 27	1 7	27 27	Sud-Est, Sud, Nord-Ouest.	Sec; par fois ora...
...ité du mois. ...moitié.	16 16	6 10	17 13	Du premier au quinze. Du quinze au trente.	28 28	3 9	28 27 '/.	Nord, Nord-Est.	Beau temps; quelquefo...
...ité du mois. ...moitié.	12 14	4 6	9 13	Du premier au quinze. Du quinze au trente et un	27 27	8 9	27 27	Sud-Ouest, Nord-Ouest.	Brumeux et ventue...
...ité du mois. ...moitié.	6 6	2 4	6 8	Du premier au quinze. Du quinze au trente.	28 28	5 6	28 27 '/.	Ouest, Nord-Ouest.	Pluies; grêle; un p...
...ité du mois. ...moitié.	4 6	3 4	2 3	Du premier au quinze. Du quinze au trente et ur	27 27	4 11	27 27 '/.	Nord, Nord-Ouest, Sud.	Gelée assez vive; neige sa... derniers jo...

pluies qui contrarient les citadins et les cultivateurs, et le terrible Saint-Médard étend plus
que jamais toute l'influence de son préjugé sur les
campagnards. Les mois de juillet et d'août sont
souvent marqués par des orages amenés par les
vents d'ouest. Des pluies froides et souvent prolongées dérangent les semailles au mois d'octobre de beaucoup d'années. Les grandes averses
se remarquent particulièrement en septembre.

La neige tombe fréquemment depuis le commencement de décembre jusqu'à la fin de
février ; elle est toujours annoncée par un vent
impétueux qui amène des nuages gris et très-
bas.

La rosée, la gelée blanche, suites du refroidissement de l'air saturé d'humidité par la chaleur de la journée, exercent aussi leur influence sur la végétation : l'une rafraîchit et humecte
la terre desséchée promptement par quelques
journées de soleil ; l'autre nuit singulièrement
aux primeurs et à la floraison des arbres à
fruits.

Une remarque constante que j'ai faite à Lille
et dans son arrondissement, c'est que les jardiniers et les cultivateurs ne sont jamais huit jours
de suite sans se plaindre du temps, et sans désirer un changement dans l'état de l'atmosphère.

L'un voit ses blés trop forts, et craint de ne pas avoir de grain; l'autre dit que ses lins sont brûlés, parce que le soleil a paru resplendissant huit jours de suite sur l'horizon. Celui-ci demande une pluie abondante, dans la crainte que les pucerons ne détruisent ses colzats; celui-là assure que ses œillettes n'auront pas de graines, si le ciel ne lui devient pas plus favorable. Il est démontré toutefois que les récoltes sont plus abondantes après une année douce et humide, qu'après une année de sècheresse et de beau temps.

N'ayant pas eu le temps de m'occuper par moi-même à recueillir des observations sur les variations atmosphériques, après avoir frappé inutilement à la porte de plusieurs savans à Lille, j'ai dû avoir recours à un confrère pour obtenir le tableau ci-devant; le lecteur ne perdra rien à cet emprunt. Je prie seulement M. Desmyttéere de me pardonner ce petit larcin.

Chapitre IV.

PARTIE HYGIÉNIQUE ET MÉDICALE DE LILLE.

§ 1.er HABITATIONS, ÉGLISES, ESTAMINETS, etc.

Rien de plus facile que de faire des livres à l'usage du peuple ; rien de plus difficile que de trouver des gens en état de les lire. Il faudrait donc songer, dans les campagnes surtout, à former des hommes qui pussent lire et comprendre l'utilité des préceptes qui sont renfermés dans les ouvrages que l'on prend le soin d'écrire pour leur amélioration physique et morale.

Partout où l'on jette ses regards dans les communes de l'arrondissement de Lille, partout on voit des habitans ignorans, mal logés, mal nourris et mal vêtus. Jusqu'aujourd'hui du moins (1831), l'instruction primaire a été très-négligée dans les communes rurales, et je suis fâché d'être obligé de dire que partout où les fonds ont manqué pour l'établissement d'écoles

mutuelles d'instruction primaire, on en a trouvé
pour réparer et embellir les églises, bâtir des
maisons aux curés, et acheter des ornemens
somptueux. Cependant le gouvernement semble vouloir sortir de cette route d'ignorance
et de fanatisme ; les comités d'instruction primaire s'organisent dans les campagnes ; les
écoles mutuelles s'établissent dans les villes,
et Lille a pu voir enfin ses enfans échapper
à la férule des Ignorantins.

Habitations.

Si la classe pauvre a jusqu'ici manqué d'é-
ducation, il ne paraît pas que ses habitations
aient jamais été l'objet de la sollicitude de l'administration, et il ne faudra rien moins que le
choléra-morbus qui dévore en ce moment la
Russie, la Pologne, la Prusse et l'Autriche,
pour voir l'autorité prendre des mesures sani-
taires dans Lille et dans l'arrondissement, aussitôt que le fléau ravagera la capitale.

Au premier aspect, Lille paraît ne renfermer
que de grandes et belles rues, bien alignées
et bien bâties, dont la plupart sont coupées à
angle droit et aboutissent soit à des portes,
soit aux remparts extérieurs, soit à l'esplanade.

Lille a un aspect qui séduit d'abord ; c'est, comme on dit vulgairement, une ville très-vivante et qui donne une idée favorable de l'industrie et de l'activité de ses habitans. Mais ce que le voyageur ignore, c'est qu'il existe dans son enceinte une quantité immense d'habitations insalubres et de malheureux condamnés à la plus affreuse misère, et ce qui révèle cette misère dans les classes pauvres, c'est le grand nombre d'infirmes qu'on rencontre dans certaines rues populeuses ; les nains, les manchots, les bossus, les rachitiques, les scrofuleux se traînent sur la voie publique, et montrent au grand jour leurs repoussantes difformités. Ce spectacle éveille l'attention du médecin ou du philanthrope qui s'aperçoit avec peine que, dans cette partie de la population, les personnes valides elles-mêmes sont languissantes ; leur teint est blafard, leurs yeux sont rouges et injectés, leur maigreur est extrême, leur démarche lente et mal assurée ; les enfans sont malpropres et mal vêtus, et les mères qui les soignent ou qui les allaitent ont, jeunes encore, l'apparence d'une vieillesse anticipée.

A quoi faut-il attribuer cette espèce de dépérissement, ces difformités dégoûtantes ? en grande partie aux habitations. D'où croyez-vous que sortent ces malheureux ? On les prendrait pour des prisonniers qui viennent de subir une longue détention, pour des malades qui sortent des hôpitaux. Eh bien, ces infirmes, ces personnes à demi-valides sont des habitans de Lille condamnés à vivre et à mourir dans les caves et dans les *courettes*.

Les caves sont creusées à dix ou douze pieds au-dessous du sol ; elles ne reçoivent de lumière que vers l'escalier et par la lucarne ; le soleil n'y pénètre jamais, le courant d'air y est nul. Un poêle, rarement allumé, même en hiver, une paillasse malpropre, quelques chaises et une table, constituent le mobilier d'une famille de six, huit ou dix personnes, parmi lesquelles on voit plusieurs enfans et quelquefois des vieillards infirmes. Une industrie toujours trop faible dans ses produits pour fournir aux besoins du pauvre ménage, ajoute encore au désagrément de l'habitation ; là, c'est le grès qu'on écrase pour le vendre à vil prix dans les rues ; ici, la cendre dont on retire les *escarbilles*, seul combustible permis à la misère ; plus loin, de sales chiffons ramassés en tas, des os souillés d'ordures, des peaux d'animaux ramassés sur la voie publique , des pelures de pommes-de-terre , ou quelques légumes flétris ; voilà ce qu'on peut voir dans les caves habitées ; l'air se charge de molécules étrangères et d'émanations putrides , et c'est dans cet état que le pauvre respire. Si la force de sa constitution résiste quelque temps à tant de causes d'insalubrité , les privations de tout genre la minent tôt ou tard et la détruisent enfin sans retour.

Il est des habitations encore plus malsaines , ce sont les *courettes* : on donne ce nom à des constructions renfermées dans un îlot de maisons qui les dominent et en circonscrivent l'enceinte ; on y parvient ordinairement par quelque longue ruelle dégoûtante de malpropreté. De petites cours irrégulières , que le jour éclaire à peine et qui communiquent entre elles par de petits passages obscurs , servent aux besoins de tout genre d'un grand nombre de familles. Là pullulent une foule d'enfans des deux sexes , de vieillards décrépits et infirmes , de femmes allaitant quelque nouveau né flétri par la misère dès sa naissance et qui peut-être aura le malheur de vivre. Si le ciel est pur , et qu'un rayon du soleil vienne éclairer quelque coin de ce triste réduit , on les voit alors , et particulièrement les femmes , se réchauffer à ses rayons , et celles-ci faire de la dentelle en chantant. Ce qu'il y a de remarquable, c'est qu'au milieu même de l'été, elles ont toujours sous leurs jupons une chaufferette remplie de braise enflammée. Les chambres au rez-de-chaussée ont des murailles humides et salpêtrées; dans celles qui sont au premier ou au second, l'humidité est moins grande, mais les croisées et les portes mal closes sont plus exposées au vent et au brouillard, et l'on y souffre plus du froid.

Églises.

Les églises sont vastes et très-élevées; elles sont pavées en carreaux de pierre bleue et de marbre toujours mouillés par l'humidité que chacun y apporte; elles sont froides et humides pendant l'hiver, lorsqu'il n'y a que peu de personnes; tandis qu'il y fait une chaleur étouffante lors des grandes réunions de fidèles, parce que les croisées ne permettent pas assez la libre circulation de l'air.

Le froid aux pieds et la suppression de la transpiration peuvent occasioner des maladies très-graves. Il faut donc apporter la plus grande attention à porter des chaussures chaudes, et à se vêtir convenablement. Une amélioration facile à exécuter serait de faire garnir chaque chaise d'une planchette sur laquelle les personnes seraient isolées du sol et préservées du froid. Le service divin et les prédications ne seraient plus interrompus par le concert des tousseurs et des cracheurs perpétuels, que l'on entend chaque dimanche à la messe ; les engelures, les rhumatismes, les suppressions menstruelles ne seraient plus aussi fréquentes. En attendant, les curés, les chantres et les marguilliers ont des tapis de pied et de bonnes stalles en bois de chêne pour se préserver du froid et de l'humidité.

Lorsque, dans les grandes chaleurs de l'été, ou même par une température ordinaire, les lieux consacrés au culte sont encombrés d'habitans, la chaleur humide qui y est entretenue par le défaut de libre circulation de l'air, exerce son influence sur les individus. Le sang est refoulé vers les parties supérieures, tandis que les extrémités inférieures sont froides. De là des maux de tête, des symptômes d'apoplexie, des syncopes, surtout chez les femmes.

Il ne s'en suit pas de là qu'il ne faille pas fréquenter les églises et remplir ses devoirs de religion ; mais il n'est pas défendu d'ouvrir les croisées.

Estaminets.

J'ai dit plus haut tout ce que j'avais à dire sur les estaminets.

Ecoles.

Les écoles des Frères Ignorantins ne sont pas assez vastes, ni assez aérées ; les cours, les lieux d'aisance sont mal tenus, et répandent une odeur ammoniacale et d'hydrogène sulfuré, qui doit influer sur l'état de l'air que respirent les enfans.

Le professeur d'enseignement mutuel a eu dans le temps une fort mauvaise idée, en établissant son école dans un grenier. On s'est occupé fortement à Lille, depuis le changement de gouvernement, d'établir l'enseignement mutuel sur des bases larges et avantageuses, et de diminuer l'influence des Frères de la doctrine chrétienne : je crois que l'on a fort bien fait.

Les écoles de petits enfans sont très-nombreuses : elles sont toutes trop petites, malsaines ; l'air qu'on y respire est vicié par les émanations de toute espèce ; il n'est point renouvelé en temps, où plutôt il ne l'est jamais. Quant aux enfans que les pauvres et les ouvriers y envoient, ils sont décolorés, ils sont maigres, chétifs ;

leur ventre est gros et leurs membres émaciés ; leur colonne vertébrale est courbée ou leurs jambes torses ; leur cou est couturé ou garni de glandes ; leurs os gonflés et ramollis , etc.

Les écoles de *dentellières* l'emportent sur tout cela : l'air n'y est pas respirable. On est fatigué, en les visitant , d'une odeur fade , nauséabonde, odeur de malade , de saleté , d'ordure ; odeur d'individus souffrans et concentrés.

Collége.

Le Collége est bien situé', bien aéré et parfaitement tenu dans son intérieur ; mais les classes ne sont ni assez éclairées , ni assez ventilées [1], et les eaux de ménage et de pluie n'ont pas un écoulement assez facile. Il y a là-dessus un mémoire tout entier à faire.

2 ET 3 *réunis*. PRISONS , RUES , AMAS D'IMMONDICES , HÔPITAUX.

Prisons.

Il est impossible d'exprimer l'horreur que les prisons inspirent : l'autorité a parfaitement réussi, si elle a voulu ajouter une torture anticipée aux peines que la loi réserve aux malheu-

---

[1] On a remédié à cet inconvénient en 1832.

reux qu'elle va frapper. Encombrement des prisonniers ; défaut de circulation de l'air, qui est infect et vicié ; cachots inhabitables ; chambres obscures et insalubres ; latrines infectes et mal placées ; lits de camp à fleur de terre, couverts de paillasses pourries et remplies de rats ; eau malsaine et impotable ; voilà l'état hygiénique des prisons de Lille, voilà des malheurs qui n'ont jamais trouvé de compassion, des abus qui n'ont jamais été réparés ! Qui dira combien de larmes ont été versées dans les longues nuits d'hiver passées sans sommeil, sur la paille humide ; combien de projets sinistres ont été enfantés par le désespoir ; combien de vœux appellent la vengeance et la mort sur les hommes de la loi, dont l'indifférence ou la barbarie tolèrent de pareils tourmens ? Horribles lieux, où l'on voit confondus le prévenu, le fraudeur, l'accusé, le condamné, l'assassin, le forçat libéré, et naguère encore le garde national condamné pour manque de service (1) !

Rues. — Immondices.

L'état des rues à Lille a toujours été malpropre ; elles sont en général mal pavées, les ruis-

(1) Cet état de choses a cessé (Voyez § 2 du chap. 2).

seaux sont mal faits, et l'eau n'y circule pas assez rapidement. Le balayage n'y est point exécuté avec assez d'exactitude et de promptitude. Il y a trente ans, la ville retirait un revenu de 15,000 francs d'un entrepreneur de balayage ; aujourd'hui elle paie 12,000 francs à un entrepreneur, et les rues sont souvent impraticables aux piétons, notamment celles de Paris, de la Clef, des Chats-Bossus, Esquermoise, des Tanneurs, etc. Il n'est pas trop tard pour qu'une épidémie vienne forcer l'administration municipale à prendre tout de suite les mesures que lui commandent depuis long-temps la prudence et la salubrité publique.

Marchés.

Le Marché aux grains se tient sur la Grande Place, de même que celui aux légumes ; ils sont immédiatement balayés. Un autre Marché aux légumes se tient sur l'ancien Marché aux poulets. Le Marché au beurre et à la volaille est beau et commode. Le Marché au poisson est fort beau et aussi sain que le permettent les localités : il faudrait, pour le rendre tout-à-fait commode, ouvrir une rue depuis le trou aux anguilles jusqu'à la rue de Paris, et démolir le passage des Halles, afin de faciliter aux voitures l'arrivée et la sortie du Marché, sans encombrement et sans danger pour les personnes qui circulent. Espérons que le génie qui a présidé à la dégradation de la Salle de spectacle, à celle de l'église Saint-Maurice, et à l'embellissement de l'hôtel de la Préfecture, ne reviendra plus planer sur nous, et qu'une administration éclairée trouvera un jour le moyen d'exécuter ces travaux d'utilité publique.

Hôpitaux.

L'Hôpital Saint-Sauveur fut fondé en 1216, par Jeanne de Constantinople, comtesse de Flandre. Cet établissement de la plus grande utilité pour l'indigence malade mérite une mention particulière, et je vais consigner ici celle qui m'est fournie par mon confrère le docteur Th. Lestiboudois :

« Les salles de l'Hôpital sont généralement assez étroites; elles auraient besoin d'un fréquent renouvellement d'air; mais les croisées ne sont pas disposées convenablement : aussi l'aérage est-il difficile, et l'on s'aperçoit que l'on ne respire pas à l'aise dans les bâtimens. »

Notre savant et estimable confrère écrivait ceci en 1830, à la suite d'une visite qu'il fit à l'Hôpital Saint-Sauveur, sur l'invitation de l'autorité administrative. Poursuivons :

« Le mode de chauffage n'a point la perfection qu'on désirerait : les foyers ne servent
pas au renouvellement de l'air. Le quartier des
hommes, établi au rez-de-chaussée, dans les églises, n'est point susceptible d'être chauffé : la
température en est glaciale dans l'hiver. Il est
urgent de changer la disposition de ces vaisseaux
inhabitables pendant les froids rigoureux : il est
impossible que les maladies de poitrine y soient
traitées avec succès ; dans la saison où elles sont
le plus nombreuses , la vicieuse disposition doit
nécessairement augmenter la mortalité. Le
chauffoir placé contre la salle des hommes est
intolérable sous tous les rapports.

» Si les salles inférieures des hommes présentent un immense cube d'air , les salles destinées
aux femmes blessées ne contiennent pas pour
chaque individu la quantité nécessaire de gaz
respirable ; les lits sont trop nombreux en raison
de la petite capacité du local, et il n'y a de
fenêtres que sur une seule face du bâtiment : le
corridor qui se trouve derrière les salles pourrait y être réuni avec avantage et sans aucun
inconvénient ; le local deviendrait plus spacieux
et il aurait de l'air par les deux côtés opposés.

» La propreté générale est parfaite ; les lits,

les salles, les corridors, tout est convenablement soigné : peut-être même sous ce rapport on va trop loin; on lave les salles à grande eau au plus fort de l'hiver; cela a des inconvéniens.

» Comme nous le disions à l'instant même, tout ce qui tient aux soins et au dévouement mérite des éloges; mais ce qui appartient à la science est plus défectueux. Les latrines, par exemple, sont propres, mais leur construction laisse tout à désirer. Ainsi, dans la nouvelle salle des hommes, le cabinet communique directement avec la salle, par une porte dont le sommet est plus élevé que celui de la fenêtre; rien n'empêche les exhalaisons directes de la fosse; il y a un tuyau d'aérage, mais il est insuffisant. Les autres latrines ne sont pas dans des conditions plus favorables : il faut les isoler, faire les tuyaux en fonte, et les faire plonger dans la cuvette hermétique.

» Les femmes n'ont point de promenade qui leur soit réservée; il serait à désirer que l'on consacrât à leur usage la partie du jardin qui se trouve derrière leurs salles.

» Un regret nous a saisi en visitant l'hôpital de Saint-Sauveur: ce bel établissement qui paraît devoir devenir de plus en plus important, par la sollicitude dont il est l'objet et qui est

attestée par les grandes constructions qu'on y a
déjà faites , ce grand foyer d'une solide instruction est fermé aux élèves : tout réclame leur
libre entrée , tout fait désirer des cours de cli-
nique et des sciences qui sont la base fondamen-
tale de la médecine ; tout demande que l'on ne
perde point des ressources aussi précieuses : l'intérêt des malades , dont les souffrances seraient
l'objet de discussions plus approfondies ; l'intérêt du médecin , dont le zèle grandira par l'espoir de faire plus de bien , et qui pourra se promettre une illustration plus étendue pour prix
de ses travaux ; l'intérêt de l'humanité , qui
verra sortir d'un asile de douleurs , des hommes
capables de les soulager avec sûreté , avec savoir ; l'intérêt enfin de l'art médical lui-même
qui profitera des nombreuses observations qui
révèleront des faits inconnus dans les actes de la
vie , et dans les entrailles de la mort.

» S'il est évident que l'éducation qu'on don-
nerait aux élèves est encore un soulagement
apporté aux souffrances de l'humanité , l'hôpital de Saint-Sauveur doit la leur offrir. Un amphithéâtre est donc indispensable. »

Alors que le docteur Lestiboudois écrivait
ceci , l'hôpital ne contenait que 226 lits ; mais

grâces au bon génie qui a inspiré la commission administrative des hospices , le projet d'agrandissement , qu'on mûrissait depuis long-temps , est mis à exécution.

On espère que bientôt 418 lits seront à la disposition des pauvres malades ; une salle de bains se construit , et l'on dispose les bâtimens destinés à l'instruction médicale.

. « *Hospice-Gantois.* Jean Delecambe , dit Gantois , fonda en 1462 l'hospice de la rue de Paris. *Outre treize couches qu'il dota largement* , dit une ancienne chronique , *pour treize pauvres chartriers , tant hommes que femmes , il donna pour entretennement spirituel une provision à huit filles religieuses qui seraient employées à leur service.*

» On croit généralement que l'Hospice-Gantois est spécialement destiné à recueillir ce qu'on appelle des gens déchus : on se trompe. En 1730 , on n'y recevait plus que des *femmes décrépites* ; pourquoi les hommes n'y étaient-ils plus admis ? Je ne sais. On ne suivait déjà plus alors les volontés du fondateur , et il ne faut pas s'étonner , si depuis , les membres des administrations hospitalières , s'écartant de l'esprit de leur philanthropique mission , ont usurpé le droit que ne leur accordaient pas les lettres de fondation, de placer dans cet hospice les protégés de leurs familles et de leurs amis, au détriment des pauvres les plus infortunés, les plus malheureux, qui devaient là, comme à l'Hôpital-Général, être admis de préférence et à l'exclusion des moins misérables.

» *Hôpitaux Saint-Nicaise*, *Saint-Nicolas et de la Trinité*. Tiroux, dans son histoire *de la Châtellenie de Lille*, rapporte que ces hôpitaux ont été fondés en 1292, par Joya de Warenghien, qui les dota de onze bonniers de terre. Un autre historien, dont le nom m'est inconnu, mais dont le manuscrit est rempli de renseignemens curieux, croit ces fondations beaucoup plus anciennes; il présume que les titres en ont été perdus en 1213, lorsque Lille fut détruite par Philippe-Auguste. Ces hôpitaux étaient bâtis sur l'emplacement où est maintenant la rue Saint-Nicolas. L'hôpital Saint-Nicaise était devenu peu important déjà en 1291, et ses revenus ne pouvant plus fournir à l'entretien de neuf personnes, furent à cette époque appliqués à six prébendes. En 1553, on érigea, pour satisfaire aux intentions pieuses des fondateurs, la chapelle de la Trinité, dont le bâtiment principal existe encore rue de Paris.

Hopital des Marthes. « L'an 1367 , Jean de
» Tourcoing et sa femme , ont fondé ledit hos-
» pital et maison avec une chapelle en l'honneur
» et exaltation de Mme Sainte-Marthe , jadis
» hôtesse à Jésus –Christ , lequel devait être
» gouverné par deux prud'hommes par conseil
» des échevins. Auquel hospital, huit pauvres
» femmes honteuses , honnestes et impotentes,
» chacune âgée de cinquante ans et plus , avec
» une meschine (*méquaine* ou servante), de
» tel âge, y doivent être nourries et entrete-
» nues , comme appert par lettres de fonda-
» tions ».

(Tiré d'un manuscrit de la Bibliothèque de Lille).

L'hôpital Saint– Jacques. « L'an 1431 ,
» Eschevins donnèrent à Madame , leur très-
» redoutée princesse de Bourgogne , une place
» vide , séante en la rue de Courtray , pour , en
» ladite place construire un hospital en l'honneur
» de Dieu et de *Saint-Jacques* , pour y rece-
» voir et héberger pauvres gens, pélerins , pas-
» sans ou allans à Saint-Jacques en Gallice , et
» d'autres pélerinages quelconques.... Depuis ,
» ladite fondation a été changée et n'y sont les
» dicts pélerins plus reçus ; ains (mais) y sont
» admises pauvres femmes et honnestes , pour

» y faire leur gésine (leurs couches) , lesquel-
» les , durant le temps qu'il convient et qu'elles
» y soient fortifiées , y sont nourries et accom-
» modées ».

(Tiré d'un manuscrit de la Bibliothèque de Lille).

Bonnes-Filles. « En 1477 , Louis XI vint
» avec une armée puissante , ravager et brûler
» tous les villages de la Châtellenie de Lille....,
» beaucoup de *labouriers et autres manans* des
» villages, furent pris et plusieurs mis à mort ,
» et plusieurs consommés de peste et de misè-
» res , dont plusieurs enfans , venus se sauver
» dans la ville de Lille , se trouvèrent sans père
» et sans mère ; lesquels allaient mendier *avant*
» ladite ville , par grande famine et douleur ,
» non sans grand danger en filles âgées de la
» perdition d'honneur , de corps et d'ame ,
» pour cause d'icelle famine. Ce que considé-
» rant les seigneurs , dames , bourgeois , de-
» moiselles et autres gens de bien , mus de
» pitié et de dévotion , fut *advisé* de consente-
» ment et aveu de MM. du magistrat et ordon-
» né que l'on recevrait lesdites filles orphelines
» en un lieu de la paroisse Sainte-Catherine ,
» et les mâles en un autre....
» Toutes sont nourries , *gouvernées et ac-*

» coustrées et endoctrinées en la crainte de
» Dieu et aux ouvrages décents et propres à
» filles de leur qualité, jusqu'à ce qu'elles soient
» trouvées d'âge (à savoir de 14 à 15 ans, sui-
» vant les ordonnances de 1513), et de gran-
» deur et de force suffisante, et en point d'être
» mises en service et selon que les *superinten-*
» *dans* et maîtresses les colloquent à leur sor-
» tie. »

(Tiré d'un manuscrit de la Bibliothèque de Lille).

Bleuets. « Le 25 novembre 1499, Jacques
» de Landas et Gérard-Thieulaine, maîtres
» des enfans de *La Grange*, fondés en 1477,
» par les gens qui accueillirent les orphelins,
» fils de *manans* qu'avaient fait refluer dans
» Lille les ravages causés par les troupes de
» Louis XI, achetèrent une maison appelée
» l'abbaye de *Pau de Sens*, pour l'appliquer à
» ladite maison de *La Grange*.

» Par succession de temps, il leur a été
» *dressé* une belle et ample maison au faubourg
» de Courtray (qu'est maintenant dans la ville,
» à cause du ragrandissement d'icelle), avec
» chapelle ; *pour cela accomplir*, on a obtenu
» de faire quelques loteries pour le profit d'i-
» celle maison ....

» En cette maison sont reçus les enfans tant
» de la ville que de la chastellenie, âgés de
» 7 à 8 ans, lesquels sont appliqués à la *besoigne*
» et à l'apprentissage de quelque *style* et métier.
» Ils sont nourris, alimentés et *accoustrés* à
» la charge de ladite maison jusqu'à ce qu'ils
» aient *apprins* leur dit *style*, et qu'ils soient
» capables de gagner leur vie. Quand des bour-
» geois et manans de ladite ville de Lille les re-
» tirent pour leur faire service, ils n'en sor-
» tent qu'après avoir été *raccoustrés honneste-*
» *ment*, et qu'on leur a délivré pain et chair
» suffisamment pour vivre l'espace de huit
» jours. »

Vieux-Hommes. « En 1624, trois juillet,
» furent commencés les fondemens de cet hôpi-
» tal. Mademoiselle Marguerite de Hot, veuve
» de Jehan Mahieu, ne délaissant aucun enfant,
» par son légal *testamentaire*, donna une grande
» partie des biens qu'elle délaissait à MM. les
» ministres généraux de la bourse commune des
» pauvres, à cette fin de faire bâtir une maison
» forte, pour y tenir les jeunes hommes débau-
» chés et *mal conditionnés*; mais par plusieurs
» raisons débattues entre MM. du magistrat et
» lesdits ministres des pauvres, ladite bonne
» volonté a été changée, avec autorisation de

» cour, en une autre fondation, savoir : d'a-
» cheter une place et d'y bâtir une maison pour
» y colloquer *les pauvres anciens hommes qui*
» *ne peuvent plus gagner leur vie* ; ce qui a été
» fait et accompli proche la porte Saint-Mau-
» rice, environ l'an 1622, en une belle place,
» au long de la rivière.

» Les trois premiers lits ont été fondés en
» ladite maison, pour trois hommes, l'an 1622,
» par François Housquelot, pourquoi il a donné
» 3,200 florins ; et durant qu'on bâtissait la sus-
» dite maison, ils furent colloqués pour de-
» meurer en la maison de l'école *Bapaumes*.
» Après, l'an 1638, maître Charles Lespillet,
» docteur en médecine, y a fait bâtir une cha-
» pelle avec fondation d'un lit, pour lequel lit
» il a donné 2,500 florins. Depuis, plusieurs
» autres notables bourgeois en ont aussi fondé.

» *L'Hôpital Comtesse*, fondé en 1235, par
Jeanne de Constantinople, dans une partie de
son palais.

» *Le Béguinage*, fondé en 1277, par Marguerite de Flandre, en faveur de quatorze
femmes indigentes.

» *L'Hôpital Saint-Julien*, fondé en 1321,
par Phane Denise, veuve de Jean le Toilier,
pour recevoir, hosteler et héberger les pélerins.

» *Grimarest*, fondé en 1344, par Lothaire Canard ; même destination.

Les Sœurs de la Madeleine, fondées en 1421, par Jean Delecambe, dit Gantois, *pour y recevoir les filles de légère vie qui se voudraient reduire et oster du péché publicq.*

» *Les Vieillettes ou Glardaines*, fondé en 1576, par Jean Barge et Marguerite Leroux, *pour soigner charitablement des pauvres femmes anciennes, paralytiques ou chartrières.*

» *Stappaert*, fondé en 1600, *pour nourrir et enseigner ouvrages de filles aux pauvres orphelines*, reçut le nom du fondateur.

» *Notre-Dame de la Charité*, fondé en 1633, par François Heddebaut, *pour recevoir pauvres femmes anciennes et chartrières.*

» *La Conception*, fondé en 1650, par Jean de Bus, *pour recevoir et alimenter pauvres femmes et filles.*

» *L'Hôpital des Incurables*, dit *Saint-Joseph*, fondé en 1667, par Philippe Descleps, *pour y recevoir des vielz hommes chartriers, et choisir toujours les plus pauvres et abandonnés, pour rentrer en place de ceux qui mourront.*

» *La Noble-Famille*, fondé en 1683, par

Mademoiselle de Sepmeries, *pour élever des filles de gentilshommes venus à décadence.*

» *Le Saint-Esprit*, fondé vers la fin du 17.ᵉ siècle, et dont la destination m'est inconnue.

» *L'Hôpital-Général.* Ce vaste bâtiment a été construit pendant les années 1738 et 1739 ; il est fâcheux qu'il n'ait point été achevé à cette époque : par là on eût épargné à la congrégation la stupide folie de dépenser des sommes énormes pour construire une magnifique chapelle qui déjà s'écroule de toutes parts. Si les hommes de l'ancienne administration avaient été plus humains, si leur esprit, dégagé d'un absurde cagotisme, avait pu se tourner vers les améliorations positives, ils eussent dépensé ces sommes en constructions urgentes, que reclame impérieusement cet hospice, l'un des plus mal tenus qui existent en France.

» Les vieillards, hommes et femmes, n'ont point de réfectoire ; l'insuffisance du régime alimentaire de la maison a forcé de leur accorder la permission de se procurer des alimens qu'ils achètent crus au dehors, et qu'ils font cuire sur de petits fourneaux en terre qu'ils sont autorisés à avoir auprès d'eux. Je laisse à penser quelle doit être l'insalubrité de

l'atmosphère d'une salle insuffisamment aérée,
où se trouvent quatre-vingts à cent lits où gi-
sent autant de malheureux accablés pendant
long-temps d'infortune et de misère, et quel
gaz méphitique doivent répandre une pareille
quantité de fourneaux sur lesquels cuit ou
grille de la viande ou du poisson de la dernière qualité.

» La population de l'Hôpital - Général, de
quatre cents individus qu'elle était en 1740,
monta à près de deux mille deux cents en 1762.
En 1803, elle se trouvait réduite à environ
dix-neuf cents personnes. L'administration actuelle donne le chiffre de seize cents comme
étant le nombre de la population actuelle. Elle
croit du moins, en l'absence d'écritures régulières et de tout contrôle, que c'est là le nombre des habitans de l'établissement. Son budget
s'élève à environ 450,000 francs. Je dis *environ*, parce que le budget n'a jamais été chose
sérieuse pour l'administration des hospices;
que l'on n'y tient point du tout à se renfermer,
pour les dépenses, dans les spécialités; que les
recettes ne sont pas toujours choses bien régulières, et que d'ailleurs il a été impossible jusqu'à ce jour de connaître le chiffre du produit
réel du travail des habitans de l'hospice, pour
lequel il n'est tenu aucune écriture régulière.

» Tous les hôpitaux secondaires que je viens de citer avaient été réunis à l'Hôpital-Général, sans que pour cela les pauvres habitans de cet hospice en fussent plus heureux : les riches revenus de ces établissemens avaient excité la convoitise de la congrégation. On résolut de les transformer en maisons religieuses. A cet effet, on feignit de s'apercevoir tout-à-coup que des abus très-graves existaient dans l'intérieur de ces maisons. On ne fit point d'enquête, on ne rechercha point les causes de la mauvaise tenue de ces établissemens ; toutes ces choses importaient peu à la congrégation; elle ne s'inquiétait que de l'avenir, et l'essentiel était de se débarrasser au plutôt du personnel de ces administrations. On renvoya donc sans indemnité les plus traitables , et l'on accorda sur les fonds des pauvres des pensions aux gens qui auraient pu réclamer.

» Ce fut un beau jour pour les hommes du passé, que celui où ils purent livrer à la congrégation la direction de six grands établissemens, que l'on s'empressa de transformer en maisons conventuelles!....

(Extrait des Lettres d'un Réformateur sur les établissemens charitables de la ville de Lille)

§ 4. MALADIES OCCASIONÉES PAR LES PROFESSIONS.

Les maladies des professions sont nombreuses; on a écrit des volumes sur cette matière : J'en parlerai suivant les données que je puise dans les auteurs.

Première classe.

Professions dans lesquelles on s'occupe de travaux intellectuels.

1.º Les gens de lettres, les poètes, les romanciers, les historiens, etc.
2.º Les savans, les physiciens, les mathématiciens, les chimistes, les médecins ; .
3.º Les artistes, les peintres, les musiciens, les dessinateurs, les graveurs, les statuaires, les architectes, les mécaniciens.

Maladies : Les névroses, telles que l'hypocondrie, la mélancolie, la manie même. Le corps se ressent de l'excès du travail en ce genre, et il peut en découler des infirmités nombreuses.

Deuxième classe.

Professions qui exigent beaucoup de forces musculaires;

1.º Celles qui emploient tout le corps : Les porte-faix, les forgerons, les laboureurs, les bouchers, les gens de peine;

2.º Celles qui exigent l'emploi des extrémités supérieures : les menuisiers, les serruriers, les chaudronniers, etc. ;

3.º Celles qui exigent l'emploi des pieds : les coureurs, les danseurs, les sauteurs, les tisserands, les piétons, etc.

Maladies : Les fractures, les luxations, les contusions, les extensions forcées, les hernies, les affections inflammatoires, aiguës, fébriles, etc.

4.º Celles qui veulent une station presque constante : Les charpentiers, les serruriers, les taillandiers, les forgerons, le scieurs-de-long, les imprimeurs, etc.

Maladies : Les maux de reins, les faiblesses des articulations, les douleurs d'estomac, les varices, les ulcères aux jambes.

Troisième classe.

Professions qui exigent des attitudes gênantes de quelques parties du corps.

Il n'y a guère de profession qui, pour être exercée, ne demande une attitude particulière; si cette pose est gênante, il en résulte des inconvéniens plus ou moins graves. Exemple : Le sternum enfoncé des cordonniers et des tourneurs; le dos voûté des porte-faix ; les genoux des cavaliers et des danseurs. Le tailleur, les jambes croisées sur son établi, interrompt par cette position vicieuse, une partie de la circulation inférieure ; une plus grande quantité de sang refoulée vers le cœur, fait naître des maladies de cet organe.

Quatrième classe.

Professions qui n'exigent que peu de forces musculaires.

Dans cette classe rentrent la plupart des métiers de femmes, comme couturière, lingère, brodeuse, tricoteuse, dentellière, modiste, etc., et plusieurs professions d'hommes, comme portier, bijoutier, marchand, commis, etc.

Maladies: Les affections lymphatiques, les engorgemens, les obstructions, la bouffissure; les digestions sont plus ou moins ralenties par l'immobilité ou le défaut d'exercice. Le système musculaire perd de sa force, de son activité; la marche devient fatiguante et pénible; on est lourd, empâté, disposé aux maladies chroniques de toute espèce, aux hémorroïdes.

Cinquième classe.

Professions qui exigent l'usage fréquent de l'organe de la voix.

Ce sont celles des divers orateurs du barreau, de la chaire; les orateurs parlans ou chantans, les crieurs de ventes; ceux des rues, les joueurs d'instrumens à vent.

Maladies: L'enrouemént, la sécheresse du gosier, l'épuisement des sucs salivaires, les picotemens laryngés, la phthisie du larynx, la perte de la voix, l'infiltration de l'épiglotte.

Sixième classe.

Professions qui nécessitent l'usage prolongé de quelques organes des sens.

Les horlogers, les joailliers, les naturalistes, les ouvrières en dentelles, les brodeuses, etc.

Maladies : Les ophthalmies, les affaiblissemens de la vue, l'amaurose, la myopie, la cataracte, etc.

Septième classe.

Professions traumatiques.

Celles où l'on se blesse avec les instrumens qu'on emploie.

Les instrumens dont on se sert dans l'exercice de diverses occupations, peuvent devenir des causes de blessures plus ou moins fâcheuses. Les uns sont piquans, comme ceux dont se servent les cordonniers, les selliers, les carrossiers, etc ; les autres coupans, comme ceux des charpentiers, des couteliers, des bouchers, des bûcherons, etc ; d'autres contondans, comme dans toutes les professions où l'on se sert du marteau, ou autre masse de fer ou de bois plus ou moins pesante.

Huitième classe.

Professions qui s'exercent dans les lieux bas et humides.

Un grand nombre de professions se font dans les parties inférieures des maisons, dans des rues étroites, insalubres, presque sans air : d'autres s'exécutent dans des endroits ouverts, mais dans des lieux toujours remplis d'humidité, comme celle des potiers en argile, des tuiliers, des mariniers et autres gens de rivière.

Maladies : Elles sont nombreuses ; les plus fréquentes sont les fièvres intermittentes. Tous ces individus sont pâles et décolorés ; ils ont des chairs molles, flasques ; la fibre musculaire est sans tonicité, sans vigueur. Le rhumatisme, le scorbut, les scrofules, se développent souvent chez cette classe d'hommes, et donnent naissance à des maladies contagieuses qui exercent ensuite leurs ravages au-dehors sur le reste de la société.

Neuvième classe.

Professions nuisibles à cause des émanations gazeuses auxquelles on est exposé : on peut diviser en trois genres différens les particules gazeuses, d'après leur manière d'agir.

1.º Le Calorique excessif qui attaque les chaufourniers, les verriers, les briquetiers, les tuiliers, les fondeurs, les boulangers, les cuisiniers, etc.

Maladies : Les diarrhées, les affections inflammatoires lentes, l'hectisie, le dessèchement, les ophthalmies, etc.

2.º Les odeurs trop fortes qui attaquent les parfumeurs, les droguistes, les fleuristes, les anatomistes, les boyaudiers, les savonniers, les amidonniers, les tanneurs, etc.

Maladies : Les céphalalgies, les migraines, les maux de cœur, l'anthrax, les affections fébriles aiguës; le typhus.

3.º Les gaz proprement dits, suivant leurs qualités, nuisent dans une multitude de professions où l'on emploie des matériaux nuisibles. Restent celles où l'on est susceptible d'acquérir des maladies par communication avec les adultes et les enfans.

§ 5 ET 6 *réunis*. MALADIES ENDÉMIQUES, MALADIES ÉPIDÉMIQUES ET SPORADIQUES.

Pathologie.

Dans la ville de Lille, comme partout ailleurs, l'individu qui peut se soustraire à l'humidité des lieux et aux variations de l'atmosphère, jouit habituellement d'une bonne santé. Des personnes âgées, habitant la ville depuis long-temps, prétendent que les maladies y sont actuellement plus fréquentes et plus graves qu'autrefois : j'ignore jusqu'à quel point cette opinion est fondée. Il est probable que la population plus nombreuse, la vie actuelle moins rangée et moins frugale que celle des anciens habitans, l'introduction du luxe, contribuent à y développer plus de maladies. Le même résultat n'a point été supposé pour les campagnes.

Maladies de la peau.

Dartres.

Les éruptions cutanées aiguës sont communes, et sévissent quelquefois épidémiquement; mais comme elles sont liées plus intimement avec les variations de l'atmosphère, j'en parlerai à l'article des saisons.

Parmi les affections chroniques de la peau, les plus fréquentes sont les dartres. On les rencontre sous toutes les formes, depuis l'espèce la plus légère jusqu'à la plus grave.

La sensibilité cutanée trop vive, les alimens assaisonnés de substances irritantes, le défaut de propreté, l'abus des boissons spiritueuses, en sont les causes les plus ordinaires. Elles affectent le plus souvent les individus que leur profession oblige à se tenir constamment debout, et alors ce sont les jambes qui sont le siége de la maladie : celles qui occupent le scrotum et le périnée sont les plus opiniâtres.

Pour éviter ou détruire ces affections, deux méthodes m'ont paru pouvoir être mises en usage avantageusement: l'une adoucissante ; l'autre contro-stimulante. Dans la première, on se propose de calmer l'exaltation trop grande

de la sensibilité cutanée, par l'usage des bains
tièdes en hiver et des applications émollientes,
tandis que l'on retire un plus grand avantage
des bains de rivière en été. Ils m'ont paru fortifier le tissu de la peau et diminuer l'abondance de la transpiration. Le malade se nour-
rit en même temps d'alimens doux, tirés
particulièrement des végétaux; il prend des
boissons toniques, fait un exercice modéré le
matin et le soir, et s'abstient de tous les excès;
A ces moyens hygiéniques on joint l'emploi
des moyens connus, si l'affection est déjà
établie.

La deuxième méthode de traitement, qui
ne peut être mise en usage que sur des dartres
d'une étendue peu considérable, et sur des
parties éloignées des organes essentiels à la
vie, consiste à produire sur la partie malade
une irritation plus forte que celle qui existait déjà, à changer le mode d'inflammation et
de vitalité des tissus, et, lorsque cette inflammation est portée à un degré imminent, recourir aux adoucissans, aux émolliens, et
amener ainsi la guérison des ulcères.

Ce n'est point ici le lieu de discuter sur la
répercussion des dartres : des médecins d'un
mérite reconnu sont divisés d'opinion là-des-

sus ; Hippocrate dit oui et Gallien dit non.
Toujours est-il que depuis quinze ans que je
mets ce moyen de traitement en usage, je n'ai
vu arriver aucun accident aux malades que j'ai
guéris, et qui sont encore sous mes yeux.

Teigne.

La teigne, qui était assez commune il y a trente à quarante ans, a presque disparu : Il est rare
de voir un teigneux dans les hôpitaux. Je pense
que les lotions avec les chlorures de sodium ou
de calcium, doivent produire de bons effets, et
dispenseraient d'avoir recours au traitement
barbare usité autrefois ; j'ai sous les yeux un
exemple de guérison chez un enfant de dix ans,
qui portait une teigne horrible à voir, et que des
lotions de chlorure de sodium ont parfaitement
guéri.

Gale.

La gale, quoique un peu plus commune, n'exerce cependant pas beaucoup de ravages. Les
moyens de guérison sont prompts et efficaces,
et grace au zèle de l'administration, l'établissement à Lille de bains publics pour les indigens
fera bientôt disparaître cette maladie, ainsi que
beaucoup d'autres affections de la peau.

Maladies du tissu cellulaire.

Le délabrement de la santé d'une foule de buveurs de liqueurs fortes, chez lesquels on remarque la bouffissure du visage, amène la perte de tonicité des vaisseaux lymphatiques, à laquelle se joint fréquemment le relâchement du tissu cellulaire. L'absorption diminue, et ne se fait plus avec la même activité que l'exhalation, et par suite survient l'engorgement des extrémités inférieures.

Infiltration des extrémités.

Cette maladie atteint tous les sexes, tous les âges, mais particulièrement les femmes. Lorsqu'elle vient pendant la grossesse, ou après un accouchement laborieux, le développement en est plus subit : une fois fixée, elle ne se dissipe jamais entièrement.

Elle commence généralement vers la malléole interne d'une seule jambe, et ne se porte sur l'autre que long-temps après : le gonflement dépasse rarement le genou. La peau ne change pas de couleur, elle est seulement d'un blanc plus mat, et conserve l'empreinte du doigt ; plus tendue, lorsque l'engorgement est considérable, elle est alors luisante, un peu écailleuse, mais sans altération de son tissu. L'ancienneté

de la maladie augmente la densité du tissu cellulaire.

Cette tuméfaction, qui s'accroît par la fatigue,
diminue, et peut disparaître momentanément
par la position horizontale : j'ai plusieurs fois
essayé de la guérir ; mais j'ai été bientôt convaincu qu'il est plus prudent de s'en tenir à
une cure palliative, et de se borner à arrêter
son accroissement. On y parvient par l'emploi
des frictions sèches, des bains froids, des embro-
cations toniques et spiritueuses ; par une compression graduée, et en faisant un exercice modéré.

Erysipèle.

Dans les diathèses bilieuses, ces engorgemens
sont sujets à passer à l'état d'érysipèle phleg-
moneux : l'inflammation commence quelquefois par une légère rougeur sur le trajet des
vaisseaux lymphatiques ; elle s'accroît, et s'é-
tend sur toute la partie tuméfiée : elle se termine par résolution, ou par l'exhalation abondante d'une humeur muqueuse, dont la dessication
laisse des croûtes épaisses sur la peau. La fièvre
symptomatique est plus ou moins vive, mais
les glandes lymphatiques sont rarement affectées, ou ne le sont que secondairement.

Cet œdème se complique d'accidens beaucoup

plus graves, lorsqu'une affection syphilitique, dartreuse ou autre, a déjà porté ses atteintes sur le système lymphatique : alors l'état tuberculeux et squirreux de la peau et du tissu cellulaire, les gerçures, l'écoulement d'un fluide ichoreux, le gonflement des glandes, sont les symptômes caractéristiques de cette complication. Les désordres et les accidens sont quelquefois poussés à un tel point, qu'ils simulent l'eléphantiasis des Arabes.

Scrofules, Rachitisme.

Les scrofules et le rachitisme, qui sont endémiques dans la classe ouvrière, seront traités d'une manière spéciale à l'article des maladies des enfans.

Syphilis.

La syphilis est très-répandue, malgré les soins de la police pour empêcher sa propagation chez les filles publiques, et par suite chez les libertins et les désœuvrés.

Lorsqu'elle a été mal traitée, ou que les malades n'ont pas suivi exactement les prescriptions d'un médecin, cette maladie revêt des formes et des caractères différens : elle se montre fréquemment sous la forme de dartres, répandues sur tout le corps ; tantôt n'attaquant que le front, le visage, les parties sexuelles, l'anus, où elles se compliquent de gerçures profondes, et se présentent quelquefois sous un aspect si équivoque, qu'elles deviennent difficiles à reconnaître et à guérir.

La nature du climat exige des modifications particulières dans le traitement : le mercure en frictions excite facilement la salivation ; il affaiblit les digestions, et fatigue beaucoup les malades ; je ne l'emploie que dans les engorgemens des glandes, et avec la plus grande circonspection. L'usage des pilules de belloste et de sédillot est désavantageux, ainsi que le protochlorure de mercure. Je ne me sers de ce dernier moyen que pour les chancres dans la bouche : de petites frictions suivant la méthode de Clare, sont d'un bon effet comme remède local.

La méthode anti-phlogistique est la seule qui doive être mise en usage au début de toute maladie vénérienne : c'est lorsque tous les accidens ont cessé, que j'administre le deuto-chlorure de mercure, avec beaucoup de précautions, et toujours avec succès. L'addition des sudorifiques, du quinquina en extrait, de l'opium, produisent des effets salutaires dans les cas de faiblesse et d'épuisement. Je ne suis point encore converti à la nouvelle méthode en usage dans les hôpitaux militaires de France, méthode impraticable d'ailleurs dans la pratique civile, puisqu'elle consiste à couvrir les malades de sangsues, et à les laisser mourir de faim. J'ai lu les ouvrages publiés par MM. Richond, Lefebvre, et par mon ami le docteur Desruelles, et je n'ai pas été convaincu. Les expériences sont dangereuses en pareille matière : elles ont des hommes pour objet, et les récidives seraient une chose cruelle. Pour mon compte, j'ai vu une fille nommée Lefebvre, native de Seclin, entrée dans la Maison de Santé à Lille, sortie trois mois après, exténuée de besoin, avec disparition des symptômes vénériens, et chez laquelle la syphilis a reparu un mois après sa sortie avec une telle intensité, que la police a dû faire rentrer de suite cette malheureuse dans la boutique aux expériences. Je ne sais pas encore si elle en est sortie aussi bien guérie que la première fois.

Une femme d'une constitution faible contracta une blénorragie et des ulcères syphilitiques, quinze jours avant d'accoucher. L'enfant vint au monde avec toutes les apparences d'une bonne santé ; mais trois jours après, il lui survint une inflammation aux paupières, avec un écoulement puriforme : la figure se couvrit de boutons. Peu de jours après, les glandes inguinales s'engorgèrent ; il se manifesta un gonflement assez considérable au poignet, puis au genou, avec des douleurs vives et rétraction de la jambe : tous ces symptômes se développèrent dans l'espace d'un mois. J'administrai à la nourrice le sublimé à petite dose ; quelques sangsues furent appliquées sur les glandes inguinales de l'enfant, ses articulations tuméfiées furent exposées souvent à la vapeur de l'eau chaude, et l'on pratiqua de légères frictions avec la flanelle. Le traitement a été assez long, mais la mère et l'enfant se sont parfaitement rétablis.

Maladies des vaisseaux sanguins.

Les maladies qui attaquent l'appareil de la circulation, leur marche, leurs symptômes, m'ont fait penser, sauf preuve contraire, qu'il existe un véritable état d'affaiblissement dans ce système, sans néanmoins que j'aie encore pu me rendre compte de la cause de cet affaiblissement. L'inflammation des artères, des veines, des vaisseaux capillaires, a-t-elle précédé cet effet de désorganisation qui se manifeste sous les apparences de l'anévrisme, de l'engorgement du foie, de la rate, du scorbut, des varices ? Cet affaiblissement devient d'autant plus sensible que les fibres vasculaires sont plus lâches ; aussi les veines, et le système veineux de l'abdomen, sont-ils plus exposés aux affections qui en dépendent.

Les anévrismes sont communs, et le peu d'ouvertures de cadavres que j'ai pu faire m'ont montré la dilatation des oreillettes, comme se présentant le plus souvent.

La circulation capillaire abdominale est la plus sujette aux engorgemens. Le foie et la rate paraissent en être le plus ordinairement le siége. Tous les praticiens savent la fréquence des embarras du foie et la facilité avec laquelle la rate s'obstrue. De tous les organes situés dans le bas ventre, le foie est un de ceux qu'on voit le plus souvent atteint de lésions organiques. Ordinairement elles sont consécutives de gastro-entérites aiguës ou chroniques, de fièvres intermittentes. La sensibilité du tube alimentaire plus exaltée, s'accroît encore et entrave les secrétions. Peut-être à ces dispositions vient-il se joindre une altération dans la qualité de la bile, ou une diminution dans sa sécrétion : on conçoit alors avec quelle facilité les fonctions de l'appareil hépatique seront troublées par toutes ces causes.

Les maladies qui en résultent sont de plusieurs

espèces : quelquefois il s'établit un engorgement, avec gonflement, tension et douleur, une véritable inflammation subite. J'ai réussi souvent dans ces circonstances, en appliquant immédiatement vingt sangsues à l'anus, et en faisant couler abondamment le sang dans un demi-bain. A l'intérieur, des boissons délayantes et légèrement acidulées, le petit-lait à la suite de doux minoratifs : néanmoins, il reste toujours un certain embarras qui exige de temps en temps l'application des sangsues, et un régime austère. Le moindre écart de régime occasione une rechute dont les suites sont souvent funestes.

Il existe encore une espèce d'engorgement formé lentement, presque toujours compliqué de dureté dans une plus ou moins grande étendue : cette affection paraît dépendre d'une altération du parenchyme, ou des vaisseaux lymphatiques, plutôt que des vaisseaux sanguins.

On observe souvent des phlegmasies de la portion du péritoine qui recouvre le foie ; elles se développent par les mêmes causes, et suivent la même marche que les pleurésies. On les distingue par la douleur qui se fait sentir dans l'hypocondre droit, vers les dernières fausses côtes, le long du bord antérieur du foie, surtout dans l'endroit qui correspond à la vésicule, où le malade ressent des élancemens aigus lorsqu'il tousse. Il y a aussi douleur à l'épaule du même côté ; difficulté de se coucher sur le côté malade ; gêne de la respiration, et petite toux sèche.

Le traitement doit être le même que celui de la pleurésie : on remarque toutefois que cette maladie se complique quelquefois avec l'embarras gastrique, et dans ce cas, lorsque la pâleur et l'humidité de la langue démontrent que la membrane muqueuse gastrique n'est le siége d'aucune inflammation, un vomitif est administré avec succès.

Lorsque l'inflammation existe dans l'organe même, il est difficile de bien juger du point affecté ; cependant j'ai observé que lorsqu'elle est à la partie concave, les symptômes de l'irritation intestinale l'accompagnent presque toujours : si elle occupe la partie convexe et supérieure, l'oppression est plus forte, la douleur de l'épaule semble s'étendre davantage autour de l'articulation. Il est plus facile d'établir le diagnostic lorsqu'elle est fixée à la face interne et inférieure.

Des médecins distingués ont fait connaître les symptômes et la marche des maladies des organes de la circulation veineuse du bas-ventre avec plus de clarté et de méthode que moi, et j'aurais pu à la rigueur me dispenser de faire ce que la critique appellera de l'étalage d'érudition. Mais comme je n'écris pas pour les savans, et que mes confrères trouveront dans mon petit volume des idées qu'ils seraient obligés de chercher dans le dédale des in-8°. de nos auteurs modernes, j'espère qu'on me pardonnera en faveur du motif.

Une particularité fort remarquable des maladies du foie, c'est que dans plusieurs cas que j'ai observés, et dans lesquels un dépôt se trouvait situé à la partie convexe, et avait déterminé des adhérences avec le diaphragme et le poumon, j'ai été surpris que les douleurs ne fussent pas plus fortes à l'époque où l'on pouvait présumer l'inflammation du diaphragme. La toux était seulement plus vive, plus fréquente, plus sèche, jusqu'au moment où le pus ayant pénétré dans le poumon et dans les bronches était expulsé par l'expectoration.

Maladies du système nerveux.

Les êtres faibles, tels que les femmes et les enfans, sont ceux dont les nerfs ont le plus de mobilité ; c'est aussi chez eux que les maladies de ce système sont le plus fréquentes.

A peine l'enfant est-il né, que l'on craint pour

lui une foule d'accidens nerveux : plus âgé, l'éruption des dents, la présence des vers dans les intestins, et beaucoup d'autres circonstances qui échappent à nos observations, excitent quelquefois des mouyemens convulsifs si violens, que sa faible constitution ne peut résister à ce désordre, et qu'il succombe.

Les femmes douées d'une sensibilité vive et délicate, voient souvent ce don précieux de la nature s'altérer et troubler leur existence par des maladies toujours longues, et quelquefois très-douloureuses. Les palpitations, les syncopes, les névroses des organes de la digestion, les irrégularités de la menstruation, l'hystérie, etc., sont des indispositions auxquelles elles sont très-sujettes.

Les nerfs de la vie organique paraissent plus particulièrement affectés chez elles, tandis que chez les enfans et chez l'homme, ce sont ceux de la vie animale. L'influence du climat et des saisons ne doit pas être considérée comme cause particulière de la fréquence plus grande de ces affections, qui prennent aussi leur source dans les écarts de régime et les mauvaises habitudes.

L'homme, par sa constitution, est moins exposé aux maladies nerveuses ; mais si elles sont moins communes chez lui , elles n'en sont que plus graves , comme s'il devait expier par des douleurs plus vives , le temps qu'il passe sans souffrir. Les névralgies se portent le plus ordinairement sur les parties dont les propriétés vitales sont le plus souvent mises en jeu ; ainsi, les paralysies , le rhumatisme , le tétanos, altèrent ou détruisent la vie du système musculaire. L'hypocondrie , résultat fréquent du trouble des fonctions digestives , ou d'un état d'engorgement de la circulation abdominale , répand du trouble, de l'aberration sur les facultés morales , surtout à l'âge de quarante ans et au-delà.

L'abus des boissons spiritueuses détermine des gastro-entérites et hépatites : quand il n'en est pas ainsi, les facultés intellectuelles se désorganisent insensiblement, et produisent l'abrutissement, la mélancolie, des manies variées, On voit aussi marcher ensemble les maladies des viscères du bas-ventre et la désorganisation des facultés intellectuelles.

Maladies des saisons.

Dans le commencement du printemps s'observent les fièvres continues, rémittentes et in-

termittentes : alors aussi se développent les épidémies de rougeole , de varicelle , qui présentent des symptômes plus graves dans le mois de
mai , où les chaleurs commencent à se faire
sentir. Alors aussi se manifestent les éruptions
miliaires , les urticaires , les scarlatines , qui
se compliquent de gastrites , de gastro-entérites , et d'angines , dont la terminaison est
souvent funeste.

Les plus fortes chaleurs, qui ont lieu en juin ,
juillet et août , voient se développer les furoncles,
les phlegmasies intestinales , les hépatites , etc ;
alors , les maladies prennent un caractère grave:
la violence de l'inflammation , qu'un traitement
stimulant vient fort souvent accroître , occasione la prostration des forces et la perte des
facultés intellectuelles dans les inflammations
gastro-intestinales. Alors aussi règne le typhus ,
qui , suivant les savans auteurs de l'article *fièvre* du dictionnaire des sciences médicales, revêt
les formes de fièvre typhoïde inflammatoire ,
muqueuse , gastrique , adynamique , ataxique,
etc. Heureusement il complique rarement les
phlegmasies régnantes ; on en voit seulement
quelques exemples isolés , lorsque dans un été
très-chaud , les pluies sont abondantes et long-
temps continuées. Le typhus résiste aux soins

les mieux dirigés, soit que l'on suive la méthode anti-phlogistique, soit que l'on mette en
usage les vomitifs, les purgatifs, et les médicamens excitans et toniques de toute espèce. Malheureusement, les savans et les ignorans ne
sauvent pas plus de malades les uns que les
autres.

La commune de Wattignies, dans le canton
de Seclin, a été ravagée en 1829, par le typhus
qui y a fait de nombreuses victimes : le traitement excitant et incendiaire, a été presque
exclusivement employé : il a le plus souvent
échoué, ou n'a amené que des convalescences
incomplètes, qui se sont terminées par l'anasarque, l'hydropisie et la mort. J'ai été appelé
à donner des soins à quelques-uns de ces malades, et la méthode anti-phlogistique ne m'a
point procuré de succès. C'était la même marche, les mêmes accidens, les mêmes symptômes : fièvre ardente, douleurs abdominales,
sècheresse de la peau, soif très-vive, délire
continu, absence de toutes les sécrétions, et
mort dans les dix jours de l'invasion, ou bien,
cessation des accidens sans cause connue, sans
crise apparente : le mieux alors était durable et
la convalescence marchait rapidement. Je me
disais, en voyant les malheureux travaillés par

les Browniens de l'endroit, qu'ils avaient résisté à la maladie, à la médecine et au médecin. Toutefois, les saignées générales et locales, les adoucissans, les fomentations, les bains, les lavemens mucilagineux, ne m'ont pas fait guérir plus de malades, que tels de mes confrères, haut-placés dans le monde médical, et qui prodiguaient les vomitifs, les purgatifs, le quinquina en poudre, le camphre, le musc, le vin et jusqu'au punch.

On voit encore quelques beaux jours dans les mois de septembre et d'octobre : novembre commence pour ainsi dire l'hiver. L'humidité et le froid se font sentir, et le reste de la saison, marqué par la violence des vents d'ouest et de sud-ouest, par les brouillards, par la fréquence des pluies, voit régner les affections catarrhales, les rhumatismes et les névralgies. Les gelées, qui arrivent presque subitement, causent des inflammations des membranes muqueuses qui tapissent les voies aériennes et digestives, accompagnées d'exacerbation et de phénomènes fébriles.

Les fièvres intermittentes règnent pendant l'automne, et atteignent, dans les communes rurales situées sur les bords de la Deûle, plus de la moitié de la population. On observe aussi dans les grandes chaleurs, des *choléra-morbus* sporadiques, qui cèdent promptement aux préparations opiacées.

L'influence des saisons sur la santé et les maladies est l'objet d'un fort bel article dans le dictionnaire des sciences médicales : je crois devoir en donner ici quelques citations qui seront utiles.

« On remarque que le tempérament des hommes et jusqu'à leur physionomie, sont plus uniformes sous les climats où les saisons et leur température sont le moins variables ; ainsi, entre les tropiques, les naturels d'Amérique et d'Afrique présentent des traits presque semblables, des caractères moraux dont le type est plus constant et plus uniforme que sous nos régions intermédiaires, où quatre saisons toutes diverses viennent sans cesse modifier nos corps et heurter l'équilibre de nos humeurs. Plus on s'avance vers les pays froids, neigeux, venteux, à température inégale, plus on y rencontre de mobilité dans le caractère, d'activité ; aussi y trouve-t-on moins de contemplateurs, de moines, d'individus à vie spéculative, tandis que les régions méridionales en sont remplies.

» Il est évident que l'hiver, comme tout cli-

mat froid, nécessite plus d'activité dans les mouvemens, plus d'alimentation pour soutenir les
forces de l'économie, et dans cette nourriture,
plus de matières animales que pendant l'été;
cette saison, au contraire, affaiblit par la transpiration et la sueur; elle demande des nour-
ritures plus liquides que trop solides; elle réclame plus d'alimens végétaux que de substances animales, dont la putréfaction devient
trop facile par la chaleur. Aussi, il faut des
substances toniques et aromatiques pour rendre
aux viscères intestinaux débilités cette énergie
qu'ils avaient pendant l'hiver. En effet, la plupart des physiologistes ont prouvé que la faculté digestive est en raison inverse de la faculté sensitive, laquelle est exaltée par les saisons chaudes, comme par la température des
climats situés entre les tropiques; de là vient
aussi le besoin de repos et d'assoupissement
sous les climats méridionaux, et par fois dans
les jours chauds de nos étés.

» On comprend que la marche perpétuelle
des saisons, modifiant sans cesse nos corps,
les dispose davantage à certaines affections morbides que d'autres. Un corps naturellement sec,
bilieux, échauffé, sera plus exposé à une maladie bilieuse pendant un été sec et ardent, que
l'homme d'une complexion molle, lymphati-

que et inerte ; celui-ci se trouvera fort bien, au contraire, d'une température qui remettra dans un meilleur équilibre ses facultés ; mais il sera incommodé d'un hiver humide et froid, qui abattrait davantage encore ses facultés lan-guissantes : donc les saisons engendrent les maladies qui viennent saisir sporadiquement les individus qui s'y trouvent exposés, d'après leur tempérament, leur âge et leur sexe.

» Et il ne suffit pas d'observer, comme le père de la médecine en fait la remarque, la constitution de la saison où l'on se trouve, parce que la saison précédente a dû transmettre ses influences, et modifier antérieurement nos corps. Sans doute, toutes les espèces de maladies peuvent se développer en toutes saisons ; mais qui pourrait nier cependant, qu'on ne soit pas plus disposé à certaines affections en un temps de l'année qu'en d'autres époques ? qu'on doive suivre absolument le même régime ; prendre les mêmes quantités ou qualités d'alimens ou de boissons en hiver qu'en été ? Au contraire, on voit que les plus fréquentes occasions des maladies sont les changemens de température, ou l'acclimatement à de nouvelles saisons. Il est de celles-ci qui guérissent des affections ; c'est ainsi que l'été dissipe les maux de l'hiver et

du printemps ; on sait que les temps secs donnent un type bilieux et aigu à plusieurs maladies chroniques , et diminuent le nombre de
celles-ci.

» Les âges correspondent aussi aux saisons.
L'adolescence supporte aisément l'hiver parce
qu'elle est chaude et active ; la jeunesse prend
plus de développement au printemps , l'âge
viril en été ; mais l'automne devient plus nuisible à l'âge mûr , comme l'hiver à la vieillesse.
Le sang surabonde surtout dans les complexions
sanguines au printemps ; c'est pourquoi l'on
conseille alors les saignées aux pléthoriques trop
exposés à des hémorragies dangereuses. L'été
fait prédominer la bile chez les adultes d'un
tempérament sec , irascible , hépatique ; l'automne affecte les individus mélancoliques dont
le sang veineux ou noir éprouve des stases
dangereuses dans les vaisseaux abdominaux et
dans le système de la veine porte ; enfin l'hiver est
extrêmement contraire aux individus lymphatiques , inertes , catarrheux.

» Puisque la transpiration diminue en automne par l'approche du froid , tandis qu'elle
s'accroît au printemps par le retour de la chaleur , les crises automnales se décident plutôt
par les voies intestinales ; les crises vernales

par les sueurs et l'expectoration. Il y a plus de danger pour les premières que pour ces der-nières, car l'automne descend vers l'hiver, saison laborieuse pour l'existence ; mais le printemps monte vers l'été, saison facile et vivifiante : aussi les crises estivales sont plus faciles et plus complètes ; mais en hiver les maladies se prolongent, car elles sont moins aiguës. Les urines, les déjections sont moins abondantes alors, parce que la peau transpire moins : aussi les remèdes qui portent leur influence sur l'intestin et la vessie, opèrent mieux pendant l'hiver dont l'action rétropulsive les seconde : les médicamens sudorifiques, les vomitifs conviennent plus en été, car l'exhalation est alors plus forte.

» On observe plus de maladies en été ; mais plus de morts pendant l'hiver ; car la chaleur excite bien des maladies pour la moindre cause, mais elle les guérit par les sueurs ou le vomissement : il n'en est point ainsi en hiver, où la tragédie se joue à l'intérieur et à nos dépens. Les inflammations prédominent dans l'hiver, les spasmes et les névroses en été. Les maladies contagieuses toutefois sont plus rares en hiver, les pores étant moins ouverts ou moins susceptibles d'absorber les miasmes ; on dort plus et on mange plus alors ; l'été présente le contraire.

» Quand une année affecte un caractère général, comme d'être sèche ou pluvieuse, froide ou chaude, alors elle fait dominer un genre de maladies correspondant à cette constitution générale : ce qui s'observe dans la marche et les symptômes de toutes les affections qui en prennent pour ainsi dire la livrée. Il s'en suit une disposition à certaines constitutions épidémiques. Le corps humain est obligé de se courber sous le joug de toutes ces influences, parce qu'il est l'enfant de cette nature qui domine l'univers ».

Phlegmasies.
Phlegmasies de la peau.

Les furoncles sont très-communs en été ; ils sont fréquemment compliqués par l'embarras des organes digestifs. Ils se dissipent ordinairement sans aucun remède, les bains tièdes seuls suffisent ; mais quelquefois ils se succèdent et se multiplient tellement, qu'ils amènent la fièvre ; et obligent de recourir aux boissons acides et aux purgatifs.

Dans les phlegmons, le gonflement et la douleur sont souvent considérables ; la suppuration se forme assez rapidement, et l'on est

obligé de tempérer l'inflammation par des applications émollientes : on les voit quelquefois se
terminer par la gangrène. On doit se hâter d'ouvrir les dépôts, parce que la suppuration trouvant
moins de résistance dans le tissu cellulaire que
dans la peau, s'épanche facilement et cause
des délabremens considérables.

Les inflammations les plus fréquentes de la
peau sont les varicelles, la petite-vérole, la
rougeole, la scarlatine, les éruptions miliaires,
les urticaires, les érysipèles et les dartres.

Phlegmasies des membranes muqueuses et des séreuses.

Les membranes muqueuses et les séreuses
sont fréquemment affectées de phlegmasies qui
exigent la plus grande attention de la part du
médecin, parce que la marche de leurs symptômes, quelquefois lente et faible en apparence,
induit souvent en erreur, et ne découvre les
désordres que lorsqu'il est trop tard pour y
remédier.

Les maladies de poitrine sont très-communes.
On en conçoit facilement la raison en observant
que le tissu des organes peut être irrité et enflammé par les nombreux rapports de sympathie de leur membrane muqueuse avec la peau,

continuellement excitée ou frappée par les variations de l'atmosphère ; qu'il peut l'être aussi
par l'influence de la sensibilité de quelques
viscères, par la suppression du flux menstruel,
ou la répercussion d'une dartre qui occuperait
une grande étendue.

Il est rare de rencontrer de vraies pleurésies, ou si la maladie a ce caractère dans le
principe, elle ne tarde pas à en changer en
se portant sur la substance du poumon, et en y
occasionant des inflammations lentes qui jettent
le malade dans la phthisie.

Les bronchites ne sont pas très-intenses ;
elles se terminent ordinairement par la résolution ou par une expectoration légère. Souvent aussi elles passent à l'état chronique,
désorganisent la membrane muqueuse, et portent consécutivement leurs ravages sur les poumons.

Les hémoptysies s'observent assez fréquemment, elles précèdent presque toujours la phthisie, maladie des plus communes, et qui attaque plus particulièrement les femmes.

Outre les gastrites et les gastro-entérites aiguës ou chroniques, qui cèdent souvent aux
anti-phlogistiques, aux bains généraux et au
régime ; on observe encore la dyssenterie ; elle

est peu fréquente et ne forme jamais constitution épidémique. Je ne l'ai guère observée
que lorsque les pluies abondantes et long-temps
continuées succédaient à de fortes chaleurs,
circonstance extrêmement rare : alors, elle
atteint plus particulièrement les pauvres, plus
exposés aux effets nuisibles de l'humidité, et
dont la nourriture n'est point assez substantielle, ainsi que les individus dont le régime
est irrégulier et qui abusent des boissons spiritueuses. Cette maladie se présente sous des
formes variées : dans quelques circonstances,
elle dépend de la seule exaltation de la sensibilité ou de la réplétion des vaisseaux sanguins ;
dans ce cas, elle cède aux boissons adou-
cissantes, et à l'application de sangsues à l'a-
nus : plus ordinairement elle se complique avec
la diathèse bilieuse. Elle est plus ou moins grave, selon le lieu et l'étendue de la portion de
membrane muqueuse qui se trouve affectée,
ou suivant le degré d'irritation, qui, dans
le bas-ventre, ne revêt que trop facilement le
caractère inflammatoire : alors la maladie se
borne rarement à la membrane interne : elle se
propage sur toute la tunique intestinale, et jusques sur le péritoine ; elle se termine presque
toujours par le sphacèle dans le premier cas,
et par la suppuration dans le deuxième.

La membrane muqueuse qui tapisse les voies urinaires est aussi le siége de beaucoup de maladies ; elles reconnaissent la même cause et suivent la même marche que celles qu'on observe partout ailleurs. Les urétrites chroniques sont très-communes, et doivent fixer l'attention d'une manière spéciale. M. Amussat, de l'académie de médecine de Paris, a inventé pour leur traitement de fort bons instrumens, avec lesquels j'ai obtenu de nombreux succès.

Le péritoine est souvent atteint d'inflammations très-violentes ; rarement elles existent seules : ces affections sont toujours causées par une phlegmasie des intestins ou de la matrice, portée à un degré imminent. Il est même remarquable que toujours la métrite cause consécutivement l'inflammation du péritoine.

Quand la péritonite n'a point cédé aux saignées générales et locales, aux bains généraux, aux adoucissans de toute espèce, elle passe à l'état chronique et cause l'hydropisie ascite, que l'on parvient rarement à guérir.

Maladies des femmes.

Si les hommes sont particulièrement exposés à certaines affections, les femmes sont plus sujettes à toutes celles du système lymphatique et cellulaire , plus développé chez elles , et aux accidens spasmodiques qui dépendent de l'exaltation de la sensibilité : aussi les organes dans lesquels un système prédomine , deviennent-ils le siége plus fréquent des maladies.

La manière d'être , les vêtemens , la vie sédentaire , inactive , des femmes de la ville , les rendent plus sujettes à certaines maladies auxquelles les hommes ne sont point exposés. Ces causes produisent les obstructions du foie et du mésentère , la faiblesse générale , la bouffissure , les indigestions , les dyspepsies , les diarrhées , les douleurs habituelles de l'estomac , les vomissemens , et une foule d'accidens qui tous dépendent de la lésion du tube digestif.

La compression qu'exercent les corps , les corsets baleinés , et les autres liens qui entrent dans l'habillement des femmes , déterminent chez elles des inflammations du diaphragme , des poumons et de leurs enveloppes ; des affections du cœur et des gros vaisseaux , les palpitations , l'hémoptysie , et , par suite , la phthisie purulente.

Aux écarts de régime , au genre de nourriture , aux abus et aux excès de toute espèce , il faut ajouter chez les femmes de la classe ouvrière , l'usage des chaufferettes , généralement nui-

sible à la santé. Les vapeurs d'acide carbonique, qui émanent du charbon en combustion,
l'excessive chaleur qui se répand sous les jupes,
exposent les femmes à beaucoup d'accidens.
Ainsi, les fleurs blanches, les règles excessives,
les hémorragies excessives de l'utérus, les varices, les ulcères atoniques aux jambes, les dartres à la partie interne des cuisses, sont les effets
ordinaires de cette mauvaise habitude. D'ailleurs, les parties inférieures étant presque continuellement exposées par les chaufferettes à une
température très-élevée, elles n'en sont que
plus sensibles aux impressions de l'atmosphère;
et si les affections rhumatismales se présentent
chez ces femmes aux membres abdominaux
plutôt que partout ailleurs, on doit surtout les
attribuer à la funeste manie qu'elles ont de rester pendant toute une journée sur des pots remplis de braises allumées, qu'elles quittent le
plus souvent sans précaution pour s'exposer
tout-à-coup à l'air froid dans la saison rigoureuse.

Je ne parlerai point des asphyxies, des brûlures chez les personnes, des incendies quant
aux propriétés, occasionés par l'usage des
chaufferettes; c'est à la police d'interdire le débit de celles dont la construction n'aurait point
été reconnue la moins dangereuse.

Les maladies particulières aux femmes prennent toutes leur source dans un organe unique : sa puissance, son activité, sa force de réaction sont supérieures à celles dont jouissent les autres organes qui constituent l'économie : l'utérus exerce sur elles un pouvoir absolu.

Lorsque, à l'époque de la puberté, le développement de la matrice s'opère d'une manière régulière, la révolution qui a lieu dans l'économie, et qui se termine par la menstruation, provoque une crise favorable aux maladies de l'enfance : souvent aussi la révolution qui se prépare, altère la santé des jeunes filles. De là les fièvres aiguës, les éruptions cutanées, la chlorose, les écoulemens séreux par la vulve, l'hystérie, etc.

L'exaltation des propriétés de l'utérus détermine l'écoulement immodéré des règles connu sous le nom de métrorragie, et qu'on divise en trois espèces bien distinctes : l'une active, l'autre passive, et la troisième nerveuse. La première reconnaît pour cause les choses qui augmentent la vie générale de l'individu ou la vie particulière de l'utérus : une nourriture trop abondante ou trop substantielle ; l'abus des spiritueux, du vin ; les veilles prolongées, ou l'excès du sommeil ; l'abus du coït ; les fortes passions de l'ame ; la danse passionnée ; le jeu , la colère , la jalousie.

La seconde diffère essentiellement de la précédente en ce qu'elle n'offre aucun signe de pléthore locale ou générale ; nulle exaltation vitale dans un organe. Le sang est privé de couleur rouge ; ce n'est qu'une abondante sérosité roussâtre dont la sécrétion augmente incessamment , d'où résultent la diminution et l'abolition des propriétés vitales de la matrice. La vie est menacée , les forces s'affaissent, les femmes éprouvent des évanouissemens fréquens , de l'insomnie ; la force digestive est dépravée , l'appétit cesse , rien ne peut le ranimer.

La métrorragie nerveuse se montre chez les femmes prédisposées par la nature , ou par l'altération de leur tempérament aux deux espèces dont je viens de parler. La première condition est la prédominance nerveuse , soit constitutionnelle , soit acquise ; il en résulte des désordres , des secousses , des aberrations qui intervertissent l'harmonie des propriétés vitales, soit de l'utérus , soit de l'ensemble des organes. Les causes déterminantes sont les émotions subites et vives de l'ame , la colère , la crainte , la surprise , les plaisirs amoureux susceptibles d'exciter trop violemment la matrice ; la continence forcée lorsque le coït est devenu un besoin.

Tout les praticiens éclairés savent combien les hémorragies de l'utérus sont consécutivement dangereuses ; il est assez commun de leur voir succéder des maladies de langueur, des hydropisies, des cachexies, des écoulemens séreux, purulens, affections presque toujours mortelles.

Un autre genre de lésion vient encore assez souvent altérer la santé des femmes : la suppression des menstrues, l'aménorrhée, peut avoir lieu dans diverses circonstances, et dans une foule de situations physiologiques et pathologiques.

Les femmes les plus exposées à l'aménorrhée sont celles qui ont eu de fréquentes et fortes maladies, d'où il est résulté un affaiblissement des forces générales. Les femmes sanguines, colériques, passionnées, intempérantes, y sont plus exposées que celles qui sont lymphatiques, qui observent les lois de l'hygiène, et qui savent commander à leurs passions.

Des causes multipliées déterminent l'aménorrhée ; elles sont connues de tous les praticiens : je ne m'en occuperai pas d'une manière spéciale. J'ai indiqué succinctement les affections maladives qui m'ont paru les plus fréquentes. Viennent ensuite le squirre et le cancer de l'utérus, celui des mamelles, des trompes de fallope et des ovaires, l'hydropisie utérine, celle entrystée de l'ovaire, les hydatides, les polypes de l'utérus et du vagin, les calculs de la matrice ; les maladies relatives à la génération, pendant la grossesse, pendant les couches, l'allaitement, etc.

Maladies des enfans.

La dentition est souvent orageuse pour eux ; elle occasione des effets variés : les aphtes, la diarrhée, les éruptions cutanées, les convulsions. Ce dernier accident peut être déterminé par la présence des vers dans le tube intestinal, ou par toute autre cause irritante, soit externe, soit interne. Dans plusieurs cas de convulsions très-violentes, il m'a été impossible d'en constater la véritable cause, à moins que de s'arrêter à l'idée que les enveloppes du cerveau sont dans un état d'irritation ou d'inflammation, et alors, l'application de quelques sangsues derrière les oreilles devient un moyen très-efficace de les faire cesser.

Croup.

Le croup est commun , et règne quelquefois épidémiquement. Cette maladie a été parfaitement décrite par le docteur Desruelles , dans son traité de cette maladie , imprimé en 1824. La méthode de traitement qu'il a adoptée est celle qui m'a réussi le plus souvent dans la pratique.

Encéphalite.

Entéro-mésentérite , aiguë et chronique.

Les inflammations du cerveau et de ses enveloppes, celles des organes contenus dans la poitrine, et principalement des viscères abdominaux, sont fréquentes. Mais les phlegmasies du tube digestif, leur passage à l'état chronique, l'engorgement des glandes du mésentère, et par suite l'affection générale du système lymphatique, qui donne lieu au développement des scrofules et du rachitis, me paraissent mériter une attention particulière. L'entéro-mésentérite chronique, le carreau, est presque endémique à Lille et dans les communes de l'arrondissement situées entre l'Est et l'Ouest. Les enfans de la ville, riches comme pauvres, sont très-mal soignés dans leurs indispositions : lorsque l'un deux devient malade , on le conduit chez un apothicaire qui lui administre à tort et à travers des sirops de rhubarbe , de quinquina, de l'opium , du mercure doux , et ordonne ce qu'il appelle le régime fortifiant. Ce n'est que lorsque les accidens sont portés à leur comble , que l'on appelle un médecin dont les soins et les talens sont souvent impuissans, par suite de la médication incendiaire du pharmacien médicastre.

Les artisans , les ouvriers et les pauvres donnent le jour à des enfans chez lesquels le système lymphatique prédomine. Ces enfans se portent bien, en apparence , pendant quelques mois , mais les organes gastriques ne tardent pas à présenter des signes d'irritation , et c'est alors qu'on les gorge d'alimens et de médicamens toniques. Qu'arrive-t-il alors ? Les intestins s'enflamment de plus en plus , l'enfant dépérit, la peau devient pâle et flasque , les articulations se gonflent, la face se ride , les yeux sont enfoncés , et, par fois , le tronc se déforme. Tous ces accidens se manifestent en même temps que le ventre grossit ; la peau qui le recouvre est chaude et sèche ; les selles sont fréquentes , fétides , liquides , tantôt grises , d'autres fois d'un jaune noirâtre ; tous les ganglions lymphatiques du cou se tuméfient. Chez les gens aisés, les enfans jouissent d'une apparence de santé pendant un plus long espace de temps, lorsque toutefois on ne les donne pas à des nourrices de la campagne, qui les bourrent de soupe et d'alimens indigestes. Mais encore ici, et pour peu que le travail de la dentition, ou toute autre cause, développe des symptômes d'irritation gastrique, les purgatifs et les toniques, administrés sans discernement, augmentent la maladie, et lui donnent une terminaison funeste.

L'ouverture des cadavres montre les ganglions mésentériques gonflés, tuberculeux, suppurés; la membrane muqueuse intestinale enflammée, ulcérée. Plus cette membrane est malade, plus aussi les ganglions mésentériques correspondans sont affectés: ce sont particulièrement les gros intestins qui sont frappés d'inflammation: aussi sont-ils plus épais, et c'est vers les points de rétrécissement que s'observent les désordres les plus frappans.

Si l'entéro-mésentérite est si souvent combattue par des stimulans plus propres à augmenter le mal qu'à le calmer, c'est que la faiblesse de l'enfant, la diarrhée qui le tourmente, le gonflement et la dureté du ventre, la mollesse de la peau , en imposent aux praticiens qui ne voient que l'asthénie. Mais il est bien plus avanta- geux de laisser reposer les viscères gastriques quand ils accusent des signes d'irritation ou d'in- flammation , de laisser le malade à la diète, et de le mettre à l'usage des mucilagineux. Cette mé- thode simple et rationnelle ne tarde pas à pro- duire des résultats satisfaisans. Quelques sang- sues à l'épigastre et à l'anus ; des fomenta- tions et des cataplasmes sur le ventre , des bains tièdes, des lavemens émolliens, triom- phent des accidens inflammatoires , et remé- dient même quelquefois à ceux qu'occasione la médication tonique.

Quelques auteurs ont avancé que la mala- die scrofuleuse est la cause de tous les acci- dens que je viens de décrire : je suis porté à croire qu'ils ont pris l'effet pour la cause. En effet , que l'on se représente à l'esprit les phé- nomènes qui se manifestent lors de l'invasion, la durée et la terminaison des scrofules , et l'on pourra penser comme moi que cette mala- die est plutôt la suite de l'entéro-mésentérite chronique, que celle-ci n'est le résultat d'un vice que l'on est convenu d'appeler scrofules. De nombreuses observations faites avec soin, m'ont démontré que les scrofules et le rachi- tis ne sont que le dernier degré de l'entéro-mésentérite chronique, qui a porté la désorganisation jusques dans le système lymphatique, et détérminé le ramollissement des os. Je sais que beaucoup de médecins ne sont pas de cet avis; mais les faits parlent aussi haut à l'esprit que les hypothèses des grands hommes qui ont étudié les désordres de l'économie dans leur cabinet. Il est de notoriété que dans les villes, dans les campagnes, partout où l'on rencontre des scrofuleux et des rachitiques, l'investigation démontre que ces malades ont été atteints d'inflammation de la membrane muqueuse digestive, qui s'est communiquée au système lymphatique abdominal et l'a désorganisé.

Ces désorganisations sont longues et difficiles à guérir : les nombreux traités, et toutes les méthodes curatives n'ont jamais guéri personne. Dans tous les cas, il vaut mieux s'attacher à prévenir et à guérir les phlegmasies des voies digestives, que d'avoir plus tard à combattre des maladies incurables affublées de noms barbares.

Croûte-laiteuse.

La peau devient assez souvent le siége de maladies chez les enfans : le cuir chevelu et la face sont les parties sur lesquelles on observe le plus souvent ces éruptions dartreuses, vulgairement nommées croûtes laiteuses. Il est dangereux d'arrêter ces excrétions en cherchant à les dessécher par des lotions astringentes : des accidens très-graves ont été la suite de ces tentatives.

Vers intestinaux.

Les vers intestinaux sont très-communs , non seulement chez les enfans, mais encore chez les jeunes gens et les adultes. Ils occasionent de violens désordres dans l'estomac et les intestins, et causent , chez les enfans surtout, des convulsions qui peuvent devenir mortelles.

La mousse de Corse, le mercure doux et la spigellie (spigellia anthelmintica), sont tour-à-tour employés avec succès contre ces anélides.

Coqueluche.

La coqueluche exerce souvent ses ravages dans nos contrées : elle y règne même épidémiquement. Sa nature , sa marche et ses symptômes ont été l'objet d'opinions contradictoires. Quand on la considère comme une phlegmasie des bronches , et que l'on emploie la méthode anti-phlogistique , la maladie marche et parcourt ses périodes sans aucun changement en bien ni en mal. J'ai obtenu des avantages réels de l'emploi de la belladone en poudre ou en teinture , et des frictions sur l'épigastre avec la pommade d'Antenrieth.

Carte
de l'arrondissement de Lille.
DÉP.T DU NORD.

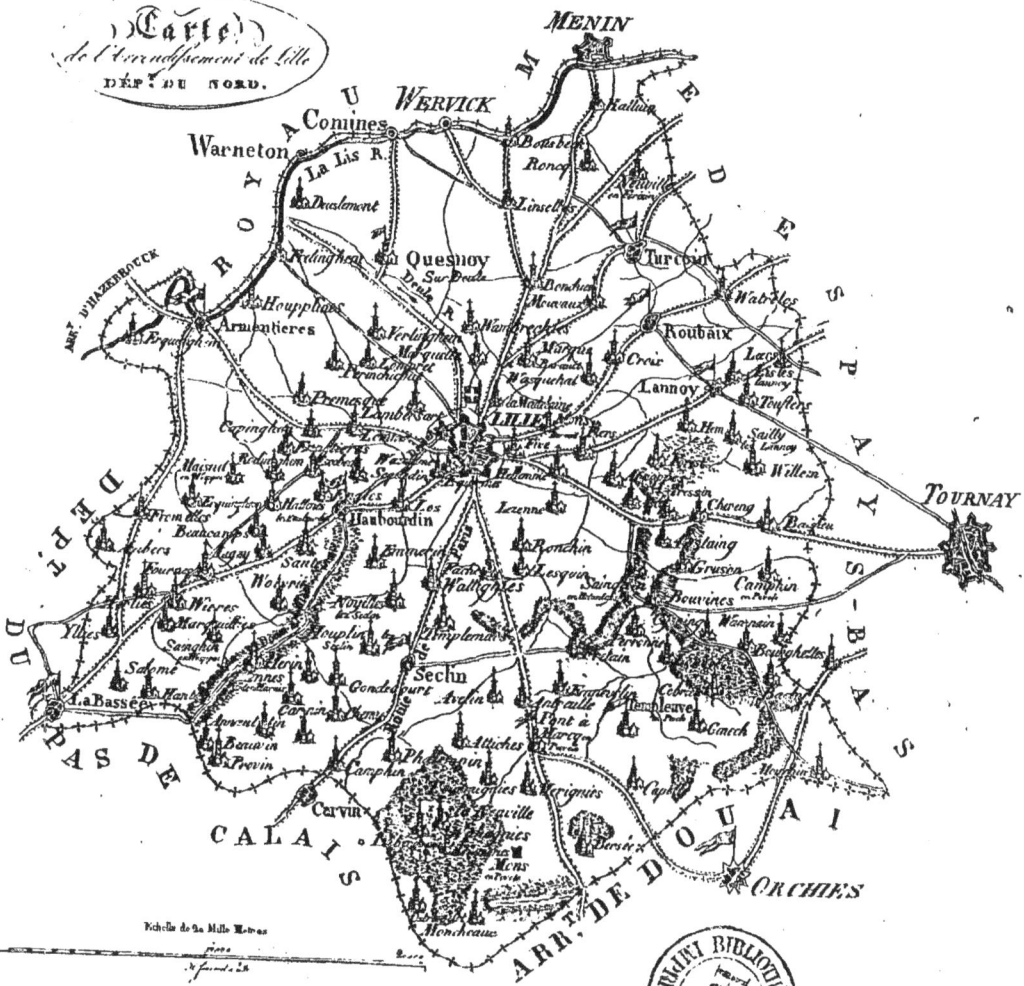

MENIN

WERVICK

Comines

Warneton

La Lis R.

Deulemont

Halluin

Bousbec
Roncq

Neuville

Redinghem

Quesnoy
Sur Deule

Linselles

Bouvhin
Mouvaux

Turcoin

Wabeles

Houpplines

Armentieres

Verlinghem

Wambrechies

Marcq

Croix

Roubaix

Lannoy

Lacq
Les les
Lannoy

Erquinghem

Marquette
Lompret
Premesque

Wasquehal

Toufflers

Capinghem

LILLE

Hem

Sailly
s/r Lannoy

Willem

Fives

Pery

Haubourdin

Lezenne

Ronchin

Faches

Wattignies

Lesquin

Santaim

Bouvines

Camphin

TOURNAY

Emmerin

Wavrin

Noyelles

Templemars

Sechn

Gondecourt

Avelin

Attiches

Ennevelin
Pont à
Marcq

Gruson

Cysoing

Wannehain

Bourghelles

Cobrin

Templeuve

Guech

Camphin

Phalempin

Hugnies

Merignies

Capin

Mouchin

Cervin

Bauvin

Provin

La Bassée

ORCHIES

ARR. DE DOUAI

CALAIS

PAS DE

DÉP.

ARR. D'HAZEBROUCK

PAYS-BAS

Moncheaux

Echelle de 2a Mille Metres

TOPOGRAPHIE

HISTORIQUE,

STATISTIQUE ET MÉDICALE

DE

L'ARRONDISSEMENT DE LILLE.

※

Deuxiéme partie.

GÉOGRAPHIE HISTORIQUE, COMMUNES DE L'ARRONDISSEMENT, HISTOIRE ET PATHOLOGIE.

Chapitre premier.

STATISTIQUE DE L'ARRONDISSEMENT DE LILLE.

§ 1.er GÉOGRAPHIE HISTORIQUE , STATISTIQUE , NATURE DU SOL , ÉTUDE DU TERRAIN ET DE SES PRODUCTIONS.

L'arrondissement de Lille comprend une partie de l'ancienne Flandre française.

Il est borné au nord et au nord-ouest par la Belgique et l'arrondissement d'Hazebrouck, à l'ouest et au sud-ouest par le département du Pas-de-Calais; au sud par l'arrondissement de Douai, et enfin à l'est et au nord-est par la Belgique.

La superficie totale de l'arrondissement est de 86,000 hectares (environ 55 lieues); la population étant de 280,000 ames, on trouve qu'il y a 6,500 et quelques individus par lieue carrée, ou un habitant par 32 ares. Il se compose de 131 communes réunies en dix cantons (en y comptant Tourcoing pour un seul canton), dont les chefs-lieux sont Armentières, Quesnoy-sur-Deûle, Tourcoing, Roubaix, Lannoy, Cysoing, Pont-à-Marcq, Seclin, la Bassée et Haubourdin.

Le sol est bas et humide ; on y rencontre trois principales éminences, qui sont : Mons-en-Pévèle, à l'extrémité méridionale ; le Mont d'Halluin, à l'extrémité septentrionale ; et le Mont de Prémesques, sur la route de Lille à Armentières.

Sa longueur est de huit lieues du nord au sud, depuis Halluin jusqu'à Monchaux : sa largeur de six lieues de l'est à l'ouest depuis Baisieux jusqu'à Fromelles.

L'arrondissement de Lille est baigné par la Lys, qui le longe dans la partie nord-ouest de son circuit, et le sépare du royaume de Belgique.

On y compte plusieurs rivières et ruisseaux, qui sont : 1.º la Deûle, qui naît de la Scarpe, près de Douai, entre dans l'arrondissement à Bauvin, passe à Allennes-les-Marais, à Hérin, Wavrin, Haubourdin, Loos, traverse la ville de Lille, sort de cette place par la porte d'eau de l'Esplanade, longe le cordon des fortifications jusqu'au sas de l'Hôpital-Général ; où elle prend le nom de Basse-Deûle, et va se jeter dans la Lys à Deûlémont, après avoir traversé Wambrechies et Quesnoy-sur-Deûle.

2.º La Marque, qui prend sa source à Mons-en-Pévèle, et va se jeter dans la Deûle à Marquette, après un trajet de quatre à cinq lieues.

Cet arrondissement compte aussi deux canaux

de navigation, savoir : 1.º le canal de la Bassée, qui se jette dans la Deûle, près de Bauvin; 2.º le canal de Roubaix, formé d'une partie de la Marque jusqu'à Croix, et qui n'est point achevé. On espère que les travaux vont reprendre une nouvelle activité : le lit à ciel ouvert est creusé dans toute sa longueur, et le souterrain qui doit avoir environ mille mètres, est également percé sur une assez grande étendue.

L'écluse de Marquette est terminée ; celles de de Marcq et de Wasquehal, ainsi que plusieurs ponts, sont commencés.

Les ruisseaux de communication vicinale sont: 1.º la Naviette, qui prend sa source dans la forêt de Phalempin, et tombe dans la Deûle au bac de Wavrin ; 2.º l'Espierre, à Lannoy, et 3.º le Riez, à Toufflers.

Tout se réunit pour établir que l'arrondissement ne fut jadis qu'un vaste marais successivement soustrait à l'empire des eaux par un travail opiniâtre. Comme, d'ailleurs, il est généralement plat et peu élevé au-dessus du niveau de la mer, les eaux n'ont pas un cours rapide, et si les pluies augmentent le volume des rivières et des ruisseaux, elles se répandent bientôt sur les terres, où elles séjournent plus ou moins long-temps. Les eaux de la Lys submergent pendant l'hiver les propriétés riveraines qui, par ce moyen, deviennent de très-bonnes prairies; car lorsque leur séjour n'est pas trop long-temps prolongé, cette inondation devient un puissant moyen de fertilité.

Le long de la Haute-Deûle et de la Marque se trouvent des terrains très-marécageux; mais chaque année voit s'augmenter la quantité de terres cultivées. Depuis quelques années, des dessèchemens considérables ont été opérés, et ont offert de bons terrains à l'agriculture. Je ferai observer en passant à l'autorité, que la Deûle n'a point la profondeur nécessaire; que les bateaux paient pour naviguer sur un tirant d'eau de cinquante-deux pouces, et qu'ils peuvent à peine marcher sur quarante-deux. Pourquoi ne leur accorde-t-on pas une diminution sur les droits de navigation? Pourquoi ruiner des malheureux pour enrichir des entrepreneurs.

L'arrondissement est traversé par sept grandes routes pavées et un grand nombre de routes de seconde classe. Beaucoup de communes ont entre elles des communications pavées. Les grandes routes sont celles de Lille à Arras, de Lille à Béthune, de Lille à Dunkèrque, de Lille à Douai, de Lille à Ypres, de Lille à Bruxelles, et de Lille à Menin. On y compte 48,700 maisons; 54,000 feux; sa superficie est de 86,840 hectares, et sa population de 284 à 285,000 ames.

Tableau Statistique

DES COMMUNES

DE L'ARRONDISSEMENT DE LILLE.

CANTON D'ARMENTIÈRES,
Distant de 64 lieues de Paris.

NOMS des COMMUNES.	RIVIÈRES et RUISSEAUX.	Population.	Maisons.	Ménages.	ÉTABLISSEMENS PUBLICS.
Armentières	La Lys.	6400	1158	1358	Cure, justice de paix, contrôleur des contributions directes, receveur des domaines et enregistrement, idem particulier de contributions indirectes, loterie, poste aux lettres, aux chevaux, école communale, conseil d'administration des hospices pour les vieillards et orphelins, maison de sûreté pour les hommes en démence, 3 foires, francs-marchés mensuels, marchés hebdomadaires.
Capinghem.	»	325	67	69	
Erquinghem	»	2116	440	443	Les autres communes ont des cures ou des succursales.
Frelinghien.	»	2226	489	497	
Houplines.	»	1910	414	456	
La Chapelle.	»	1845	385	394	Total du canton :
Premesque.	»	930	211	211	15,752 habitans.

CANTON DE QUESNOY-SUR-DEULE,
Distant de 62 lieues de Paris.

NOMS des COMMUNES.	RIVIÈRES et RUISSEAUX.	Population.	Maisons.	Ménages.	ÉTABLISSEMENS PUBLICS.
Quesnoy ...	Basse-D.	4355	855	919	Cure, justice de paix, receveur des contributions indirectes, marchés hebdomadaires.
Comines....	Lys.	5300	993	1099	Cure, commission des hospices, hospice pour les vieillards, foire, marchés hebdomadaires.
Deûlémont .	»	2205	429	438	Toutes ces communes ont des cures ou des succursales.
Lompret ...	»	567	118	118	
Périnchies ..	»	872	167	169	
Verlinghem.	»	1734	387	396	
Warneton-B	»	365	73	73	Total du canton:
Warneton-S	»	86	13	13	17,052 hab.
Wervick-S .	»	1568	288	301	

CANTON DE TOURCOING, *Nord et Sud,*
Distant de 63 lieues de Paris.

Tourcoing..	Lys.	16628	2883	3084	Deux cures, deux justices de paix, receveur des domaines et de l'enregistrement, idem des contrib indirect., chambre consult. des manufact., fabriques, arts et métiers, collége communal, hospice et commission administ., 2 foires, marchés hebdomadaires.
Bousbecque.	»	2000	396	398	
Halluin....	»	3495	645	671	
Linselles ...	»	3415	751	761	
Neuville. ..	»	1910	348	354	
Roncq	»	2856	596	597	Les autres communes ont des succursales. Linselles a un marché hebdomadaire.
Bondues....	»	2756	537	578	
Marcq-en-B.	»	2967	593	629	Total du canton:
Mouveaux..	»	1810	343	350	37,837 hab.

CANTON DE ROUBAIX,
Distant de 63 lieues de Paris.

NOMS des COMMUNES.	RIVIÈRES et RUISSEAUX.	Population.	Maisons.	Ménages.	ÉTABLISSEMENS PUBLICS.
Roubaix ...	Canal.	13132	2612	2774	Cure , justice de paix , chambre consultativ.des manufactures , des arts et métiers , receveur des domaines et enregistrement, commission administrative des hospices, hôpital , foire, marchés hebdomadaires.
Croix	»	1168	250	251	Les autres communes ont une cure.
Wasquehal.	»	1634	327	329	
Watrelos...	»	4485	1097	1186	Total du canton: **20,419 hab.**

CANTON DE LANNOY,
Distant de 65 lieues de Paris.

Lannoy.....	Canal.	3811	284	284	Cure , justice de paix, receveur des contributions indirectes , foire, franc — marché , marché hebdom.
Annappes ..	Marque.	1588	285	295	
Anstaing ...	»	465	80	80	
Ascq.......	»	1487	276	289	
Baisieux....	»	1698	329	340	
Chéreng....	»	1257	247	252	
Flers	»	1567	316	320	Toutes ces communes ont des cures.
Forest	»	562	102	107	
Gruson	»	385	70	71	
Hem	»	1925	368	369	
Lys-lez-Lan.	Riez.	869	188	188	Ascq a une justice de paix.
Léers......	Lespierre	1582	301	306	
Sailly......	»	836	143	147	
Toufflers...	Riez.	552	106	108	
Tressin	Marque.	409	79	79	Total du canton: **18,160 hab.**
Willems.1..	»	1597	298	316	

CANTON DE CYSOING.
Distant de 63 lieues de Paris.

NOMS des COMMUNES.	RIVIÈRES et RUISSEAUX.	Population.	Maisons.	Ménages.	ÉTABLISSEMENS PUBLICS.
Cysoing....	Marque.	2279	488	499	Cure , franc-
Bachy.....	»	868	160	161	marché , id. heb-
Bourghelles.	»	1081	186	190	domadaire.
Bouvines...	»	505	85	92	
Camphin...	»	1344	240	247	Les autres com-
Capelle....	»	1323	253	265	munes ont des cu-
Cobrieux...	»	373	74	76	res. Cysoing a une
Genech....	»	998	191	194	foire.
Louvil.....	»	594	130	133	
Mouchin...	»	1213	206	225	
Péronne....	»	549	106	108	Total du canton :
Sainghin...	»	1535	262	262	**15,045** hab.
Templeuve.	»	2842	554	575	
Wannehain.	»	341	56	64	

CANTON DE PONT-A-MARCQ,
Distant de 56 lieues de Paris.

Pont-à-Marcq	Marque.	659	130	137	Justice de paix ,
Attiches....	»	911	196	203	poste aux che-
Avelin.....	»	1622	294	309	vaux , receveur
Bersée.....	»	1588	331	349	des domaines et de
Ennevelin..	»	1628	292	317	l'enregistrement ,
Fretin.....	»	1878	369	380	receveur des con-
Mérignies...	»	718	171	180	tributions indi-
Monchaux..	»	964	188	189	rectes , cure.
Mons-en-Pév.	Source	1768	345	352	
Laneuville..	de la	375	78	83	Les autres com-
Ostricourt...	Marque.	784	204	204	munes ont des cu-
Phalempin..	»	1202	254	267	res.
Thumeries.	»	764	145	153	
Tourmignies	»	455	92	94	Total du canton:
Wahagnies.	»	649	144	146	**16,172** hab.

CANTON DE SECLIN.

Distant de 57 lieues de Paris.

NOMS des COMMUNES.	RIVIÈRES et RUISSEAUX.	Population.	Maisons.	Ménages.	ÉTABLISSEMENS PUBLICS.
Seclin	Naviette.	2812	549	595	Cure, justice de paix, receveur de l'enregistrement et des domaines, idem des contributions in- directes, commis- sion administrative et hôpital civil, fr.- marché, idem heb- domadaire, télé- graphe.
Allennes ...	Deûle.	734	154	157	
Annœullin..	idem.	3132	638	641	
Camphin...	»	950	202	206	
Bauvin.....	Deûle.	984	179	203	
Carnin.....	»	403	87	87	
Chemy.....	»	427	82	83	
Gondecourt.	Deûle.	1561	332	341	
Hérin	idem.	319	63	67	
Houplin ...	idem.	1049	212	221	
Lesquin....	»	994	190	196	Les autres com- munes ont toutes des cures.
Noyelles....	»	330	67	70	
Provin.....	Deûle.	1002	221	226	
Templemars	»	706	132	135	Total du canton : 17,245 habit.
Vendeville..	»	363	64	66	
Wattignies.	»	1579	273	291	

CANTON DE LA BASSÉE,

Distant de Paris de 52 lieues.

La Bassée...	Canal.	2544	522	578	Cure, justice de paix, foires, franc- marché, idem heb- domadaire.
Aubers.....	»	1500	304	328	
Fournes....	»	1459	290	298	
Fromelles..	»	1215	281	292	Cure dans toutes les autres commu- nes.
Hantay	Can.de la B.	457	91	91	
Herlies.....	»	1105	222	241	
Illies	»	1237	261	264	
Marquillies.	»	1081	225	226	Total du canton: 13,517 habit.
Sainghin...	»	1978	392	429	
Salomé	»	710	149	150	
Wicres	»	230	43	49	

13

CANTON D'HAUBOURDIN ,
Distant de 60 lieues de Paris.

NOMS des COMMUNES.	RIVIÈRES et RUISSEAUX.	Population.	Maisons.	Ménages.	ÉTABLISSEMENS PUBLICS.
Haubourdin	Deûle.	1922	396	399	Cure , justice de paix , hospice pour les vieillards et orphelins, commission administrative.
Baucamps :.	»	787	148	156	
Emmerin ..	»	1156	216	227	
Englos	»	339	62	77	
Ennetières ..	»	1698	368	391	
Erquinghem	»	270	49	49	
Escobecque.	»	283	55	62	Les autres communes ont une cure.
Hallennes ..	»	426	87	89	
Ligny	»	142	28	28	
Lomme....	»	1896	369	379	Maison de détention à Loos.
Loos.......	»	1328	248	268	
Le Maisnil..	»	669	137	143	Total du canton : **16,619** habit.
Radinghem.	»	1239	232	239	
Santes......	»	1404	320	329	
Sequedin...	»	541	121	121	
Wavrin	»	2519	498	546	

Total de la population , sans y comprendre la ville de Lille et les communes de ses cantons , **188,500** à **190,000** individus.

TABLEAU *des foires , francs-marchés et mar-*
chés hebdomadaires dans les villes de l'arron-
dissement de Lille.

NOMS des VILLES.	MARCHÉS hebdo-madaires.	FOIRES et grands-marc.	DURÉE	OBJETS QU'ON Y VEND.
Lille	mercredi et samedi.	29 août. 14 décemb.	9 J. 1 J.	Tous les objets et tous les produits de l'industrie française et étrangère.
Armentières.	lundi , vendredi , et samedi. lundi pour les grains.	9 mai. 18 juin. Le 1er lundi de novembr. Franc-marc. le 1er lundi de chaque mois.	1 J. 1 J. 1 J.	Toiles en grande quantité , bestiaux de toute espèce ; blés , graines oléa-gineuses, denrées de toute nature. Légu-mes, fruits, beurre, œufs , le samedi de chaque semaine.
Quesnoy-sur-Deûle.	jeudi.	»	1 J.	Lins , eaux-de-vie de grains, toi-les, etc.
Tourcoing ..	lundi, jeudi et samedi.	25 juillet.	10 J.	Marché aux grains le jeudi. Voyez plus loin.
Roubaix. . . .	mardi, jeudi et samedi .	Le mardi après le 1.er dimanche de septembre. Franc-mar-ché le samedi de 15 en 15 jours.	2 J. 1 J.	Étoffe de coton en immense quantité. Céréales , graines oléagineuses, blé , tabac , légumes , etc.

NOMS des VILLES.	MARCHÉS hebdomadaires.	FOIRES et grands-march.	DURÉE	OBJETS QU'ON Y VEND.
Lannoy.....	mardi, jeudi et samedi.	Le deuxième dimanche d'octobre.	4 J.	Le jeudi pour les grains. Cotons filés, étoffes nommées rases, basins, cotonnettes, couvertures de coton.
Cysoing	mardi et samedi.	Le mardi après l'ascension. Franc-marché le 2.me jeudi de chaque mois.	9 J.	Bestiaux, blés, molleton, basins, étoffes de laine et de coton, etc.
Comines. ...	lundi et jeudi.	Le premier jour de marché après la St-Denis.	1 J.	Cordons en fil de lin, et d'étoupes, en coton et en laine. Fils retors, eaux-de-vie de grains, cuirs, etc.
Linselles....	vendredi.	»	1 J.	Lins, céréales, légumes, fruits, etc.
Seclin..,...	lundi.	Franc-marché le premier lundi de chaque mois.		Légumes, volaille, œufs, beurre, vaches, porcs, fruits, graines, mercerie, etc. Fils retors, lins, laines, cotons filés, étoffes, toiles, etc.
La Bassée ...		Franc-marché le 2.me mardi de chaque mois 19 janvier. 19 avril. 19 juillet. 19 octobre.	2 J. 2 J. 2 J. 2 J.	Blés, colzats, lins. Cotons filés, chandelles très-renommées. Charbons de terre, amidon, briques, cuirs, bestiaux, chevaux, etc.

NOMS des VILLES.	MARCHÉS hebdo-madaires.	FOIRES et grands-march.	DURÉE	OBJETS QU'ON Y VEND.
Lille , supplément au 1er article.	mercredi pour les grains.			Blés de toutes qualités , avoine , fèves , légumes , fleurs , fruits, vête-mens, beurre, œufs, volaille, gibier, pois-son , bœufs, va-ches , veaux , mou-tons, chevaux, char-bon de bois, char-cuterie , fil et lin filé , toiles de toute espèce , ferraille et quincaillerie , plan-tes potagères et d'a-grément , arbustes à fleurs et à fruits.
Faubourg de Paris , Lez - Lille.	tous les jours.	marché aux huiles , à onze heu-res.		Huiles de colzat , d'œillette , de lin , de cameline. Graines oléagi-neuses. Tourteaux de toute espèce.
Tourcoing , suite de l'article pré-cédent.	lundi , jeudi et samedi.	25 juillet.	10 J.	Etoffes de laine en immense quanti-té. Cotons filés , fils retors , chandelles , tapis , laines , cuirs, céréales , lins , grai-nes oléagineuses , bestiaux , étoffes de lin et de coton, toi-les , etc.

De la population et de son mouvement, du 1ᵉʳ jan-
vier au 31 décembre 1828.

NAISSANCES.							
Enfans légitimes.		Enfans naturels reconnus.		Enfans abandonnés.		TOTAL.	Maria-ges.
Mâles.	Femel-les.	Mâles.	Femel-les.	Mâles.	Femel-les.		
4902	4625	390	394	190	180	10681	2075

DÉCÈS.						
Au-des-sous d'un an.	D'un an à 15.	De 15 à 50.	De 50 à 80.	De 80 à 90.	De 90 à 100.	TOTAL.
2238	2025	1712	2119	199	21	8414

La population était au 1.ᵉʳ janvier 1828, de.. 282,352 habit.

Par conséquent le rapport des naissances était
de 1 à . . . . 24 ⁶/₁₀

Le rapport des décès, de 1 à . . . . 33 ⁴⁷/₈₄

Celui des mariages, de 1 à . . . . 136 »

La population s'est accrue cette année de . . 2,267

INFLUENCE DES SAISONS SUR LES DÉCÈS.

ANNÉE 1828.

Janvier	736
Février	807
Mars	855
Avril	820
Mai	671
Juin	631
Juillet	639
Août	635
Septembre	587
Octobre	632
Novembre	717
Décembre	684

TOTAL 8414

MARIAGES.

Entre garçons et filles	1764
Entre veufs et filles	181
Entre garçons et veuves	86
Entre veufs et veuves	44

TOTAL 2075

Au 1.er janvier 1833, la population était de 294,541 indiv.

TABLEAU des naissances, mariages et décès, pendant les années 1828, 29, 30 et 31.

ÉTAT DES INDIVIDUS.	DÉCÈS. Totalité.	MORTS D'UN AGE AVANCÉ		
		de 85 à 90 ans.	de 90 à 95 ans.	de 95 à 100 ans.
ANNÉE 1828. MARIAGES 2,075. NAISSANCES, 10,681.				
Garçons..........	3016	6	3	»
Hommes mariés..	931	5	3	»
Veufs..........	429	25	5	»
Filles..........	2537	9	2	»
Femmes mariées..	861	8	»	»
Veuves..........	640	40	8	»
TOTAL...	8414	93	21	»
ANNÉE 1829. MARIAGES 1,865. NAISSANCES 10,152.				
Garçons..........	3661	4	»	5
Hommes mariés..	1175	16	5	»
Veufs..........	537	39	8	»
Filles..........	3068	13	»	1
Femmes mariées..	924	3	1	»
Veuves..........	864	51	13	4
TOTAL...	10229	126	27	6
ANNÉE 1830. MARIAGES 2,034. NAISSANCES 9,850.				
Garçons..........	3289	8	3	»
Hommes mariés..	1126	9	6	1
Veufs..........	525	36	2	1
Filles..........	2948	6	5	»
Femmes mariées..	940	6	2	»
Veuves..........	850	35	16	»
TOTAL...	9678	100	34	2
ANNÉE 1831. MARIAGES 1,834. NAISSANCES 10,344.				
Garçons..........	3107	3	»	»
Hommes mariés..	999	8	3	1
Veufs..........	474	21	7	1
Filles..........	2877	10	4	»
Femmes mariées..	847	5	1	»
Veuves..........	804	37	12	5
TOTAL...	9108	84	27	7

Du sol et de ses productions.

Le sol se compose de trois sortes de terres : l'argileuse , qui convient à toutes les cultures , la sablonneuse, qui est propre surtout au seigle , et la marneuse , à laquelle l'on confie de préférence les blés, les œillettes et les sainfoins, Cette dernière espèce ne se trouve qu'au Sud-Est de Lille , sur la route de Douai à Lille , et sur la droite de la même route , notamment dans les communes d'Avelin , Lesquin et Lezenne.

La partie de terrain au Sud-Ouest et à l'Ouest, comprise entre la route de Douai à Lille , à gauche , en descendant jusqu'à Armentières, est argileuse et argilo-glaiseuse : la glaise se trouve principalement dans les communes boisées des environs de Mons — en — Pévèle et de Phalempin : elle se trouve aussi plus ou moins dans quelques autres communes : les environs de la Deûle sont marécageux. Au nord de Lille , le terrain est argilo-sablonneux et glaiseux, et se soutient alternativement ainsi au Nord - Ouest , du côté de Comines, Wervick, Menin ; et argileux au Nord-Est dans la partie de Tourcoing , Roubaix et Lannoy.

Le sol marneux est le plus rare : le sablonneux ne se prononce que dans quelques parties
du Nord et du Nord-Ouest. La majorité du
terroir de l'arrondissement de Lille est composée d'une argile plus ou moins mélangée de
sable. Les sols de cette nature étant les plus
favorables à la végétation, les causes de la
fertilité de cette contrée seront facilement
saisies.

Dans les parties marneuses la couche de terre
végétale n'a que sept à huit pouces d'épaisseur.
Au-dessous se trouve la marne ; l'eau s'infil-
trant facilement dans ses couches, elle craint
les grandes sècheresses. Dans les parties glai-
seuses, la couche végétale varie depuis un jusqu'à deux pieds d'épaisseur. Elle retiendrait son
eau à la surface d'une manière nuisible, si le
cultivateur n'avait soin de pratiquer beaucoup
de fossés dans ses champs.

Les terrains argileux et argilo-sablonneux ont
depuis un pied et demi jusqu'à deux pieds et
demi de couche végétale ; l'eau s'y infiltre assez
facilement, surtout dans les plus profondes :
les fortes gelées leur sont avantageuses, et donnent lieu dans la suite à de bonnes récoltes. Une
sècheresse modérée contribue aussi à la fertilité de ces terres.

Les plantes céréales cultivées dans la plaine de l'arrondissement de Lille sont le blé barbu (*triticum compositum*), le non barbu (*triticum sativum*), le blé de mars (*triticum œstivum*), qui conviennent à toutes sortes de terres et y sont de bonne qualité.

Le méteil , le seigle (*secale cereale*), l'orge d'hiver (*soucrion* dans le pays), (*hordeum hexastichon*), orge d'été (*hordeum æstivale*), l'avoine (*avena sativa*), y croissent en abondance.

Le sarrasin , ou blé noir, la palmelle , s'y trouvent aussi.

Les plantes légumineuses , tels que les pois (*pisum sativum*) , les haricots (*phaseolus nanus et vulgaris*) , les vesces (*vicia sativa*) , les fèves (*faba vulgaris*), les pommes de terre (*solanum tuberosum*) , les navets (*brassica napus*) , la carotte (*daucus carota*) , la betterave (*beta cycla*) , le grand chou (*brassica oleracea*) etc , etc, sont très-répandus.

Parmi les plantes oléagineuses , on cultive la navette (*brassica asperifolia*) , le colzat (*brassica oleracea*) , l'œillette ou pavot (*papaver somniferum*) , la cameline (*myagrum sativum*). Le lin et le chanvre sont aussi beaucoup cultivés pour leur précieux fil ; etc, etc.

La chicorée sauvage, le panais, la scorsonère, le radis, la rave, les bulbes de diverses espèces, les plantes d'assaisonnement et tous les légumes herbacés, l'artichaut, l'oseille, les choux, les choux-fleurs, les asperges, sont très-répandus.

Mode de culture.

La culture des terres se fait à bras dans la plus grande partie de l'arrondissement par suite de la division des propriétés, et du nombre considérable de petits propriétaires, qui n'ont ni chevaux, ni charrue, ni assez d'aisance pour payer les secours des grands cultivateurs. Ils se servent du hoyau, du louchet: on en voit s'atteler à de petites charrues, à des herses.

La culture à bras est aussi le complément essentiel de la culture à la charrue ; la bêche ou louchet est employée pour labourer les bouts de champ que le fer de la charrue ne peut pas atteindre, pour approfondir les fossés et rigoles destinés à dessécher le terrain, et surtout pour ce que l'on nomme le *palotage* et le *ruotage*, deux opérations qui distinguent la culture de ce pays, et contribuent d'une manière efficace à la fertilité des terres.

On se sert de charrue de plusieurs formes ; et susceptible de tracer des sillons plus ou moins profonds. Le nombre des bêtes de trait employées à la charrue est ordinairement de deux.

Les engrais sont les fumiers de ferme et ceux qu'on ramasse dans les villes , les eaux sures d'amidon , la gadoue , les tourteaux , etc , etc.

Arbres forestiers.

La forêt de Phalempin , qui contient 725 hectares , produit le chêne, le hêtre , le frêne , le bois-blanc , le charme , l'aune , l'orme gros et ordinaire , celui à petites feuilles , le bouleau , le châtaignier (rare), le peuplier noir , le peuplier blanc , le peuplier d'Italie , le tremble , le platane , le poirier , le pommier et le prunier sauvage ; le mérisier ou cerisier sauvage ; le sapin , mais très-rare.

Tous ces arbres , à l'exception du chêne , forment encore de riches plantations dans les communes , ainsi que le long des chemins et des propriétés. On voit aussi le néflier , le buis , le cornouiller.

La société centrale d'agriculture , séant à Douai , a publié dans ses mémoires de 1826 , des renseignemens sur les arbres de haute-futaie qui conviennent le mieux à chaque nature de terrain , et qui méritent la préférence à cause de la qualité de leur bois , de la rapidité de leur croissance , et surtout du parti avantageux que l'on peut en tirer. Je crois utile de les reproduire ici :

Bois blanc à grandes feuilles anguleuses. Partout , mais mieux en bonne terre grasse , humide ; bords des chemins , des bois , des prairies , des marais , des fossés.

Bois blanc à feuilles moyennes. Terrain idem ; vient mieux que le précédent en argile glaise , jaune ou bleue , terre forte. Ses racines améliorent les mauvais chemins.

Châtaignier. Partout ; mieux en terrain sablonneux , sec ou humide.

Chêne commun , le blanc , le rouge. Partout ; mais ceux qui sont en terrain humide ont le bois moins dur et l'intérieur vicié.

Frêne commun. Terrain humide ; bords des fossés , des ruisseaux , des rivières , des chemins ; les racines traçantes nuisent aux environs , affermissent les rives.

Hêtre commun des forêts. Terrain sablonneux ; pentes des monts et collines.

Mélèze (pinus larix). Partout ; peu importe le terrain , il croît vite.

Orme à bois dur , à petites feuilles ; orme pyramidal , dit écaillard. Terrain gras et humide ; bon bois pour ailes de moulin.

Orme à bois dur , dit montant , à petites

feuilles. Terrain gras et humide ; contour des habitations ; excellent bois pour ailes de moulins à vent.

Orme à bois dur , à larges feuilles , dit montant rouge. Presque partout , mais mieux en terrain gras et humide ; contours des fermes et habitations , bords des chemins, pentes de monts sablonneux.

Orme à bois tendre , dit hollandais. Terrain médiocre , fort ou léger , mais pas humide ; bords des chemins larges et des grandes routes.

Orme à bois tendre , dit hollandais , à larges feuilles , dit rouge maillé , réussit en terrain mauvais , comme glaise et terre à potier , où l'orme hollandais languirait ; mais il est sujet à perdre sa sève par des écoulemens au tronc , et il exige plus de soins que les autres arbres pour l'élagage. Il croît fort vite.

Peuplier noir, dit du Canada. Partout ; réussit dans les plus mauvais terrains où les autres arbres languiraient ; bords des chemins, des fossés , des ruisseaux , des rivières.

Platane d'Orient. Partout ; mieux en terrain gras , un peu humide.

Pin d'Ecosse. Partout ; mieux en terrain sec et sablonneux.

Pin de Veymont. Idem , idem.

Sapin commun, dit épices. Idem, idem.

Sapin argenté des Alpes. Idem, idem.

Saule commun. Terrain gras et humide ; bords des ruisseaux, des fossés, des prairies, des marais, des terrains inondés, des chemins.

On ne compte pas parmi les plantations utiles, l'orme *tortillard*, le *peuplier d'Italie*, le *peuplier commun* ou *jaune*, le *bois blanc à petites feuilles*, l'*érable sycomore* et le *tilleul*, parce que leur bois n'est point de bonne qualité.

La plantation des routes et des chemins publics est prescrite par des actes du gouvernement et de l'administration, et il serait à désirer que partout on exécutât cette disposition, conçue à la fois dans l'intérêt public et dans l'intérêt des communes et des propriétaires riverains. D'un autre côté, il existe dans l'arrondissement de Lille et dans le département du Nord, des marais, des bruyères et quelques terrains arides qui, par des plantations sagement appropriées à la nature du sol, embelliraient nos champs, protégeraient les récoltes, adouciraient la température, et nous affranchiraient de cette pénurie fâcheuse, qui déjà, pour les bois de construction, nous rend tributaires de l'étranger.

Arbres fruitiers.

Les pommiers, les poiriers, les pruniers, les cerisiers, les abricotiers, les pêchers, les gro-seillers noirs, rouges et blancs, les noyers. Tous ces arbustes ont des variétés nombreuses, que le talent et le courage des Horticulteurs vient encore augmenter chaque année ; j'en cite-rai quelques-unes.

Pommiers. Rambours-francs, calvilles d'été et d'hiver ; court-pendus, rosats, reinette d'Angleterre, pomme de paradis, pomme d'api, pomme-poire, reinette-franche, bon-pommier, fenouillet, etc. , etc.

Poiriers. Poire Saint-Jean, muscat-Robert, gros-blanquet, bon-chrétien d'été et d'hiver, beurré-blanc, beurré-musqué, beurré-gris, beurré-d'Ardempont, rousselet de Rheims, bergamotte, poire au soleil, Saint-Laurent, Crassane, Colmar, passe-Colmar, gros rous-selet, Angélique de Bordeaux, calebasse, man-suète, marquise-dame, Bési-Chaumontel, et quantité de variétés découvertes depuis vingt ans. Le cognassier obtient la préférence pour la greffe en fente des espaliers et des pyramides.

Pruniers. Prune-Monsieur hâtive, mirabelle, perdrigon-blanc, reine-claude, prune d'abri-cot, etc.

14

Cerisiers. Cerise commune à fruits ronds, cerise d'Angleterre, gros - gobet ou courte-queue, cerise d'Espagne, de Montmorency, la cacogne noire et blanche.

Péchers et abricotiers. Avant-pêche blanche et rouge ; petite-mignonne, alberge-rouge, pêche d'Angoumois, pourprée-hâtive ; têton de Vénus, Madeleine, pêche du Quesnoy, etc. Il y a peu de variétés parmi les abricotiers.

La vigne est cultivée en treille, et donne d'assez bon raisin lorsque l'automne est favorable à sa maturité.

Les innombrables plantes qui embellissent les jardins sont connues de trop de personnes pour que j'en fasse ici la longue énumération.

§ 2. CONSTITUTION PHYSIQUE, MANIÈRE DE VIVRE, CARACTÈRE, MŒURS, INSTRUCTION, PRÉJUGÉS DES HABITANS.

L'habitant des campagnes de l'arrondissement de Lille est d'une stature le plus communément au-dessus de l'ordinaire. Son physique présente généralement un embonpoint qui devient plus sensible à mesure que l'on s'avance vers le Nord et le midi de la Belgique. Les hommes sont généralement bien faits ; ils sont mieux de figure que les femmes : celles-ci ont plus de régularité que de grâces et de finesse dans les traits.

Le pain, les légumes de toute espèce, mais particulièrement les pommes de terre, le laitage, la viande salée, la viande fraîche, les œufs, le fromage, forment le fond de la nourriture. La bierre, le café et l'eau-de-vie, sont d'un usage journalier.

Exacts à la messe et au sermon, mais d'une exactitude plus scrupuleuse encore au cabaret, les campagnards sont enclins à la boisson. La journée du dimanche est passée au cabaret, au tir à l'arc, à l'arbalète, en combats avec les compagnies des villages voisins, où viennent se réunir les femmes et les filles, pour se livrer au milieu d'une atmosphère étouffante de fumée de tabac, au plaisir de la danse et à des orgies dans lesquelles la décence et les mœurs ne sont pas toujours respectées.

L'abus des liqueurs fortes et de la bierre les rend lourds et apathiques ; l'estomac est chez eux dans un état continuel de malaise et d'irritation permanente, entretenue par une nourriture débilitante et indigeste (du moins chez les journaliers, et c'est le plus grand nombre), composée de lait de beurre, de pain grossier, de pommes de terre et de café très-faible. L'influence des habitations basses et malsaines, l'air chargé des émanations des matières végétales et

animales en putréfaction dans les parties maré-
cageuses, tout concourt à alimenter l'humeur
phlegmatique de ces hommes qui , malgré leur
naturel froid et réservé, sont pourtant fortement portés aux divertissemens et à tous les
jeux qui donnent le plus d'exercice au corps.

Attachés par tradition , par habitude , aux
pratiques religieuses du culte catholique romain,
ils sont surtout très-enclins aux minuties dévo-
tieuses. Il est peu de villages qui n'aient leur
saint miraculeux guérissant tous les maux ima-
ginables. Les revenans et les sorciers sont aussi
en grande vénération: ces derniers sont toujours prêts, moyennant salaire , à exorciser, à
se charger des vengeances d'autrui , à faire
retrouver des objets perdus , du vol ou du
récèlement desquels ils sont complices; enfin
à commettre toutes sortes de crimes. Cette
croyance aux sorciers et aux revenans est plus
générale à mesure que l'on s'avance vers le
Nord.

Avec ses usages et ses préjugés , le paysan de
l'arrondissement de Lille sait allier des mœurs
douces et pacifiques à une teinte de rudesse qui
paraît tenir au sol , être inhérente à son caractère : il ne faut pas croire, au reste, que ce tableau
moral soit sans nuances ; il en reçoit quelques-
unes des localités. Ainsi l'humeur phlegmatique

s'altère, se modifie à mesure que l'on s'avance du Nord vers le midi, et je pourrais rendre cette remarque plus frappante si je m'occupais du département du Nord tout entier.

Au milieu de cette population se dessine largement et avantageusement une classe d'hommes très-remarquables : je veux parler des laboureurs, des fermiers proprement dits. C'est à eux qu'est dévolu le soin de remuer la terre, de confier les germes et les graines à sa fécondité, de récolter et de préparer les fruits, d'élever les bestiaux et de fournir à la consommation des villes tout ce que commandent les besoins réels ou factices. Les poètes ont chanté les travaux agricoles ; les philosophes ont appelé sur les campagnes l'attention et la bienveillance des gouvernemens ; les médecins seuls paraissent être restés en arrière sur l'amélioration de la santé des cultivateurs. Lorsque tant de livres ont été publiés sur la santé des artisans, des soldats, des marins, des gens de lettres, quelques pages seulement ont été consacrées à ces hommes utiles par-dessus tout. Cette tâche sera sans doute un jour remplie ; mais cela n'empêche point que j'indique en attendant quelles sont les circonstances favorables ou nuisibles à la santé des cultivateurs de la contrée,

et que je signale l'influence que ces circonstances exercent sur la cause, la marche et le traitement de leurs maladies.

Le fermier est accoutumé de bonne heure à
une vie active; il passe ses journées dans les
champs : ses puissances musculaires acquièrent
un grand développement; l'habitude de combattre contre les intempéries le met à même
de braver impunément leurs atteintes. Tout ali-
ment lui convient et suffit pour alimenter ses
organes. Une activité infatigable le tient en
haleine durant le jour; un sommeil tranquille,
doux, réparateur, remplit pour lui les heures
de la nuit. Son cerveau, rarement excité, ne
concentre pas sur lui les forces organiques;
celles-ci restent à la disposition de son estomac
ou des organes musculaires, en vertu des lois
vitales qui les déplacent, les portent ou les ramè-
nent vers l'organe le plus fortement où le plus
habituellement excité.

Le fermier est économe d'idées et de réflexions : on voit se répéter sans effort dans son
esprit, et se reproduire dans le même ordre,
le petit nombre de choses dont il est occupé.
Etranger à l'ambition des hommes, à l'amour
des distinctions, il ignore les intrigues nécessaires pour y parvenir. Tous ses vœux sont

pour une saison favorable, ou pour une abondante récolte. Ces vœux sont aussi ceux de ses
voisins ; il peut les exprimer avec confiance, les
communiquer avec abandon. Tout ce qui l'entoure veut comme lui, pense comme lui, et se
prête aisément à ses volontés. Ses domestiques
sont ses égaux ; ses enfans le suivent aux champs
et partagent tous ses travaux ; sa femme est uniquement occupée de lui, des enfans et du ménage ; le gouvernement de sa maison n'éprouve
ni embarras ni contradiction, les ressorts de
cette petite administration jouent avec aisance
et facilité.

La sensibilité morale, peu active ou peu exercée, s'élève difficilement chez lui au degré qui
fait compatir aux maux de ses amis ou de ses
proches, et moins encore à celui qui, rendant
communs les maux de l'humanité, établit entre
tous les malheureux une étroite sympathie : c'est
dire qu'il est égoïste. Constamment étranger à
tout sentiment né de l'exercice habituel de la
sensibilité ou de l'exaltation de l'imagination,
l'amour moral, ses tourmens, ses transports,
ses douceurs, lui sont inconnus. L'amour, pour
lui, est tout entier renfermé dans l'instinct
donné par la nature, pour le porter à la reproduction de son semblable.

Les occupations de la campagne se succèdent et se renouvellent sans cesse ; toutes commandent le mouvement, nécessitent l'exercice des muscles, et leur donnent une activité suffisante.

Plus bas se trouve la classe ouvrière , le peuple des campagnes proprement dit : ignorant, envieux, démoralisé, imbu des préjugés vulgaires des villages et des vices des grandes villes. Plus haut, à l'extrémité supérieure de l'échelle sociale, se trouvent les grands propriétaires , dirigeant eux-mêmes l'exploitation de 75 à 100 hectares de terre. Alliant avec un rare avantage, les mœurs patriarcales et l'aménité de leurs ancêtres, aux connaissances acquises et au savoir vivre qui ne s'acquièrent que dans la bonne société, ces riches fermiers sont vraiment la providence des malheureux. Il y a toujours, chez ces hommes estimables, du pain disposé et de la paille fraîche dans la grange, pour les infortunés qui manquent de nourriture et de logement.

Si l'habitant de l'arrondissement de Lille est enclin aux excès de bierre et de liqueurs fortes, le fermier ne fait point exception à la règle, et cette passion funeste est commune à tout le monde : le fermier, le domestique , le journalier, le pauvre, le riche, aiment la bierre et l'eau-de-vie avec passion , et presque tous en prennent à l'excès. Quand ces excès dégénèrent en habitude, ils deviennent cause de beaucoup de maladies , et principalement d'hydropisies presque toujours mortelles.

Ces excès proprement dits sont pour ainsi dire les seuls dont ils contractent l'habitude : leurs mets , toujours uniformes , sont dépouillés des préparations habiles qui rendent la table des riches citadins si propre à faire illusion sur la quantité , et à conduire , par une séduisante variété , à un abus si souvent nuisible. Toutefois ce régime , qui peut jusqu'à certain point contrebalancer les effets de la boisson , et le concours des circonstances favorables à la santé , ne sont pas toujours une barrière suffisante contre l'invasion des maladies et les atteintes des infirmités. L'air ordinairement si pur des campagnes se charge quelquefois de miasmes contagieux ou délétères. Des maladies épidémiques se propagent , des maladies endémiques ravagent annuellement quelques hameaux ou villages placés sur des terrains insalubres. Il est aussi des circonstances inhérentes à la profession du cultivateur, à ses travaux , qui le disposent plus particulièrement à certaines maladies aiguës ou chroniques.

Ainsi , les coups de soleil , les inflammations

des méninges se rencontrent fréquemment chez les ouvriers occupés à faucher les foins ou à moissonner les blés. Ceux qui sont employés à bêcher la terre, ou au labourage en grand, se trouvent plus exposés aux suppressions de sueur, à toutes les irritations ou inflammations des membranes muqueuses pulmonaires, gastriques ou intestinales, toujours faciles à s'effectuer dans ces circonstances. Le printemps favorise plus particulièrement ces phlegmasies, parce que la saison plus inconstante fait succéder des vents froids ou des pluies abondantes, à des chaleurs quelquefois excessives. D'ailleurs, les cultivateurs ont passé l'hiver dans une espèce d'inaction rendue nécessaire par les pluies, les neiges et les gelées. De là est souvent née une disposition aux maladies inflammatoires; fortifiée ensuite par les variations fréquentes de la température. Ces modifications qui arrivent dans l'économie déterminent non seulement des phlegmasies des membranes, mais aussi celles des muscles et des enveloppes articulaires. Les rhumatismes aigus sont alors fréquens ; ils sont, aux approches de l'automne, remplacés par des diarrhées très-meurtrières.

Alors aussi arrivent les fièvres intermittentes avec les types divers, et souvent le caractère pernicieux qui les distingue. Les embarras du foie , de la rate , suivent souvent et prolongent ces fièvres automnales difficiles à guérir. Ces fièvres donnent souvent naissance à des hydropisies presque toujours incurables , lorsque les engorgemens du foie et de la rate sont considérables cu qu'ils se rencontrent chez des sujets habitués aux excès.

Les affections rhumatismales marquées au printemps par un caractère inflammatoire, affectent dans l'automne une marche chronique , et se manifestent par des douleurs vagues ; ces douleurs se fixent rarement sur une partie , se déplacent avec facilité, affectent différens organes , quittent les muscles et les membranes pour se porter sur la tête , la poitrine , l'estomac , les intestins , et se reproduisent sous différentes formes. Ces déplacemens continuels peuvent , en attaquant les poumons , produire l'asthme , la phthisie , et surtout des toux rebelles et opiniâtres , des catarrhes pulmonaires chroniques.

Revenons une dernière fois au campagnard , au paysan de l'arrondissement de Lille , aux affections spéciales auxquelles il est exposé , à ses préjugés , à son éducation morale et religieuse.

Les hernies sont fréquentes chez ces individus. Parmi les ouvriers et les pauvres, le défaut de linge, la malpropreté, la facilité des contacts engendrent des maladies de la peau. On observe encore beaucoup d'ulcères aux jambes, compliqués de varices, ou entretenus par une affection dartreuse.

La nature a multiplié dans les campagnes les ressources propres à conserver la santé ; mais l'ignorance et les préjugés en font négliger le soin, et en rendent le retour plus difficile. Il y a long-temps que le bien public réclame une bonne loi sur l'exercice de l'art de guérir. Les jurys qui s'assemblent tous les ans inondent les campagnes d'une foule de gens sans éducation, sans moyens et sans talens : malheureusement le mal n'est pas près de finir.

Le campagnard invoque et accepte les secours de l'art dans les maladies aiguës ; il veut guérir promptement, et s'accommode peu des sages lenteurs d'une médecine expectante. Des saignées, des émétiques, des purgatifs, des tisanes chargées d'un très-grand nombre de plantes, des remèdes dont l'action soit prompte, sont de son goût. Ennemi d'une diète sévère, il se croit exempt de danger, pourvu qu'à force d'efforts et d'excitation il puisse prendre des alimens pour ce qu'il appelle se fortifier.

Avant d'appeler les secours de l'art, il cherche
à provoquer la sueur, persuadé que sa suppression a , comme il arrive en effet souvent, déterminé la maladie ; il cherche à la rappeler en
épuisant tous les moyens et recettes dont l'usage
est familier dans le pays : si ces sueurs inutilement provoquées et péniblement amenées n'arrê-
tent pas la maladie ; si le dégoût pour les alimens augmente , la maladie est déclarée grave
dans le conseil des commères assemblées. L'officier de santé est mandé ; d'un commun accord
il est déclaré très-habile, si , donnant sans ter-
giverser un , ou mieux encore plusieurs noms
à la maladie, il administre promptement des
médicamens , dont l'effet évident atteste à tous
les yeux la bonté du remède et l'excellence de
l'indication. Les paysans , difficiles à soigner
dans les maladies aiguës , le sont bien davantage
dans les maladies chroniques : celles-ci proviennent presque toujours de maladies négli-
gées ou mal traitées. La convalescence de celles qui existaient à l'état aigu se prolonge , les
rechutes se multiplient , l'affection primitive ou
secondaire de l'organe malade étend ou continue ses ravages , et les langueurs de la maladie
chronique succèdent à la violence des symptômes aigus. L'ennui, le découragement s'em-

parent du malade , la confiance dans la médecine l'abandonne , ou du moins il repousse les
remèdes que l'art lui présente. Les recettes de
l'empirisme , les secrets des charlatans , tout lui
est offert avec promesse de guérison , et satisfait tour-à-tour son aveugle crédulité. Il accepte
avec avidité , pratique avec confiance , suit scru-
puleusement les conseils donnés par des personnes étrangères à l'art de guérir. Les remèdes les
plus absurdes et les plus dégoûtans sont reçus
avec reconnaissance , s'ils portent le cachet de
la nouveauté , et surtout s'ils arrivent sans frais
et sans dépenses. Le médecin n'est plus appelé ,
et s'il vient encore par habitude ou par bien-
séance , il se trouve le seul dont les conseils
soient suspects , et les avis repoussés. Dans ces
circonstances , les malheureux ne sachant à qui
parler , envoient consulter des fripons connus
sous la dénomination de *médecins aux urines* ,
et dont quelques-uns , reçus docteurs en médecine, ne rougissent pas de compromettre l'honneur de leur profession par un charlatanisme
éhonté.

Si l'affection chronique est rangée parmi les
névroses , ou présente quelque phénomène
extraordinaire, elle n'est pas long-temps considérée comme étant du ressort de la médecine ;
elle n'est plus même sous la dépendance des mé-

dicamens ; la maladie est évidemment l'ouvrage des sorciers : dès-lors elle ne peut être guérie que par les devins. Quelques-uns cependant ne croient ni aux devins ni aux sorciers : ceux-là placent toute leur confiance dans les prières démandées et payées à l'Eglise. Cette confiance s'attache le plus souvent à des pélerinages , des vœux , des pratiques , reste de l'alliance du paganisme et des superstitions des temps barbares , désavoués par la vraie religion.

S'il est vrai que les connaissances acquises font le bonheur de l'homme , s'il est vrai que l'instruction en l'éloignant des vices qui le dé-gradent, en le formant à la pratique des vertus contribue puissamment à améliorer sa constitu-tion physique en l'amenant insensiblement à renoncer aux mauvaises habitudes et aux excès qui altèrent sa santé , le campagnard de l'ar-rondissement de Lille attendra encore long-temps ces avantages. L'instruction primaire de-mande de grandes améliorations : c'est aux fonctionnaires qui occupent les sommités de l'ad-ministration à connaître les abus et à les réfor-mer (1). L'ensemble des moyens les plus propres

---

(1) J'écrivais ceci en 1831 : Aujourd'hui la loi sur l'in-struction primaire, que vient de nous donner le pouvoir lé-gislatif , est un des plus grands bienfaits du gouvernement

à inspirer aux enfans des sentimens nobles et généreux, à donner à leur corps une force et une agilité considérable, doit fixer l'attention, actuellement surtout que l'on s'occupe du per-

représentatif. Des écoles primaires vont être instituées dans toutes les communes susceptibles d'en recevoir ; celles dont la population n'est pas assez considérable, seront réunies à plusieurs, pour former une classe d'élèves ; enfin, les trois grands principes d'amélioration sociale vont être mis en pratique : la prière, l'instruction et l'amour du travail.

Il paraît certain que l'enseignement mutuel sera celui qu'on mettra en usage et en effet, il mérite sous tous les rapports la préférence sur toute autre méthode. Cet enseignement, que fort peu de personnes connaissent, a pour détracteurs les perruques de l'ancien régime, les ennemis de l'instruction populaire, les maîtres d'école et surtout les maîtres de pension de village, qu'un mauvais plaisant a qualifiés d'une épithéte trop burlesque pour que je la rapporte ici.

Long-temps encore l'orgueil inséparable de l'aristocratie de fortune, empêchera les gens riches d'envoyer leurs enfans à l'école mutuelle communale. Ils se persuaderaient cependant que l'ordre, le silence et la propreté règnent dans ces établissemens, s'ils voulaient se donner la peine de les visiter, tandis qu'il n'en est pas ainsi dans beaucoup de pensionnats. Dans une école d'enseignement mutuel bien dirigée, un élève peut, en deux années, savoir parfaitement lire, écrire (les écritures ronde, bâtarde et cursive), la grammaire analysée, l'orthographe théorique et pratique, les élémens du calcul, l'arithmétique jusqu'à

fectionnement de nos institutions, l'attention de
ceux qui font du bonheur des hommes, l'objet
de leurs méditations.

---

la division, les premières notions de géographie et d'histoire. Une troisième année lui apprendra, pour l'arithmétique, les proportions, les règles de trois et de société ;
pour les sciences exactes, les premières notions de géomé-
trie, le dessin linéaire, l'arpentage, le toisé et le levé des
plans. De plus, il acquerra des connaissances assez étendues
dans les sciences physiques, l'histoire naturelle, la géographie et l'histoire générale, la géographie et l'histoire de
France, etc. Dans une école d'enseignement mutuel bien
tenue, les élèves ne sont pas 180 jours par an à ne rien
faire (1) ; on ne les met pas à contribution à la fête du professeur, pour lui faire des cadeaux, qui doivent répugner
à la délicatesse d'un homme qui se respecte ; etc, etc.
Voilà ce que devraient savoir les personnes qui disent
que les écoles mutuelles sont des écoles de pauvres, où l'on
n'apprend rien, voilà ce qu'il est nécessaire de porter à la
connaissance des familles.

---

(1) Dimanches 52. — Jeudis 26. — Vacances 40. — Vacances de
Pâques 10. — Vacances de nouvel an 15. — Fête du professeur 5. —
Reddition des prix, préparatifs 5. — Promenades hygiéniques 22. —
Ducasses 6. — Total 181 jours. *Avis aux Parens.*

Chapitre II.

REMARQUES GÉNÉRALES ET PARTICULIÈ-RES SUR LES CHEFS-LIEUX DE CANTON DE L'ARRONDISSEMENT DE LILLE.

§ 1.er ARMENTIÈRES.

La ville d'Armentières , fondée vers 850 , est très-commerçante. Elle était autrefois renom-mée par ses fabriques de différentes étoffes : ses *étamettes* et ses *quatre-couleurs*, furent long-temps recherchées dans l'Italie et dans le Levant. Continuellement saccagée par les guer-res , les incendies , elle eut infiniment à souf-frir jusqu'à Charles-Quint , qui après l'avoir fortifiée , avait essayé d'y faire fleurir le com-merce en lui créant des priviléges par ses lettres-patentes du 16 mai 1550 ; mais le coup fu-neste était porté à son industrie et à son com-merce , ainsi qu'à celui de toutes les villes de la Flandre. L'intolérance avait armé son bras ; les fabricans de draperies , presque tous cal-

vinistes , qui faisaient la prospérité de la Flandre , s'enfuirent de toutes parts vers l'Allemagne et l'Angleterre , qu'ils enrichirent. Pendant
que le sage édit de Nantes couvrait les protes-
tans de la France de son égide protectrice ,
leurs malheureux frères étaient persécutés ,
chassés et poursuivis dans toute la Flandre alors
soumise à la domination espagnole. En 1565 ,
Philippe II met l'inquisition en vigueur , et les
cachots , les fers et les bûchers vinrent tarir
dans la Flandre la source des richesses. Jean-
François le Petit , greffier de Béthune , dans
son ouvrage imprimé en 1601 , porte à plus
de cent mille le nombre d'hommes qui se sont
expatriés , et il cite particulièrement Armentières « comme une ville dont la draperie avait
grande réputation. »

Les conquêtes de Louis XIV , en rattachant
la Flandre à la France , pouvaient raviver les
sources précieuses que le fanatisme et l'intolérance avaient taries. Il ne fallait que promettre
aux exilés le repos sur leur terre natale , pour
qu'ils vinssent de nouveau la féconder, l'enrichir
de leurs travaux ; mais Colbert , beaucoup trop
vanté , fit décider par le conseil d'état que les
nationaux qui professaient le calvinisme seraient
exclus de tout commerce, fabriques ou manu-

factures ; c'est ainsi que l'on ferma pour toujours aux exilés le retour dans la patrie.

Cependant, malgré les rois fanatiques et leurs
indignes ministres, le commerce et l'industrie
ne restèrent pas long-temps éloignés d'Armentières. Aujourd'hui cette ville est dans un état
prospère : elle fait un grand commerce de toiles
et de linge de table, de dentelles, de toiles à
matelas ; son marché aux grains est l'un des
plus suivis du département.

QUESNOY—SUR—DEULE.

Ce bourg n'offre rien de particulier dans
son origine ni dans sa position, mais à une
lieue de là, en suivant le cours de la Lys, se
trouve la jolie petite ville de Comines, divisée par cette rivière, et dont la moitié fait
partie de la Belgique. Il s'y faisait autrefois un
grand commerce de draperies et d'étoffes légères. Aujourd'hui on s'y occupe principalement de la fabrication et du commerce des
toiles. Comines était déjà considérable, dit-
on, en 303, lorsque St.-Chrysole, émule de
St.-Denis, vint y déposer sa tête qu'on lui avait
coupée à Verlinghem, qui en est éloigné de
deux lieues.

C'est la patrie de Philippe de Comines, sage et véridique écrivain et négociateur habile ; Jean Despautère, le grammairien, finit ses jours à Comines en 1520, et y fut enterré dans l'église.

Les écrivains ne paraissent point être d'accord sur Philippe de Comines ; Voltaire, dans son essai sur les mœurs et l'esprit des nations, dit, en parlant de l'assassinat de Jacques d'Armagnac, duc de Némours, que Louis XI lui donna lui-même des juges « parmi lesquels » était ce Philippe de Comines, célèbre traî- » tre, qui, ayant long-temps vendu les se- » crets de la maison de Bourgogne au roi, » passa enfin au service de la France, et dont » on estime les mémoires, quoique écrits avec » toute la retenue d'un courtisan qui craignait » encore de dire la vérité, même après la mort » de Louis XI.

» Les juges ne rougirent point de partager » les biens de celui qu'ils avaient condamné. » Le traître Philippe de Comines, qui avait » trahi le duc de Bourgogne en lâche, et qui » fut l'un des juges du duc de Némours, eut » des terres dans le Tournaisis ».

M. Du Rozoir, professeur d'histoire au collège de Louis-le-Grand, dans une notice sur les historiens de la Flandre, couronnée en 1827 par la société d'émulation de Cambrai, prend chaudement la défense de Philippe de Comines. Selon le professeur lauréat, un homme « prudent, réfléchi, modéré, comme » Philippe de Comines, devait tôt ou tard » se lasser de *servir un maître* tel que Charles » le Téméraire ? Louis XI, malgré son caractère » absolu, était assez disposé à écouter les bons » conseils ; il faisait cas des politiques sages et » réservés ; habile à flatter l'amour-propre de » ses serviteurs, il leur témoignait une sorte de » déférence, même lorsqu'il s'écartait de leurs » avis ; il savait surtout les récompenser. L'im- » pétueux Bourguignon, au contraire, témé- » raire à entreprendre, imprudent à exécuter, » s'irritant des bons conseils, voulait du dé- » vouement dans les autres, et il ignorait l'art » de le faire naître par les mobiles puissans de » la vanité et de l'intérêt personnel ». Ce qui veut dire en français, que le duc de Bourgogne détestait les fourbes et les assassins stipendiés ; que Louis XI les aimait beaucoup, et que sous ce rapport le sire de Comines lui convenait infiniment.

Personne ne conteste au sire de Comines d'avoir été le plus grand politique de son temps, et, en cette qualité, d'avoir rendu de grands services au roi Louis XI; personne ne lui dispute la qualité du meilleur historien de l'époque; mais en lisant le récit des crimes et des cruautés qui marquèrent le règne de Louis XI, on voudrait que Comines, comme le dit fort judicieusement M. Du Rosoir, eût été pour lui un serviteur moins docile et moins dévoué; on voudrait surtout qu'il n'eût point eu si souvent part aux libéralités faites sur les biens des seigneurs proscrits, et qu'enfin celui qu'on a comparé à Tacite, n'eût pas, sous un autre Tibére, siégé parmi les commissaires qui avaient ordre de condamner le duc de Nemours.

TOURCOING.

Lorsque voyageant sur la belle route de Lille à Menin, vous arrivez au *Blanc-Four*, et que vous prenez la route à droite, vous vous dirigez sur Tourcoing, ville singulière, se dessinant à part au milieu de l'arrondissement, et renfermant dans son sein les contrastes les plus frappans.

Les auteurs de l'annuaire de 1830 disent que Thierry d'Alsace, comte de Flandre, dans un diplôme de 1146, donne à l'abbaye de Saint-Germain-des-Prés un revenu de six rasières de froment sur Tourcoing. C'est pour la première fois qu'il est parlé de cette ville dans l'histoire du temps.

La ville de Tourcoing, aujourd'hui si belle, si riche, si industrieuse, essuya de nombreux malheurs dont elle se releva toujours, grâce au courage, à la tenacité de ses habitans; car les Tourquennois sont comme implantés dans le sol qui les a vus naître. Ils ont bien emprunté à leurs voisins le goût des plaisirs et les jouissances du luxe, mais le caractère et le langage sont restés les mêmes, et comme au temps de *Brûle-Maison*, la grammaire et la prononciation y sont estropiées par la presque totalité des habitans.

Pendant la guerre de Louis XI contre Marie de Bourgogne, cette ville avait été fortifiée par les Flamands qui y entretenaient garnison. Elle fut prise en 1477, par les Français, qui la pillèrent et la dévastèrent de fond en comble. Les guerres de religion la livrèrent aux révoltés, et elle fut de nouveau brûlée et pillée en 1566. Deux incendies, l'un en 1607 et l'autre en 1710, vinrent encore dévaster cette cité populeuse et industrieuse. Enfin, pendant les premières campagnes de la révolution française, Tourcoing eut encore beaucoup à souffrir des armées françaises et autrichiennes.

Tourcoing est principalement renommé pour la filature et la *peignerie* de la laine dont il fournit les ateliers d'Amiens et la manufacture des Gobelins.

Un homme de beaucoup d'esprit a dit que Tourcoing était la terre classique de l'ignorance et du fanatisme ; cette assertion peut être vraie pour une grande partie de la population ; mais là comme ailleurs, on rencontre des hommes instruits et amis des arts, et l'on pourrait, sans craindre de se tromper, étendre cette accusation beaucoup plus loin. Consultez les hommes de mérite qui habitent les petites villes de l'arrondissement ; parlez-leur du goût de la population de Tourcoing pour les démonstrations religieuses, et ils vous répondront : C'est tout comme chez nous. Les hommes qui font métier et marchandise de ce que les mortels ont de plus sacré, abondent partout, et les gens du peuple, ignorans par goût, fanatiques par habitude, se livrent aux exercices du culte comme à une autre fonction de la vie. Avec de la probité et de la délicatesse comme le docteur Bartholo, on fait son chemin : pourvu que l'on ne trompe pas ouvertement, cela suffit. On est fripon, médisant, calomniateur, débauché : on assiste régulièrement à la messe, aux offices ; on communie publiquement quatre fois par an ; on porte un flambeau à la procession ; puis , au lit de la mort , on se fait administrer les sacremens , et l'on meurt aussi tranquille qu'un homme ver- tueux. Ainsi va le monde.

Heureusement pour l'honneur de l'humanité que les exceptions sont assez nombreuses , et qu'à Tourcoing comme ailleurs , il existe des personnes religieuses et de bonne foi.

Les Tourquennois , hommes actifs , prudens et habiles commerçans , passent pour les Béo- tiens du département du Nord. Un troubadour de marché et de foire, surnommé *Brûle-Mai- son*, les prit , dans le siècle dernier, pour sujet de ses chansons patoises , et leur donna une grande célébrité de ridicule qui n'est pas encore effacée. Les œuvres de Brûle-Maison ont été recueillies en deux volumes in-32 , sous le titre d'*Etrennes tourquennoises*.

Des vieillards qui ont connu quelques con- temporains de Brûle-Maison , m'ont assuré qu'il n'était que le prête-nom d'un chanoine de Saint-Pierre , de Lille. Le troubadour de place était chargé seulement de chanter et de raconter au peuple, les couplets et les *pasquil- les* que le spirituel chanoine composait entre la bouteille et les offices.

Cette rivale de Tourcoing n'était qu'un faible village au quinzième siècle : elle dut son agrandissement et sa prospérité à une famille illustre qui lui emprunta son nom, y fit bâtir un château, construire des maisons et entoura le tout de fossés et de haies vives. Un hôpital pour douze pauvres infirmes y fut fondé en 1494, par Isabeau, veuve de Jean de Luxembourg : cet établissement possède aujourd'hui un revenu de 24,000 francs, et l'on y entretient 120 vieillards des deux sexes.

On a souvent parlé des progrès de notre industrie dans le Nord ; on a cité les villes de Saint-Quentin et de Lille ; mais c'est à Roubaix qu'on peut se faire une idée de la prodigieuse extension qu'elle a prise. Le bruit des machines, des mécaniques, des moulins vous rompt la tête ; il n'y a de coin si reculé, de grenier, de cave, que l'industrie n'occupe. Avant la révolution, cette ville n'était encore qu'un bourg considérable ; depuis, et surtout depuis 1814, la séparation de la Belgique d'avec la France y a amené un nombre considérable de familles. Des maisons se sont élevées de toutes parts, des rues, des quartiers nouveaux ont été construits, et sa population de 8,000 ames en 1803, est maintenant de 14,000, non compris les ouvriers étrangers, dont le nombre s'élève de 4 à 5 mille.

Toute au commerce, à l'industrie, cette ville est étrangère aux sciences, aux arts et aux lettres. La musique y est cependant en honneur, ainsi qu'à Tourcoing, et l'on est parvenu, malgré les anathèmes du clergé, à y bâtir une salle de spectacle.

Ce qui vaut autant, ce qui vaut peut-être mieux que cela, c'est la construction du canal de la Marque. Ce canal toutefois reste inachevé, et les entrepreneurs semblent reculer devant les difficultés.

Les quatre parties du monde connaissent les étoffes de Roubaix et en font usage; mais il est fâcheux que la concurrence et le bon marché influent sur leur qualité d'une manière si préjudiciable au consommateur.

LANNOY.

Ville très-florissante au douzième siècle, au treizième et au quatorzième, par ses fabriques de pannes, de serges, de camelots, et d'une étoffe nommée *Tripp.* Mais les terreurs, les cachots, les bûchers dont Philippe II couvrit la Flandre , pendant qu'il y exerça sa puissance sanguinaire , dépeuplèrent cette ville habitée en grande partie par des réformés. Les habitans se sauvèrent alors en Angleterre, où leur industrie s'est exilée avec eux. Ce bourg n'offre rien de remarquable que les débris d'un vieux château féodal qui a long-temps appartenu à la famille d'Allery , plus connue sous le nom de Lannoy; quelques chevaliers de cette famille se sont autrefois distingués et ont été élevés à de hauts emplois par les souverains de la Flandre; Lannoy est la patrie de François Raphelingues , collaborateur et beau-fils de Cristophe Plantin ; il occupait une chaire d'hébreu et d'arabe à Leyde , où il mourut en 1597. Il a laissé différens ouvrages.

CYSOING.

Cette commune , qui n'offre rien de bien remarquable que la pyramide élevée à la gloire du plus libertin des rois de France , est pourtant assez ancienne , et compte plusieurs époques mémorables dans l'histoire du pays.

Cysoing existait sous Baudouin , dit Bras-de-fer , premier comte de Flandre , qui épousa Judith , fille de Charles-le-Chauve. Protégé par un château fort , décoré d'une riche abbaye , Cysoing était un endroit considérable au 12ᵉ siècle.

il eut beaucoup à souffrir au temps de la bataille de Bouvines.

Louis XV était campé à Cysoing après la bataille de Fontenoy (11 mai 1745) ; les chanoines de Cysoing élevèrent une pyramide à la gloire de roi *qui vit* gagner la bataille , et qui se serait très-probablement enfui , sans la valeur des soldats et le talent du maréchal de Saxe.

Il n'est nullement parlé de ce brave général sur le monument. Cette pyramide existe encore ; les inscriptions et tous les ornemens en avaient été arrachés par quelques vandales pendant la tourmente révolutionnaire ; mais M. Charvet , dans le superbe jardin duquel elle est maintenant située , les a fait rétablir.

PONT-A-MARCQ.

Ce village n'est rien par lui-même , quoiqu'il soit le chef-lieu du canton qui porte son nom ; mais , en portant ses regards au sud-est , on voit s'élever le *Mons-en-Pévèle* , qui servit de théâtre à la sanglante bataille que Philippe-le-Bel livra , en 1304 , aux Flamands défenseurs de leur liberté. Situé sur la droite de la route de Lille à Douai , il offre au voyageur un coup-d'œil magnifique , lorsque dans l'été les productions de la terre présentent cette variété de couleurs

et de compartimens, résultant de la diversité
des cultures et des ensemencemens. On traverse
pour y arriver le petit village de Mérignies qui
a vu naître en 1629, Gousselaire (Michel),
moine de l'abbaye de Loos, auteur d'une chronique de sa maison qui renferme des faits utiles à l'histoire du pays, et qui se trouvait encore
en 1826 entre les mains de dom Barbet, curé
de Quiévrechain.

Mons–en Pévèle est la patrie de Legroux Jacques, curé de Mons-en-Barœul, auteur d'une vie
des Evêques de Tournai, écrite en latin, qui
commence à St.- Piat, en 303; et finit à Jean de
Lowenstein, encore vivant en 1725. La latinité de l'auteur est coulante et facile ; il jouit à
juste titre d'une réputation de véracité qui n'a
point été contestée.

On traverse en descendant pour arriver à Seclin le village d'Attiches, à la gauche duquel
on peut voir encore les ruines de l'ancien château du Plouy, qui fut un des apanages de
Henri IV, par succession du duc de Vendôme,
On s'arrête avec plaisir au haut du chemin des
loups-pendus pour contempler le riche bassin
agricole qui de ce point se déploie sous les yeux,
et que limitent Martinsart, Watiessart, Seclin
et Phalempin, dont l'horizon reculé est borné

par la vue des monts de Vémy et Saint-Eloi ,
et par ceux de Cassel et des Récollets.

SECLIN.

Jolie petite ville , bien bâtie , et qui commence à devenir commerçante. On ne sait rien sur
son origine ; quelques écrivains font remonter
sa fondation aux premières années de la chrétienté ; ils disent que St.- Piat , patron de la
ville , y fut enterré en 299 ; qu'ayant souffert
le martyre à Tournay , sa tête fut séparée du
corps ; que le saint , l'ayant remise sur ses épau-
les , vint ensuite jusqu'à Seclin où sa tête tomba;
ils vont même jusqu'à tirer de là l'étymologie de
son nom *Seclemum* ou *Seclinium* , ils la trouvent
dans *se inclinavit*. Il paraît que les Saints Martyrs
de ce temps-là , avaient une furieuse propen-
sion à porter leur tête dans les mains. Au reste,
dans cette affaire comme dans bien d'autres , il
n'y a que le premier pas qui coûte.

Dagobert fonda à Seclin un chapitre de chanoines qui a disparu à la révolution ; et Marguerite de Dampierre , comtesse de Flandre , y établit , ce qui valait mieux , un hôpital (1218)
pour les pauvres malades et les voyageurs. Cet
établissement , qui a considérablement augmenté , possède maintenant un revenu de 25, 000 fr.

Les malades y sont parfaitement soignés par des sœurs hospitalières de l'ordre de Saint Augustin, dont le zèle et la charité sont dignes d'éloges.

Seclin fut brûlé par l'armée de Philippe-Auguste, lors de la bataille de Bouvines (27 juillet 1214), et pillé par les troupes de Philippe le Bel, le 19 juin 1297; Charles V y rassembla son armée en 1382, et Philippe le Bon y ouvrit avec les Gantois des conférences qui furent sans succès. En 1566, les Seclinois repoussèrent vaillamment *les gueux*, qui étaient venus pour piller leur église. Ils montrèrent en 1794, un ferme courage devant les Autrichiens. Plusieurs d'entre eux furent tués en défendant leur ville, que les Autrichiens incendiaient. Je ne dirai rien de 1815, ni du passage du duc de Berry.... la France était folle.

L'Eglise de Seclin est fort belle ; la tour est de 1431; le chœur et sa colonnade sont de 1715.

L'autel, simple et d'un fort bon goût, est surmonté d'une belle descente de croix de Vandick. On conserve dans une chapelle latérale, les restes de St.— Piat, trouvés probablement dans le tombeau situé sous le pavé du chœur.

La porte d'entrée du cimetière, devant lequel on passe en allant à Lille, est construite avec assez d'élégance. On lit sur une des faces du mo-

nûment , de mauvais vers de feu M. Dieudonné,
Préfet du département du Nord (1807) , dans
lesquels ce brave homme nous apprend comme
une chose toute nouvelle , que nous vivons pour
mourir.

LA BASSÉE.

Cette ville a appartenu aux châtelains de Lille
qui l'ont fortifiée et embellie. Bauduin de Lille ,
en 1054 , craignant une attaque de la part de
l'empereur Henri III , fit faire un vaste et large
retranchement depuis la mer jusqu'à l'Escaut.
Une partie de ce retranchement existe encore :
Jean , châtelain de Lille , l'ayant fait agrandir ,
en forma en 1271 , le canal de la Bassée à la
Deûle.

Une particularité remarquable que je trouve
dans l'annuaire de MM. Demeunynck et Devaux,
c'est que les villages d'Herlies , Illies , Lorgies
et Marquillies , sont des témoins incontestables
d'une bataille sanglante qui eut lieu sur leur ter-
ritoire , puisque le premier signifie champ de bataille , le deuxième , champ du malheur, le troisième , bornes du champ de malheur , et le quatrième , détruit et mis dans les fers ; mais on
ignore à quelle époque et entre quels peuples se
livra cette bataille. On conjecture que ce fut
avant l'arrivée des Romains dans la Belgique ,

et entre les Ménapiens et les Atrébates. Les premiers, chassés des bords du Rhin, furent obligés de chercher une nouvelle patrie. Ils conquirent le Tournaisis et la châtellenie de Lille, ce qui semble prouvé par la position de Lorgies, placé sur l'extrême frontière du pays des Atrébates.

HAUBOURDIN.

Ce bourg n'est rien par lui-même ; sans industrie, sans commerce, entourés de marais, les habitans se livrent à la culture et à l'amélioration des terres que leur courage arrache à la puissance des eaux. On remarque cependant que les nombreux propriétaires qui sont venus s'y fixer, en ont fait un lieu d'habitation fort agréable, à cela près des inconvéniens signalés dans la petite ville de Picard.

Les maisons sont belles et bien bâties : on remarque le beau jardin de M. Clarisse et celui de M. de Guermanez. L'église est assez belle ; le cimetière bien tenu, et le promeneur s'arrête avec recueillement devant le monument qui renferme les cendres d'un honnête homme, du marquis de Jumilhac, qui sut commander pour les Bourbons sans persécuter personne, et qui fit tout pour soustraire le brave et malheureux Chartran à la fureur des sicaires qui l'ont assassiné en 1816.

A un quart de lieue d'Haubourdin, sur la Deûle, existe une maison de détention, l'abbaye
de Loos, qui, par son importance, mérite une
attention particulière.

Cette maison est située sur la Deûle, au milieu d'un ancien et vaste marais. Elle était avant
la révolution une abbaye de bénédictins, ordre
religieux dans lequel on a toujours compté beaucoup d'hommes instruits.

Aujourd'hui ces lieux de délices et de quiétu-
de, dans lequel des moines frais et vermeils

S'engraissaient d'une molle et sainte oisiveté,

sont transformés en un repaire de voleurs condamnés à des peines plus ou moins afflictives et
infamantes.

J'ai visité cet établissement; M. le directeur
a bien voulu m'accompagner partout, et me le
montrer dans tous ses détails avec une com-
plaisance et une honnêteté toutes particulières.
Voici le résultat de mes observations :

Population.

La maison peut contenir 1550 individus, dont
950 hommes et 600 femmes.

Statistique et Instruction.

Le tableau ci-contre donne connaissance de
l'âge et du degré d'instruction des détenus.

ꓵUMÉRIQUE des détenus existant dans la maison centrale de
degré d'inst[...]

ELIERS.	ENFANS AU DESSOUS DE 16 ANS			DE 16 A 25 ANS.			DE 25 A 40 ANS.			DE 40 A 60 ANS ET AU-DESSUS.			TOTAL par ATELIER.
	Sachant lire.	Sachant lire et écrire.	Ne sachant ni lire ni écrire.	Sachant lire.	Sachant lire et écrire.	Ne sachant ni lire ni écrire.	Sachant lire.	Sachant lire et écrire.	Ne sachant ni lire ni écrire.	Sachant lire.	Sachant lire et écrire.	Ne sachant ni lire ni écrire.	
HOMMES ET GARÇONS.													
entreprise.........	»	»	»	»	»	2	1	»	1	1	»	»	3
abillemens.........	»	»	»	»	»	»	1	»	1	»	»	»	2
coton............	»	»	»	5	10	25	6	17	37	3	8	2	113
le coton (nord)...	»	»	»	3	2	10	3	7	23	2	5	13	68
nu (sud).....	»	»	»	»	2	6	3	11	7	8	1	6	46
ne.........	»	»	»	»	»	»	»	»	8	»	»	»	8
....	»	»	»	»	»	2	»	1	»	»	»	»	3
....	»	»	»	»	»	3	»	1	»	»	»	»	4
de coton.....	»	»	»	»	1	1	14	17	»	1	1	5	39
e coton......	»	»	»	6	22	58	11	17	74	1	5	11	205
calicots......	»	»	»	»	»	»	»	3	»	1	»	»	4
....	»	»	»	»	1	»	1	»	»	»	»	»	4
....	»	»	»	»	1	»	3	1	»	1	»	»	6
....	»	»	»	»	»	»	3	3	»	»	»	»	6
....	»	»	»	»	2	»	3	9	16	»	»	»	28
la maison.........	»	»	»	»	1	9	3	3	7	»	»	22	43
toiles............	»	»	»	»	1	»	1	»	»	»	»	»	2
....	»	»	»	»	1	»	1	»	1	»	3	»	5
t ourdissage de fils...	9	5	34	»	»	36	»	6	7	»	»	»	48
Enfans)..........	»	»	»	»	10	»	6	»	7	»	»	»	59
Hommes)........	»	»	»	»	6	4	»	15	19	»	»	1	45
....	»	»	»	6	5	11	»	»	2	»	»	»	24
rs...........	»	»	»	»	»	»	1	4	»	»	»	»	5
r et éplucheurs de laine	»	»	»	1	2	3	4	3	4	3	3	18	39
lin..........	»	1	2	»	»	6	»	»	2	»	3	»	16
e punitions et cachots.	»	»	»	»	3	»	»	»	»	3	3	»	6
i.......	»	»	8	»	1	9	»	4	6	»	3	11	42
et vieillards.........	»	»	»	»	»	»	10	15	1	10	8	»	44
TOTAUX...........	9	6	44	21	68	187	35	124	259	14	48	102	917

...LE DE DETENTION DE LOOS.

...n centrale de Détention de Loos, à l'époque du premier août 1833, avec leur degré d'instruction.

Page 244.

FEMMES ET FILLES.

ATELIERS	ENFANS AU DESSOUS DE 16 ANS — Sachant lire	Sachant lire et écrire	Ne sachant ni lire ni écrire	DE 16 A 25 ANS — Sachant lire	Sachant lire et écrire	Ne sachant ni lire ni écrire	DE 25 A 40 ANS — Sachant lire	Sachant lire et écrire	Ne sachant ni lire ni écrire	DE 40 A 60 ANS ET AU-DESSUS — Sachant lire	Sachant lire et écrire	Ne sachant ni lire ni écrire	TOTAL par ATELIER
Bureau de l'entreprise	»	»	»	»	»	»	»	»	»	»	1	»	1
Magasin d'habillemens	»	»	»	»	»	»	»	1	»	»	»	1	2
Raccommodages	»	»	»	»	»	»	»	4	4	»	1	6	15
Epluchages de légumes	»	»	»	»	»	»	»	»	10	1	1	2	14
Service de la maison	»	»	»	2	1	1	4	3	7	»	»	2	20
Couture	»	»	»	1	»	3	16	»	8	20	2	75	125
Confection de sarraux	2	1	6	2	4	9	»	4	10	»	»	2	40
Tissage de Calicots	1	»	5	»	3	22	»	2	5	»	»	1	45
Filage de Lin	»	»	»	2	»	»	4	1	»	»	2	67	76
Atelier de punition	»	»	»	»	»	»	»	»	»	»	»	»	»
Infirmières	»	»	»	1	»	»	»	1	1	»	»	»	3
Malades	»	»	1	»	6	»	»	1	9	»	»	4	21
Infirmes	»	»	»	»	»	»	»	»	»	»	»	3	3
TOTAUX	3	1	12	13	14	35	26	16	54	21	7	163	365

(Colonnes de gauche, tableau des hommes, partiellement visible — A 60 ANS ET AU-DESSUS : Sachant lire et écrire / Ne sachant ni lire ni écrire — TOTAL par ATELIER)

Sachant lire et écrire	Ne sachant ni lire ni écrire	TOTAL par ATELIER
»	»	3
»	»	2
8	2	113
5	13	68
6	10	46
»	»	8
»	»	3
»	»	4
1	5	39
5	11	205
»	1	4
»	»	4
1	»	6
»	»	6
»	»	28
»	22	43
»	»	2
3	»	5
»	»	48
»	»	59
»	1	45
»	»	24
»	»	5
3	18	39
3	»	16
»	»	6
3	11	42
10	8	44
48	102	917

RÉCAPITULATION.

Hommes 917

Femmes 365

TOTAL égal à la situation . . . 1282

AINSI

Hommes :
- Sachant lire 79
- Sachant lire et écrire . . 246
- Ne sachant ni l'un ni l'autre 592

} 917

Femmes :
- Sachant lire 63
- Sachant lire et écrire . . 38
- Ne sachant ni l'un ni l'autre 264

} 365

Population au premier août 1833 . . . 1282

Age, Sexe, Crimes et Délits.

Les âges et les sexes ne sont point confondus, mais les prisonniers ne sont pas classés d'après la nature de leurs crimes ou délits. M. Marquet-Vasselot pense que cette classification ne peut jamais amener d'utiles résultats. La seule utile et morale est celle qui résulterait de la conduite et de la moralité des condamnés ; et ici M. le Directeur a raison. Comment, en effet, empêcher un scélérat de corrompre un malheureux, si la conversation, l'intimité même, peut s'établir entre eux. Il est très-aisé de contraindre les détenus au silence dans les dortoirs, aux ateliers, au réfectoire ; mais comment les empêcher de se parler et par conséquent de se corrompre les uns les autres, lorsqu'ils sont réunis dans les cours, aux heures de récréations ? Il est bien évident que la réunion des détenus dans les préaux est le plus grand, le seul obstacle aux améliorations morales ; mais d'un autre côté il est impossible de les priver d'un exercice qui leur est aussi nécessaire que la nourriture et le sommeil. Le seul remède qui puisse être utilement employé est la classification, non pas d'après la nature des délits, mais bien d'après la moralité des condamnés. S'il y a peu ou point d'espoir de *réformer* les prisonniers, il faut empêcher qu'ils ne se corrompent; ce ne sont pas les plus coupables qui sont le plus à craindre, ce sont les plus vicieux. Il faudrait consacrer dans les maisons de détention, un quartier, au ou moins un préau entièrement séparé, aux condamnés que les présidens des tribunaux ou le ministère public signaleraient, dans une note jointe à l'extrait du jugement, comme des êtres dignes de compassion et d'intérêt, et susceptibles d'être ramenés au bien, dont ils ne se sont écartés que poussés par des circonstances que la faiblesse humaine apprécie, lorsque la loi ne peut les admettre pour excuse.

Repas, Nourriture, Régime.

Le dîner a lieu à neuf heures du matin en été, et à dix heures en hiver. Il se compose de soupe aux légumes, de pain, de légumes, riz, pruneaux, etc., en quantité déterminée par le cahier des charges.

Le souper a lieu à quatre heures du soir en été et à trois heures en hiver; il est aussi composé d'après les prescriptions du cahier des charges. Les repas sont toujours variés.

Les détenus ont de la viande tous les jeudis,

les quatre grandes fêtes conservées , et le jour
de la fête du Roi.

La surveillance du régime alimentaire appartient à l'administration , et plus spécialement
à l'inspecteur qui , en cas d'abus, en réfère
au directeur. Cette combinaison du service est
parfaite.

Cantine.

Il existe une cantine dans la maison au compte
de l'entreprise , et qui ne peut être servie que
par des hommes libres ; les prix des denrées
qui s'y débitent sont déterminés d'après la
mercuriale de la commune , légalisée par M. le
Maire. Le tableau du prix est affiché à la vue des
détenus.

On crie beaucoup contre les cantines des maisons de détention ; on les regarde comme la
source de tous les désordres et de la démo-
ralisation des détenus. Je crois qu'on a beaucoup exagéré le mal , qui d'ailleurs n'existe
réellement que lorsque les directeurs le veulent
bien. Dans tous les cas , s'il n'y avait pas de
cantine, il n'y aurait pas de travail dans ces
maisons, et à l'activité qui y règne on verrait
bientôt succéder le découragement et l'inertie.

Je sais bien que les cantines ne sont pas partout ce qu'elles devraient être. S'il n'y a pas

de reproches à faire sur la quantité de vin que l'on permet aux détenus de se procurer (et c'est là le principal), il y en a quelquefois sur la qualité des mets qui leur sont vendus. Dans plusieurs maisons, on tolère le débit de choses beaucoup trop recherchées. Je ne voudrais pas, par exemple, qu'on trouvât à la cantine de la volaille, du café, des liqueurs, etc.

Travail, Salaire.

Les heures de travail varient suivant les saisons, et sont, en général, de 9 à 10 heures par jour. Les prix des journées ou de la main-d'œuvre sont déterminés par un tarif arrêté par M. le Préfet, sur l'avis de la chambre de commerce de Lille, ou à dire d'experts contradictoirement nommés par l'entreprise et par l'administration. On peut estimer que les détenus travailleurs sont payés un cinquième de moins que les ouvriers libres ; le prix de leur main-d'œuvre est divisé en trois tiers, dont l'un appartient à la maison, le second leur est donné comptant pour améliorer leur sort, et le troisième mis en réserve pour en former une masse qui leur est rendue à leur libération.

Ordre , Discipline intérieure.

Il est à la connaissance de tout le monde que l'ordre le plus parfait , la propreté la plus minutieuse , et une discipline sévère , sans être brutale , règnent dans la maison de détention de Loos. J'ai été témoin du respect et de l'attachement que les détenus ont pour le directeur ; j'ai assisté à la libération de 87 graciés le 1.er de ce mois (août 1833) , et je suis encore ému des témoignages de reconnaissance et de respect qu'ils prodiguaient à celui qu'ils appelaient leur père et leur bienfaiteur.

Etat sanitaire , Maladies régnantes.

L'état sanitaire de la maison suit , à peu d'exceptions près , les proportions de celui du pays. Il n'y a point eu de maladies épidémiques ni endémiques depuis l'établissement de la maison en 1822.

Le nombre des malades est en général du 15.e au 20° de la population. Les maladies les plus fréquentes sont : Les phthisies pulmonaires , les affections organiques abdominales , les maladies de la peau , les ophthalmies , les angines ; les scrofuleux et les scorbutiques sont rares.

Entretien.

L'entretien des détenus, tant en santé qu'en maladie , et la fourniture des travaux , sont donnés à l'entreprise , par adjudication et sur un cahier des charges résumant avec beaucoup de détails les obligations de l'entrepreneur.

Inspection.

Le service de l'entreprise et celui de l'administration locale sont soumis à l'inspection générale de M. Delaville de Mirmont , homme d'une longue expérience et d'une juste sévérité.

Amélioration morale des détenus.

L'instruction morale et religieuse sont les moyens mis en usage par M. Marquet-Vasselot pour améliorer le moral des détenus. Ces moyens sont développés dans une brochure publiée par lui (1) en 1831 , et qui rend compte des efforts qu'il a faits et des résultats qu'il a obtenus. M. Marquet fait aux détenus, tous les Dimanches , un cours sur la morale des lois pénales en France , et sur les avantages d'une bonne conduite , que ceux-ci écoutent dans le silence et le re-

---

(1) De l'amélioration des prisonniers, etc., broch. in-8.º Lille. Bronner-Bauwens.

cueillement. — Personne n'est tenu d'y assister , et personne n'y manque. Il a produit les meilleurs effets sur le moral des détenus', et j'ai été à même de m'en convaincre par l'ordre qui règne dans la prison. Le Directeur a d'autant plus de mérite dans cette affaire, que ce genre d'amélioration n'est pas compris dans les devoirs prescrits aux Directeurs, et que c'est par zèle et par dévouement qu'il s'y est livré.

Malheureusement , je crois pouvoir affirmer en thèse générale , que tous les efforts que fait la philanthropie de tous les pays pour arriver à un système pénitentiaire complet sont impuissans, et qu'elle n'atteindra jamais le but qu'elle se propose. Les résultats rigoureux de la pratique dissiperont toujours les illusions des théoriciens à cet égard.

Remarque particulière.

Pendant l'invasion du choléra, qui s'est arrêté aux portes de l'établissement , la nourriture des détenus s'est accrue d'une distribution de plus de viande par semaine , et de cinq centilitres de vin après le repas du soir. Le tableau suivant de la mortalité en 1832, démontre que c'est précisément au moment où l'invasion exerçait le plus de ravages, qu'elle a diminué d'intensité dans la maison centrale. Il est vrai de dire que le gouvernement est venu au secours des détenus par tous les moyens qui pouvaient paraître le plus susceptibles de les sauver de cette épidémie. Assainissement des localités, vêtemens extraordinaires, nourriture plus substantielle, etc., rien n'a été négligé.

TABLEAU

De la Mortalité en 1832.

DÉSIGNATION des MOIS.	Hommes.	Femmes.	TOTAL.	OBSERVATIONS.
Janvier........	10	4	14	
Février.......	11	2	13	
Mars.........	17	3	20	
Avril.........	22	4	26	
Mai..........	23	1	24	
Juin..........	23	4	27	
Juillet........	18	3	21	L'invasion du cho-
Août.........	9	5	14	léra a eu lieu dans la commune de Loos, à
Septembre	5	2	7	la porte de l'établisse- ment, le 22 août, et
Octobre.......	7	»	7	n'a cessé que vers la fin d'octobre.
Novembre.....	6	2	8	
Décembre.....	11	3	14	
TOTAL....	162	33	195	

EFFECTIF de la population au 31 Décembre 1832 au soir, ci........ **1355.**

Chapitre III.

MALADIES QUI RÈGNENT LE PLUS ORDINAI-REMENT DANS LES COMMUNES.

QUESNOY-SUR-DEULE.

Le canton de Quesnoy-sur-Deûle est bien situé, et généralement sain ; la Lys arrose et fertilise ses belles prairies, et ses habitans n'ont pas l'air de se ressentir de l'humidité du sol en quelques endroits. La variole, la rougeole, la scarlatine, la miliaire, s'y montrent épi-démiquement ; ces affections d'ailleurs sont aussi communes aux autres contrées, mais ce canton est préservé des épidémies pestilentielles ou typhoïdes, dont les causes sont dues aux émanations et aux autres vices de l'atmosphère. Les maladies sporadiques y revêtent le caractère inflammatoire, et leur terminaison est prompte et heureuse si l'on n'ne trouble pas la marche par une médication incendiaire.

On y remarque des toux chroniques, des angines, des ophthalmies, des bronchites, chez

les ouvriers maçons ; des catarrhes pulmonaires, des gastrites, des gastro-entérites chroniques, chez les cabaretiers et les buveurs ;
des dartres, des ophthalmies, la surdité, des
érysipèles, des varices, chez les meûniers et
les tordeurs d'huiles ; des ulcères difficiles à
cicatriser, la disposition aux tubercules, des
rhumatismes, chez les ouvriers des fermes ;
des lumbago , des anthrax , l'obésité, des
céphalalgies, des hernies, des névralgies-scia-
tiques, des épigastralgies, des esquinancies,
des tumeurs enkystées du genou, des luxations, des blessures, chez les bouchers, les
brasseurs, les jardiniers, les laboureurs, les
couvreurs, les charpentiers ; des pleurodynies,
des brûlures, des ophthalmies, des hernies, des
anévrismes, des lumbago, des hydropisies, des
rhumatismes, des infiltrations des extrémités,
chez les maréchaux, les serruriers, les forgerons et les boulangers ; des épigastralgies, des
crampes, des engourdissemens des jambes, des
sciatiques, la phthisie, chez les tisserands, les
tourneurs, les cordonniers. Remarquez bien
que l'énumération que je fais ici s'applique d'une
manière générale à tout l'arrondissement. On
observe dans le canton de Quesnoy-sur-Deûle
la plupart des affections qui attaquent les pro-

fessions : les préservatifs se trouvent dans les
traités d'hygiène, et la cure radicale ou palliative appartient à la médecine. Les fièvres intermittentes n'y sévissent pas d'une manière
spéciale : les scrofuleux et les rachitiques n'y
sont pas nombreux.

TOURCOING.

Aux maladies épidémiques, sporadiques et
endémiques dont je viens de parler, il faut ajouter celles qui sont propres à la population de
Tourcoing. On sait que ses habitans se livrent
presque entièrement à la préparation des laines,
à la filature du coton, et au tissage des étoffes.
Ainsi, les maux d'yeux, les resserremens spasmodiques de poitrine, des pleurésies, chez les
teinturiers; des engorgemens des viscères du
bas-ventre; des hépatites chroniques, des crampes, les scrofules, le rachitis, des varices,
des hémoptysies, des hémorroïdes, des maladies du cœur, et toutes les cachexies produites
par une vie trop sédentaire et une nourriture
peu substantielle, chez les fileurs, les tissé-
rands, les tourneurs de cardes, etc., etc. On
peut ajouter à ces affections celles qui atteignent les habitans des grandes villes manufacturières, qui passent la vie à travailler pendant

six jours de la semaine , sur un métier à tisser ; dans un lieu humide et peu aéré , ou bien dans l'atmosphère chargée de vapeurs et sur le pavé continuellement mouillé d'une usine de teinturier ; ou bien encore dans les ateliers malsains et étouffans d'une filature de coton ; et qui , le dimanche , se gorgent d'eau-de-vie le matin , et de bierre le soir. La nourriture peu substantielle d'ailleurs , ajoute encoré aux dispositions maladives.

ROUBAIX,

Comme à Tourcoing , et dans ses environs ; Roubaix , et les autres communes du canton présentent tous les élémens , et rassemblent toutes les conditions propres au développement de ces mêmes maladies , dont je viens de tracer le tableau. Même position géographique ; mêmes travaux ; mêmes habitudes ; même genre de vie ; tout concourt à rendre les habitans sujets aux mêmes affections pathologiques. Je n'ai donc point à m'en occuper d'une manière spéciale.

LANNOY , CYSOING , PONT—A—MARCQ.

Les cantons de Lannoy , Cysoing et Pont—

à-Marcq, n'offrent rien non plus de bien particulier, et la constitution pathologique de ces contrées diffère si peu, que je me livrerais à d'inutiles répétitions.

SECLIN.

. Le canton de Seclin se divise naturellement en deux parties bien distinctes : l'une de plaine, s'étendant du sud au nord, depuis la lisière du bois de Phalempin jusqu'à Lesquin, et présentant partout des terres parfaitement cultivées, et des habitans robustes, chez lesquels on observe peu de maladies chroniques; l'autre partie qui s'étend depuis Bauvin jusqu'à Wavrin, est toute de marécages et de terres d'un rapport bien moins avantageux que la première.

Les maladies qu'occasionent la succession des saisons et les variations de l'atmosphère y sévissent comme partout ailleurs : elles ont une disposition à revêtir le caractère aigu, et se terminent le plus souvent favorablement sous l'influence d'un traitement anti-phlogistique.

Seclin, qui se trouve au centre du canton, est une jolie petite ville, bien bâtie; et quoique les habitations offrent presque toutes des traces d'humidité, les maladies chroniques n'y sont pas plus nombreuses que dans toute autre commune du canton.

Les maladies de la peau, les dartres, les scrofules, le rachitis, y sont pour ainsi dire inconnus.

Depuis 25 ans les villes de Tourcoing et Roubaix ont vu s'accroître leur importance et leur population, en même temps que le commerce et l'industrie s'y sont développés et y ont amené des richesses considérables. Seclin, depuis quelques années, paraît vouloir suivre leur exemple, et seconder l'élan d'activité qui s'est emparé des classes manufacturières. On y compte plusieurs filatures de coton, et une filature de lin dont les machines sont mues par la vapeur.

Les communes d'Annœullin, de Provin, Bauvin et Hérin, offrent, par leur situation et par la misère qui accable leurs habitans, tous les élémens des maladies graves. Les fièvres intermittentes, les scrofules et le rachitis y règnent endémiquement. Ces malheureuses communes ne forment entre elles qu'un vaste marais toujours en eau dans les parties basses, par suite du mauvais état de la Deûle et de la mauvaise administration qui préside à son curement : des inondations fréquentes occasionent des pertes considérables aux cultivateurs. Joignez à ces causes de destruction l'humidité du sol, le rouissage du lin, la décomposition des matières végétales et animales, et la proximité des communes de Sainghin, de Wavrin, des marais de Gondecourt et d'Houplin, et vous aurez une idée de l'état dans lequel le système lymphatique se trouve chez les habitans de ces malheureuses communes. Ces pauvres gens sont vraiment dignes de pitié : aucun commerce, aucune industrie ne vient répandre sur eux sa bienfaisante influence. Les enfans, mal nourris et mal vêtus, sont déjà en proie aux ravages du *carreau* et de ses dégénérescences, lorsqu'on les attache à un rouet à filer le lin : ce rouet doit fournir à tous leurs besoins, et voir se terminer leur existence. Hommes et femmes, garçons et filles, tout le monde file du lin dans des cabanes non pavées, basses et humides, où la lumière semble ne pénétrer qu'à regret, et où l'on est suffoqué par la fumée et l'odeur de la tourbe en ignition.

Les fièvres intermittentes qui plus particulièrement à la fin de l'année, revêtent tous les types et se prolongent des mois entiers, une grande partie de l'hiver, et se terminent quelquefois par une hépatite, l'anasarque, l'hydropisie et la mort ; le gonflement des articulations,

la courbure de la colonne vertébrale , la né-
crose , la carie des os , sont communes chez ces
malheureux que personne ne vient secourir, auxquels personne ne pense , parce que les revenus
des pauvres sont insuffisans et que les riches sont
sans pitié ; quand une administration paternelle
s'occupera d'améliorer la santé des pauvres ,
non en distribuant des secours trop faibles, mais
en prenant des mesures d'hygiène publique , et
en propageant l'instruction primaire , base de
toute amélioration sociale , on pourra voir enfin
changer la position de ces infortunés , mais
le temps de ces améliorations est encore loin de
nous.

. Les pauvres ne sont pas plus heureux sous
le rapport des soins qu'ils reçoivent dans leurs
maladies : l'officier de santé , chargé de les
soigner , reçoit pour les visites et les médicamens un traitement qui ne s'élève pas à cinq
centimes par visite , et il faut quelquefois faire
deux lieues pour visiter un malade : on peut
alors se faire une idée de la manière dont les
indigens sont traités. Comment d'ailleurs pourrait-il en être autrement avec des administrations municipales composées d'élémens aussi
hétérogènes. L'autorité supérieure ne sait pas
assez que dans la plupart des communes , la
partie administrative est confiée par les mai-

res à des hommes besogneux dont le savoir-
faire est plus lucratif que le savoir : faire pa-
ver les chemins, embellir l'église, et surtout
faire un palais de la maison presbytérale, voilà
la grande affaire, l'affaire à laquelle on pense
toujours ; mais combler des mares infectes, faciliter l'écoulement des eaux, réparer la cabane
du pauvre, la rendre plus saine, jamais ! ainsi,
un émétique, du jalap, une visite tous les
quatre à cinq jours, voilà ce que l'indigent
peut attendre de son médecin et de ses administrateurs.

LA BASSÉE, HAUBOURDIN, ARMENTIÈRES.

Le canton de la Bassée n'est guères plus heureux par sa position ni par les ressources de sa
population : les communes d'Hantay, de Sainghin ne sont ni mieux situées ni mieux parta-
gées, que celles dont je viens de tracer le dé-
solant tableau. Dans le canton d'Haubourdin,
les communes de Wavrin, de Santes, sont aussi
exposées aux ravages occasionés par les maladies qui atteignent les pays marécageux. Mais
à mesuse que l'on s'avance vers le canton d'Armentières, que l'on quitte ces contrées malsaines, qu'il serait si facile de rendre salubres en
adoptant un bon système de dessèchement, on

voit partout renaître la joie, le courage et la santé. L'aspect de ces brillantes campagnes, de ces belles prairies qui bordent la Lys, l'air robuste et heureux des habitans, l'état florissant de l'agriculture, tout se réunit pour reposer l'âme encore attristée. Là, les maladies suivent leurs périodes accoutumées. Armentières ne connaît pas les maladies épidémiques et pestilentielles : les sporadiques y revêtent le caractère inflammatoire, et leur terminaison est constamment heureuse, quand un traitement empirique ou incendiaire ne vient point troubler la marche de la nature.

Chapitre IV.

CONSEILS HYGIÉNIQUES AUX HABITANS DES CAMPAGNES.

CIRCUMFUSA.

L'humidité de l'atmosphère étant une cause constante de maladies, il faut la combattre par tous les moyens possibles : entretenir le feu des foyers, se couvrir davantage aux champs pour se préserver de l'effet des pluies et du froid, surtout quand on est en transpiration.

Cultivateurs, gens de la campagne, ne vous exposez jamais la tête nue aux ardeurs du soleil.

N'habitez point de maisons basses et mal couvertes, dont les fenêtres et les portes étroites empêchent la circulation de l'air, s'opposent à l'introduction de la lumière, et qui ne sont point pavées convenablement.

Ne placez point vos lits dans des alcoves rétrécies, dont les rideaux et les portes fermés empêchent le renouvellement de l'air, et retiennent les exhalaisons des corps de ceux qui y couchent. Au moins, évitez de coucher deux ou trois dans le même lit, et ne mettez pas trois ou quatre lits dans la même chambre.

Des tas de fumier considérables encombrent vos cours, et jusques au seuil de votre porte ; les eaux de pluies s'y imbibent, et obligent de marcher dans la boue et dans l'eau jusqu'à mi-jambe, pour pénétrer dans vos habitations : les miasmes fétides qui s'en exhalent doivent vous être très-nuisibles.

Vos maisons sont entourées de monts de bois (celles qui sont situées dans le voisinage des forêts), et de fagots placés sur des conduits d'eau dont ils empêchent l'écoulement ; cette eau devient stagnante, et d'autant plus promptement putride, que ces ruisseaux sont souvent le réservoir des ordures de vos maisons.

Ne faites point rouir vos lins dans des eaux qui communiqueraient avec celles dont vous vous servez pour boisson et pour le ménage : ne les faites point sécher autour de vos habitations.

APPLICATA.

Vos femmes et vos filles ont la mauvaise habitude de marcher les pieds nus, de laver ainsi leurs maisons et de rester des heures entières sur des pavés couverts d'eau froide, tandis que la sueur ruisselle de leur visage et de tout leur corps. Elles se lavent ensuite le visage, les pieds et les mains dans de l'eau froide : tout cela est très-nuisible à la santé.

Couvrez-vous de bons vêtemens au retour des champs, au moment où le soir amène la fraîcheur de l'atmosphère.

Ne vous couvrez pas trop pendant la nuit, et évitez de suer dans votre lit : changez souvent de linge de corps et de lit.

Vous retirerez les plus grands avantages de l'usage des bains froids pendant l'été, et tièdes pendant l'hiver. Ceux d'entre vous qui ont de la fortune font bâtir une maison saine et agréable ; aucun ne pense à y établir une petite salle de bains. C'est cependant un des premiers besoins de la vie.

Supprimez pour toujours ces infernales chaufferettes, dont l'usage est si nuisible, et qui incendient vos maisons.

Engagez vos femmes à proscrire l'usage du maillot, qui gêne les enfans, et s'oppose au développement de leurs membres. Opposez-vous à ce qu'on les secoue violemment dans leur berceau pour les endormir, ou plutôt pour les plonger dans un état apoplectique. Défendez qu'on leur mette dans la bouche cette espèce de marotte, remplie de sucre ou de mie de pain, qui les fatigue et les épuise par le mouvement de succion auquel elle les oblige.

INGESTA.

Le tabac est devenu d'un usage général et indispensable ; cependant vous ferez bien de vous abstenir de fumer après les repas.

Renoncez aux saignées et aux médecines de précaution. C'est encore un de ces nombreux préjugés enracinés chez vous. Quand le médecin ne vous ordonne point de médecine, vous le croyez sans talens. Le temps et l'instruction vous débarrasseront, je l'espère, de ces habitudes nuisibles.

Renoncez encore à la malheureuse habitude des boissons fermentées et des liqueurs fortes, surtout à jeun. Dites à vos femmes de ne point faire un usage immodéré du café, et songez que la simple économie de quarante centimes par jour pour se priver d'une boisson inutile, produirait par année une somme de 150 francs qui pourrait être mieux employée.

Ne buvez point d'eau froide quand vous avez chaud : jetez quelques gouttes de vinaigre dans l'eau de pluie avant de la boire ; faites bouillir et reposer celle des marais.

Opposez vous à ce que vos enfans se gorgent de fruits tombés des arbres avant leur maturité: cela détériore leur santé et les épuise par la grande quantité de vers qui se développent dans les intestins.

Lorsque vous ressentez quelque indisposition, que votre appétit se perd, ne vous forcez point à manger; mettez-vous, au contraire, à une diète sévère; prenez une boisson adoucissante, telle que le petit-lait, l'eau d'orge miellée. Vous ne tarderez pas à vous rétablir et l'appétit reviendra.

Lorsque vous serez atteints d'une fièvre inmittente, gardez-vous de la supporter des mois entiers. N'attendez pas le quatrième accès, cherchez un officier de santé instruit, et si, comme il n'arrive que trop souvent, le juri médical vous a gratifié d'un ignorant, allez à la ville consulter un médecin.

Tâchez, par votre économie et par votre conduite, de manger de temps en temps de la viande fraîche. Le porc salé, souvent répété, ne vous vaut rien: accompagnez-le toujours de beaucoup de légumes. Les convalescens et les personnes atteintes de ce qu'on appelle au village faiblesse d'estomac, doivent s'en priver tout-à-fait.

Ne mangez pas de pain chaud , sortant du four : celui qui est fait avec la farine de froment mêlée de pommes de terre est très-indigeste.

GESTA.

Tous les jeux et les exercices auxquels vous vous livrez sont très-favorables à la santé , et entretiennent votre corps dans sa force et dans sa vigueur. Mais ces avantages sont perdus pour vous par les excès que vous commettez dans vos réunions. La quantité de bierre qui s'y consomme est cause que souvent ces réu— nions deviennent le théâtre de disputes et de rixes sanglantes. Vous rentrez chez vous ivres et malades , et le lendemain , vous avalez plu— sieurs verres d'eau–de-vie pour ranimer l'éner— gie d'un estomac abîmé par les excès de la veille.

Ne vous endormez point au soleil sur la terre toujours plus ou moins humide , ni sur des tas de foins ou de grains récemment récoltés.

Depuis un temps immémorial, les femmes travaillaient à la campagne la tête couverte d'un chapeau de paille qui les préservait de l'ardeur du soleil. Elles ont , par une coquette— rie mal entendue , remplacé ce meuble utile par un mouchoir de coton en couleur : ce changement sera nuisible à leur santé.

PERCEPTA.

L'instruction est le plus grand des biens ; l'ignorance et la cupidité sont la source de tous les maux.

Ayez quelques bons livres , instruisez vos enfans , donnez-leur des principes religieux puisés dans l'Evangile; éloignez-les des pratiques insensées d'une dévotion minutieuse qui n'est propre qu'à faire des hypocrites. L'instruction vous démontrera que la colère , la haine , la jalousie , le chagrin , le découragement, déterminent des maladies , ou donnent à celles qui existent déjà une gravité par fois effrayante.

Fuyez les charlatans , les renoueurs , les médecins aux urines, etc. , espèce d'êtres aussi méprisables qu'ignorans , fripons éhontés qui spéculent sur la crédulité et le malheur , en narguant les lois et la justice.

TOPOGRAPHIE
HISTORIQUE,
STATISTIQUE ET MÉDICALE

DE

L'ARRONDISSEMENT DE LILLE.

❧

Troisième partie.

HISTOIRE NATURELLE, MATIÈRE MÉDICALE, PATHOLOGIE.

Chapitre premier.

HISTOIRE NATURELLE, GÉOLOGIE, ZOO-LOGIE, BOTANIQUE.

§ I.er GÉOLOGIE.

M. Poirier de Saint-Brice a adressé en 1825, à la Société des sciences de Lille, un mémoire très-savant sur la nature des terrains de tout le département du Nord : je vais m'aider des lumières de ce savant géologue, pour faire la description du terrain de l'arrondissement de Lille.

« On découvre à la surface du globe, et à partir de ses profondeurs accessibles aux hommes, divers terrains que l'on a divisés, d'après leur nature propre, en cinq espèces, qui sont :

1.º Les terrains primitifs ou primordiaux. Ils sont cristallisés et antérieurs à l'existence des corps organisés.

2.º Les terrains intermédiaires ou de transition. On y trouve déjà des débris de corps organisés.

3.º Les terrains dits secondaires jusques et compris la craie. Ils sont abondamment remplis de débris de corps organisés.

4.º Les terrains tertiaires, supérieurs à la craie.

5.º Les terrains d'alluvion, ou d'atterrissement, qui sont formés des débris des précédens.

18

» Dans l'arrondissement de Lille, les deux premiers terrains n'existent pas. Les terrains secondaires deviennent rares, excepté aux environs de Lille ; les terrains d'alluvion se rencontrent plus fréquemment ; on les voit prendre une grande épaisseur, et remplacer les secondaires.

Terrains tertiaires.

» La formation des sables et grès sans coquilles, est la seule appartenant à la classe des terrains tertiaires qui existent dans l'arrondissement de Lille ; elle s'y présente d'une manière uniforme sur des points différens. On la remarque recouvrant tout le calcaire fétide et le schiste argileux, et toute la craie. Elle forme sur ces deux formations de grands dépôts entièrement isolés et indépendans les uns des autres, mais dont les parties correspondantes sont les mêmes, et ont toujours une disposition analogue.

» Ces dépôts de terrains tertiaires constituent quelquefois des collines assez élevées, ou bien ils remplissent de grandes excavations formées au milieu du terrain plus ancien qu'ils recouvrent.

Terrain d'alluvion.

» Le département du Nord présente sur toute

sa superficie différens terrains d'alluvion ou de transport, qui tous se rapportent aux plus récens, rangés sous la dénomination d'*alluvion moderne des plaines.* »

Pour en donner une idée, M. Poirier de Saint-Brice en fait trois divisions, établies d'après la disposition qui leur est propre et la nature des terrains plus anciens qu'ils recouvrent. Ces divisions sont :

1.º Terrains d'alluvion recouvrant par intervalles la formation de calcaire fétide et de schiste argileux ;

2.ᵉ Terrain d'alluvion recouvrant par intervalles la formation de craie.

» La plus grande partie de l'arrondissement de Lille en est couverte.

» Il n'y est cependant pas continu ; son épaisseur va souvent jusqu'à 12 et 15 mètres : ce sont des couches d'argile, puis au-dessous, du sable plus ou moins pur, auquel succèdent encore quelquefois de nouvelles couches d'argile en partie sablonneuses. Sur quelques points, il n'existe aucun dépôt argileux, et l'on ne trouve que des couches de sable assez fin, dont le grain devient plus gros dans la profondeur. Ce terrain de transport est presque toujours recouvert par une forte couche de terre végétale, dont l'épaisseur et l'heureuse composition rendent si fertile le sol de cette importante portion du département.

» Les argiles et sables de ce terrain alimentent de tous côtés de nombreuses fabriques de poterie de terre, tuiles et carreaux. Il est aussi éminemment propre à la fabrication des briques dont on fait un si grand usage dans les constructions du pays. C'est la couche supérieure d'argile, mêlée avec de la terre végétale, que l'on emploie pour faire des briques.

3.º Terrain d'alluvion continu, recouvrant la formation de craie. Ce dernier terrain s'étend sur la majeure partie de l'arrondissement et occupe toute la surface du sol, à une très-grande profondeur jusqu'à la mer. La formation de la craie doit se prolonger au-dessous; mais elle ne se manifeste en aucun point de la superficie. »

§ 2. ZOOLOGIE.

Détails ou nomenclature des animaux domestiques que l'on élève dans l'arrondissement de Lille.

Le Bœuf.	*Bos Taurus.*	Le Paon.	*Pavo cristatus.*
Le Mouton.	*Ovis.*	Le Dindon.	*Meleagris Gallopavo.*
Le Cochon.	*Sus.*	Le Coq.	*Phasianus Gallus.*
La Chèvre.	*Capra.*	Le Pigeon.	*Colomba domest.*
Le Cheval.	*Equus caballus*	L'Oie.	
L'Ane.	*Equus asinus.*	Le Canard.	

Les autres animaux en domesticité sont :

Le lapin, le cochon-d'inde, le furet, le chien, et ses nombreuses variétés, le chat, etc.

*Histoire naturelle proprement dite du regne or-
ganique animal.*

1°. MAMMIFÈRES.

Mammifères carnassiers.

Les Chauves-Souris.	*Vespertilio.* Cur. Geof.
La Chauve-Souris ordinaire.	*Vespertilio murinus.*
Le Hérisson.	*Erinaceus europæus.* Buff.
La Taupe.	*Talpa.* Lin.
Le Blaireau.	*Meles.* Lin.
Le Putois.	*Putorius mustela.* Lin. Cuv.
Le Furet.	*Mustela furo.* Lin.
La Belette.	*Mustela vulgaris.* Lin.
L'Hermine.	*Mustela erminea.* Lin.
La Loutre.	*Lutra.* Storr. Lin.
Le Loup.	*Canis Lupus.* Lin.
Le Renard ordinaire.	*Canis vulpes.* Lin.

Mammifères rongeurs à clavicules.

Le Rat d'eau.	*Mus amphibius.* Buff.
Le Rat des champs.	*Mus arvalis.* Lin.
Le Rat ordinaire.	*Mus rattus.* Lin.
La Souris.	*Mus musculus.* Lin.
L'Écureuil commun.	*Sciurus.* Lin. Buff.

Mammifères rongeurs sans clavicules.

Le Lièvre.	*Lepus.* Lin. Cuv.
Le Lapin.	*Lepus cuniculus.* Lin.

2°. LES OISEAUX.

ORDRE I.er   DIURNES ET NOCTURNES.

Les oiseaux de proie, les aigles, les milans, les autours, les buses (à l'exception de l'épervier) sont très-rares dans l'arrondissement.

Chouettes proprement dites :

Chouette hulotte. 1. (*) Strix aluco. Lin.
Le Chat-Huant. 2. Buff.
Chouette effraie. 1. Strix flammea. Buff.

Chouettes-Hiboux.

Hibou brachiote. 1. Strix brachitos. Gem.
Hibou, Grand-Duc. 4. Strix bubo. Lin.
Hibou, Moyen-Duc. 1. Strix otus. Lin.

ORDRE II. OMNIVORES.

Le Corbeau noir. 4. Corvus corax. Lin.
La Corneille noire. 1. Corvus corone. Lin.
La Corneille mantelée. 3. Corvus cornix.
Le Freux. 3. Corvus frugilegus. Lin.
Le Choucas. 3. Corvus monedula. Lin.
La Pie. 2. Corvus pica. Lin.
Le Geai. 1. Corvus glandarius. Lin.
Le Casse-Noix. 4. Nucifrugus caryocatactes.
Le Jaseur. 4. Bombycivora garrula. Tem.
Le Loriot. 2. Oriolus galbula. Lin.
L'Etourneau. 1. Sturnus vulgaris. Lin.

ORDRE III. INSECTIVORES.

Pie-Grièche grise. 1. Lanius exubator. Lin.
Pie-Grièche écorcheur. 1. Lanius collurio. Briss.
Gobe-Mouche à collier. 4. Muscicapa abicolis.
Merle-noir. 1. Turdus merula. Lin.
Merle Litorne. 3. Turdus pilaris. Lin.
Merle Grive. 3. Turdus musicius. Lin.

(*) Le n.º 1 indique les oiseaux qui restent toute l'année ; le n.º 2, ceux qui s'éloignent pendant l'hiver ; le n.º 3, ceux qu'on ne voit que l'hiver ; le n.º 4, les oiseaux étrangers que l'on voit quelquefois.

Merle d'eau. 3.	*Turdus aquaticus.* Buff.
Bec-Fin rousserolle. 2.	*Sylvia turdoides.* Meyer.
Bec--Fin , Rossignol. 2.	*Sylvia luscina.* Lath.
Fauvette à tête noire 2.	*Sylvia atricapilla.* Lath.
Fauvette babillarde. 2.	*Sylvia curruca.* Lath.
Rouge-gorge. 2.	*Sylvia rubecula.* Lath.
Gorge-bleue. 2.	*Sylvia succica.* Lath.
Rouge-queue. 2.	*Sylvia phanicurus.* Lath.
Fauvette de roseaux. 2.	*Sylvia hippolais.* Lath.
Pouillot-chantre. 2.	*Sylvia trochilus.* Lath.
Fauvette rousse. 2.	*Sylvia rufa.* Lath.
Le Roitelet. 1.	*Sylvia ignicapilla.* Brech.
Troglodyte ordinaire. 1.	*Sylvia troglodytes.* Lath.
Traquet , Cul-blanc. 2.	*Saxicola ananthe.* Bech.
Traquet tarrier. 2.	*Saxicola rubetra.*
Bergeronnette grise. 2.	*Montacilla alba.* Lin.
Bergeronnette jaune. 1.	*Montacilla barula.* Lin.
Bergeronnette de printemps 1.	*Montacilla flava.* Lin.

ORDRE IV. GRANIVORES.

Alouette des champs. 2.	*Alanda arvensis.* Lin.
Mésange charbonnière. 1.	*Parus major.* Lin.
Mésange bleue. 1.	*Parus cœruleus.* Lin.
Mésange à longue queue. 1.	*Parus caudatus.* Lin.
Bruant ordinaire. 1.	*Emberiza citrinella.* Lin.
Bruant Proyer. 2.	*Emberiza miliaria.* Lin.
Bruant de roseaux. 2.	*Emberiza schœniculus.* Lin.
Bouvreuil commun. 1.	*Pyrrhula vulgaris.* Briss.
Gros-Bec commun. 2.	*Fringilla vulgaris.* Buff.
Verdier gros-bec. 1.	*Fringilla chloris.* Temm.
Moineau gros-bec. 1.	*Fringilla domestica.* Lin.
Moineau des champs. 1.	*Fringilla montana.* Lin.
Pinson gros-bec. 1.	*Fringilla cœlebs.* Lin.
Pinson d'Ardennes. 3.	*Montifringilla.* Lin.
Linotte gros-bec. 1.	*Fringilla canabina.* Lin.
Chardonneret. 1.	*Fringilla carduelis.* Lin.

ORDRE *V.* ZYGODACTYLES.

Le Coucou gris. 2.   Cuculus canorus. Lin.
Pivert. 2.   Picus veridis. Lin.

ORDRE *VI.* ANISODACTYLES.

Sitelle Torchepot. 1.   Sitta europea. Lin.
Grimpereau d'Europe. 1.   Certhia familiaris. Lin.
La Huppe. 4.   Upupa epops. Lin.

ORDRE *VII.* ALCYONS.

Martin-Pêcheur. 1.   Alcedo ispida. Lin.

ORDRE *VIII.* CHÉLIDONS.

Hirondelle domestique. 2.   Hirundo domestica. Buff.
Hirondelle des fenêtres. 2. Hirundo urbica. Lin.
Hirondelle de rivage. 2.   Hirundo riparia. Lin.
Martinet de muraille. 2.   Cypselus murarius. Temm.
Engoulevent ordinaire. 4.   Caprimulgus. Buff.

ORDRE *IX.* PIGEONS.

Pigeon domestique.   Colomba domestica. Lin.
Pigeon ramier.   Colomba palumbens. Lin.
Tourterelle.   Colomba turtur. Lin.

ORDRE *X.* GALLINACÉES.

Perdrix grise. 1.   Perdrix cinerea. Lath.
La petite Perdrix de passage 4. Buff.
Perdrix rouge.   Perdrix rubra. 4.
La Caille.   Perdrix coturnix. 2.

ORDRE *XI.* ÉCHASSIERS.

Pluvier doré. 3.   Charadrius pluvialis. Lin.
Pluvier guignard. 3.   Char. morinellus. Lin.

Grand Pluvier à collier. 3.	*Char. hiaticula*. Lin.
Vanneau huppé. 3.	*Vanellus cristatus*. M.
Héron cendré. 1.	*Ardea cinerea*. Lath.
Héron aigrette. 4.	*Ardea egretta*. Lin.
Héron grand-butor. 1.	*Ardea stellaris*. Lin.
Bécasse ordinaire. 3. 1	*Scolopax rusticola*. Lin.
Bécassine ordinaire. 3.	*Scolopax gallinago*. Lin.
Rale d'eau. 1.	*Rallus aquaticus*. Lin.

ORDRE XII. PALMIPÈDES.

L'oie vulgaire ou sauvage. 3.	*Anas segetum*. Gmel.
L'oie domestique. 1.	*Anas dom*. Buff.
Canard sauvage. 3.	*Anas Boschas*. Lin.
Canard sarcelle d'hiver.3.	*Anas erecca*. Lin.
Canard domestique. 1.	*Anas dom*. Buff.
Plongeon imbrin. 1.	*Colymbus glacialis*. Lin.

J'ai négligé des ordres, des genres et des espèces, parce qu'on ne les voit jamais dans l'arrondissement de Lille. On peut consulter, pour plus ample connaissance, les ouvrages qui traitent spécialement d'histoire naturelle, de zoologie et de botanique.

3.° LES REPTILES.

Parmi les sauriens, il y a les lézards proprement dits : ces animaux sont très-communs dans le pays.

Parmi les bractaciens (4.ᵉ ordre des reptiles), on a :

La Grenouille.	*Rana esculenta*. Lin.
Grenouille rousse.	*Rana temporaria*. Lin.

Le Crapaud commun.	*Rana bufo.* Lin.
Le Crapaud des joncs.	*Rana bufo calamita.* Gmel.
Le Crapaud à ventre jaune.	*Rana bombina.* Gmel.
La Salamandre terrestre.	*Lacerta salam.* Lin.

4.º POISSONS.

Je ne cite que les poissons d'eau douce qui se trouvent dans les rivières de l'arrondissement.

Le cinquième ordre des poissons donne les espèces suivantes :

1.ª La Truite (Rare).	*Salmo fario.* Lin.
2.º Le Brochet.	*Esox lucius.*
3.º La Carpe vulgaire.	*Cyprinus carpio.* Lin.
4.ª La Reine des Carpes.	*Rex cyprinorum.* Lin.
5.º Barbeau commun.	*Cyprinus barbus.* Lin.
6.º Le Goujon.	*Cyprinus gabio.* Lin.
7.º La Tanche vulgaire.	*Cyprinus tinca.* Lin.
8.º La Brame commune.	»
9.º Le Meûnier.	*Cyprinus dobula.* Lin.
10.º La Loche franche.	*Cobitis barbatula.* Lin.
11.º L'Anguille vulgaire.	*Murena anguilla.*
12.º La Lotte commune.	*Gadus lota.*
13.º Le Percot.	»
14.º Le Chabot commun.	*Cottus gabio.* Lin.
15.º L'Epinoche.	*Gasteroteus aculeatus.* Lin.

Parmi les mollusques et les animaux articulés, il existe cinq à six sortes de limaces ; un grand nombre d'escargots, et les sangsues. Les insectes sont les papillons au nombre de 60 à 70 variétés, et les insectes de terre, dont les plus marquans sont le grand Cerf-Volant ;

le Nasicorné ; l'Emeraudine ; le Hottentot ; les
Dermestes ; les Buprestes; le Scarabée onctueux;
le Capricorne vert-d'eau ; la grande Cantharide ;
le Perce-Oreille ; le Scorpion terrestre ; la Guê-
pe ; la Demoiselle ; la Mouche ; les Mouches à
Miel , qui méritent une attention particulière.

§ 3. BOTANIQUE.

La botanographie – belgique du professeur
Lestiboudois mentionne plus de 1600 espèces
de plantes indigènes , formant la Flore du département du Nord : Je n'en citerai que 716 ,
dont le lecteur trouvera la liste nominative dans
l'ouvrage précité :

26. Plantes de montagnes et de coteaux.
203. De la plaine , des chemins et lieux incultes.
116. Des prairies et marais.
71. Aquatiques.
300. De bois et bosquets.

Quand on se reporte aux temps d'ignorance
et de fanatisme, où les plantes n'étaient dési-
gnées que par les propriétés médicales et même
les vertus occultes qu'on leur attribuait ; quand
elles n'étaient connues que sous des noms barbares , et distribuées dans les livres qui en traitent que d'après quelques vagu es ressemblances
dans leur port , ou relativement à leurs usages ,

on a lieu d'être étonné qu'une science aussi attrayante soit restée si long-temps sans principes et dans une obscurité en quelque sorte mystérieuse. Plusieurs causes ont concouru à multiplier les obstacles qui s'opposaient à ses progrès. Le peuple, ne voyant d'abord dans les plantes que des alimens ou des remèdes, a cherché à cultiver et à multiplier les premières : quand aux secondes, il s'en est rapporté aux lumières de ceux qui se livraient à la pratique de la médecine ; mais ces derniers, qui, la plupart, n'étaient d'abord que des prêtres, des mages, de prétendus sages, cachaient leurs découvertes aux yeux de la multitude, ou plutôt la trompaient par des recettes, qu'ils accompagnaient d'enchantemens, de cérémonies et de paroles mystiques. Ils savaient très-bien que leur considération n'était que la suite de l'ignorance du peuple : ceux d'entre eux qui parvenaient à saisir quelques-unes des lois de la nature, se gardaient bien de les divulguer ; il fallait, pour y être initié, de longues épreuves, le serment sacré de ne faire aucune révélation aux profanes, promesse d'autant plus facile à garder, que ce moyen contribuait puissamment à étendre cette haute considération attachée à ces associations. A la fin, quelques écrivains rendirent publics les secrets de la médecine ; ils recueillirent les recettes, indiquèrent les plantes qui les fournissaient ; mais ils ne firent connaître de ces plantes que les noms vulgaires qu'elles portaient, sans en donner une bonne description. Pendant une longue suite de siècles, on s'en tint à ces connaissances vagues : tout ce qu'on publia alors sur les plantes, constamment borné à leurs propriétés médicales, ne put inspirer d'autre désir que celui de les connaître pour l'usage de la médecine. Cette connaissance, très-imparfaite d'ailleurs, était de plus concentrée en un très-petit nombre de personnes qui s'occupaient de l'art de guérir, et bornée aux plantes qu'on soupçonnait y être propres ; les autres étaient entièrement abandonnées, et le vulgaire se contentait d'admirer vaguement la beauté de la végétation, l'éclat des fleurs, de cultiver les plus belles, sans se douter qu'elles pouvaient offrir à l'esprit des jouissances particulières.

Mon objet n'étant point de tracer ici l'histoire détaillée de l'établissement, des progrès de cette science, ni des moyens inventés par l'esprit humain pour la porter au degré de splendeur à laquelle elle est arrivée, je me bornerai à adopter parmi les méthodes connues celle

de M. de Jussieu, de préférence aux méthodes artificielles, en reconnaissant néanmoins
que ces méthodes ont puissamment contribué
aux progrès de la science, qui doit tant aux
Tournefort, aux Linné. M. de Jussieu a aussi
fort bien senti lui-même la nécessité de lier
ses familles naturelles, par le moyen d'une méthode artificielle pour faciliter les recherches.
Quand on veut connaître le nom d'une plante,
l'essentiel est de parvenir à le trouver, n'importe par quelle méthode : la meilleure est celle
qui nous y conduit avec le plus de facilité.

Portant son attention sur l'influence que doivent avoir les organes sexuels dans les formes
végétales, M. de Jussieu considère la situation des étamines relativement au pistil : il en
résulte des modifications assez constantes, qui
contribuent au rapprochement des familles et à
leur arrangement méthodique. Elles fournissent trois grandes divisions également appli-
cables aux plantes monocotylédones et dicotylédones. Les étamines sont, 1.° *Epigynes*, c'est
à-dire insérées sur le pistil ; 2.° *Hypogynes*,
placées sous le pistil ou mieux sur le réceptacle;
3.° *périgynes*, autour du pistil ou insérées sur
le calice. En faisant l'application de ces trois
divisions aux plantes apétales, monopétales,

polypétales , on obtient quinze classes , formant la première avec les plantes *acotylédones* , et la dernière avec les plantes *diclines* , c'est-à-dire qui ont les étamines séparées des pistils dans des fleurs différentes. Depuis la publication de ses familles naturelles , M. de Jussieu a donné à chacune de ses classes un nom particulier relatif aux caractères qui les constituent , ainsi qu'il est exposé dans le tableau que nous donnons à la page ci-après.

TABLEAU DE LA MÉTHODE NATURELLE DE M. DE JUSSIEU.

PLANTES.				CLASSES.
ACOTYLÉDONES.				1 Acotylédonées.
MONOCOTYLÉDONES.	Etamines hypogynes			2 Monohypogynées.
	—— perigynes.			3 Monopérigynées.
	—— épigynes			4 Monoépigynées.
DICOTYLÉDONES.	APÉTALES. . . .	Etamines épigynes.		5 Epistaminées.
		—— périgynes.		6 Péristaminées.
		—— hypogynes		7 Hypostaminées.
	MONOPÉTALES	Corolles hypogynes		8 Hypocorollées.
		—— périgynes		9 Péricorollées.
		—— épigynes.	Anthères Conjointes. . .	10 Epicorollées synanthérées.
			Anthères Disjointes. . . .	11 Epicorolléescorisanthérées.
	POLYPÉTALES.	Etamines épigynes.		12 Epipétalées.
		—— hypogynes		13 Hypopétalées.
		—— périgynes.		14 Péripétalées.
	Diclines irrégulières.			15 Diclines.

Les quinze classes qui viennent d'être exposées renferment les familles suivantes, que M. de
Jussieu avait d'abord bornées à cent, qu'il a
augmentées depuis considérablement, et pu-
bliées dans différens mémoires.

FAMILLES NATURELLES.

1. *Plantes acotylédones.*

Genres.

		Genres.
	1 Les Algues	Fucus.
	2 Les Champignons....	Agaricus.
	3 Les Hypoxilées......	Veruccaria
	4 Les Lichens.........	Usnea.
CLASSE 1.re	5 Les Hépatiques	Marchantia.
ACOTYLÉ-	6 Les Mousses	Polytrichum.
DONES.	7 Les Lycopodiacées...	Lycopodium.
	8 Les Fougères.........	Pteris.
	9 Les Cycadées	Cycas.
	10 Les Equisétacées.....	Equisetum.

2. *Plantes monocotylédones.*

	11 Les Nymphéacées....	Nymphea.
	12 Les Saururées.......	Saururus.
CLASSE 2.	13 Les Pipéritées.......	Piper.
MONOHYPO-	14 Les Aroïdes.........	Arum.
GYNÉES.	15 Les Thyphinées	Typha.
	16 Les Cypéracées.......	Cyperus.
	17 Les Graminées.......	Triticum.

19

CLASSE 3.
MONOPÉRI-
GYNÉES.

18 Les Palmiers........	Phénix.
19 Les Asparaginées.....	Asparagus.
20 Les Restiacées.......	Restio.
21 Les Joncées.........	Juncus.
22 Les Commelinées.....	Commelina.
23 Les Alismacées.......	Alisma.
24 Les Colchicées.......	Colchicum.
25 Les Liliacées........	Lilium.
26 Les Bromeliacées.....	Bromelia.
27 Les Asphodélées......	Asphodelus.
28 Les Narcissées.......	Narcissus.
29 Les Iridées.........	Iris.

CLASSE 4.
MONOÉPI-
GYNÉES.

30 Les Musacées........	Musa.
31 Les Amomées........	Amomum.
32 Les Orchidées.......	Orchis.
33 Les Hydrocharidées..	Hydrocharis.

3. *Plantes dicotylédones.*

* *Apétales.*

CLASSE 5.
Épistaminées.

| 34 Les Aristolochiées.... | Aristolochia. |

CLASSE 6.
PÉRISTA-
MINÉES.

35 Les Osyridées........	Osyris.
36 Les Myrobolanées....	Terminalia.
37 Les Eléaginées.......	Eleagnus.
38 Les Thymelées......	Daphne.
39 Les Protéacées.......	Protea.
40 Les Laurinées.......	Laurus.
41 Les Polygonées......	Polygonum.
42 Les Atriplicées......	Atriplex.

CLASSE 7.
HYPOSTA-
MINÉES.

43 Les Amarantacées....	Amaranthus.
44 Les Plantaginées.....	Plantago.
45 Les Nyctaginées.....	Mirabilis.
46 Les Plombaginées....	Plumbago.

'' Monopétales.

CLASSE 8.
HYPOCO-
ROLLÉES.
{
47 Les Primulacées........ Primula.
48 Les Utriculinées ...... Utricularia.
49 Les Rhinanthées...... Rhinanthus.
50 Les Orobanchées..... Orobanche.
51 Les Acanthacées...... Acanthus.
52 Les Jasminées........ Jasminum.
53 Les Verbénacées..... Verbena.
54 Les Labiées......... Betonica.
55 Les Personnées...... Anthirrinum.
56 Les Solanées........ Solanum.
57 Les Borraginées...... Borrago.
58 Les Convolvulacées... Convolvulus.
59 Les Polémoniacées... Polemonium.
60 Les Bignoniées...... Bignonia.
61 Les Gentianées...... Gentiana.
62 Les Aponicées....... Aponicum.
63 Les Sapotées........ Sapota.
64 Les Ardisiacées...... Ardisia.
}

CLASSE 9.
PÉRICO-
ROLLÉES.
{
65 Les Ebénacées ...... Diospyros.
66 Les Klénacées....... Sarcolœna.
67 Les Rhodoracées..... Rhododendrum.
68 Les Epacridées...... Epacris.
69 Les Ericinées........ Erica.
70 Les Campanulacées... Campanula.
71 Les Lobéliacées...... Lobelia.
72 Les Stylidiées....... Stylidium.
}

CLASSE 10.
Épicorollées
Synanthérées.
(Anthères conjoin-
tes)
{
73 Les Chicoracées...... Cichorium.
74 Les Cinarocephales... Carduus.
75 Les Corymbifères..... Aster.
}

CLASSE 11.
Épicorollées
Corisanthérées.
(Anthères disjoin-
tes)
{
76 Les Dipsacées........ Dipsacus.
77 Les Valérianées....... Valériana.
78 Les Rubiacées....... Rubia.
79 Les Caprifoliées..... Lonicera.
80 Les Loranthées,..... Loranthus.
}

'' Polypétalées.

CLASSE 12. {	81 Les Araliacées.......	Aralia.
EPIPÉTALÉES. {	82 Les Ombellifères.....	Daucus.

	83 Les Renonculacées..	Ranunculus.
	84 Les Papavéracées....	Papaver.
	85 Les Crucifères......	Brassica.
	86 Les Capparidées.....	Capparis.
	87 Les Sapindées......	Sapindus.
	88 Les Acérinées.......	Acer.
	89 Les Hippocratées....	Hippocratea.
	90 Les Malpighiacées...	Malpighia.
	91 Les Hypéricées......	Hypericum.
	92 Les Guttifères......	Cambogia.
	93 Les Olacinées.......	Olax.
	94 Les Aurantiacées....	Citrus.
	95 Les Ternstromiées ..	Ternstromia.
	96 Les Théacées	Théa.
	97 Les Méliacées.......	Mélia.
CLASSE 13.	98 Les Vinifères.......	Vinis.
HYPOPÉ-	99 Les Géraniacées.....	Geranium.
TALÉES. {	100 Les Malvacées......	Malva.
	101 Les Magnoliacées....	Magnolia.
	102 Les Dilléniacées....	Dillenia.
	103 Les Ochnacées......	Ochna.
	104 Les Simaroubiées...	Cassias.
	105 Les Anonées ,......	Anona.
	106 Les Ménispermées....	Menispermum.
	107 Les Berbéridées.....	Berbéris.
	108 Les Hermanniées ...	Hermannia.
	109 Les Tiliacées	Tilia.
	110 Les Cistées.........	Cistus.
	111 Les Violées........	Viola.
	112 Les Polygalées......	Polygala.
	113 Les Diosmées.......	Diosma.
	114 Les Rutacées.......	Ruta.
	115 Les Caryophillées...	Dianthus.

116	Les Paronychiées....	Paronichia.
117	Les Portulacées	Portulaca.
118	Les Saxifragées.....	Saxifraga.
119	Les Cunoniacées....	Cunonia.
120	Les Crassulées......	Crassula.
121	Les Apuntiacées.....	Cactus.
122	Les Loasées........	Loasa.
123	Les Ficoïdes	Mesanbryanthemum.
124	Les Cercodiènes	Cercodea.
125	Les Onagraires.....	OEnothera.
126	Les Myrtées	Myrtus.
127	Les Mélastomées....	Melastoma.
128	Les Lythraires.....	Lythrum.
129	Les Rosacées.	Rosa.
130	Les Légumineuses...	Pisum.
131	Les Thérébinthacées.	Therebinthus.
132	Les Rhammées.	Rhamnus.

CLASSE 14.
PÉRYPÉTA-
LÉES.

**** *Apétales à étamines idiogynes ou séparées du pistil.*

133	Les Euphorbiacées..	Euphorbia.
134	Les Cucurbitacées ..	Cucurbita.
135	Les Passiflorées.....	Passiflora.
136	Les Myristicées.....	Myristica.
137	Les Urticées	Urtica.
138	Les Monimiées.....	Monimia.
139	Les Amentacées. ...	Salix.
140	Les Conifères.......	Pinus.

CLASSE 15.
DICLINES.

CLASSES DES FAMILLES NATURELLES.

CLASSE PREMIÈRE. — *Les acotylédonées.*

Acotylédones.

Cette classe renferme toutes les plantes que l'on croit privées de cotylédons ; quand même elles en seraient pourvues, comme on le soupçonne dans les fougères, les familles qui la composent ne pourraient être mieux placées : on y voit l'organisation végétale dans sa plus grande simplicité, n'offrant qu'une substance presque homogène, un tissu cellulaire uniforme, sans vaisseaux propres ou lymphatiques, point d'organes sexuels distincts. Cette organisation se complique peu à peu à mesure que l'on avance dans la série des familles, ainsi qu'on le verra en passant successivement des algues aux champignons, de ceux-ci aux hypoxylées, puis aux hépatiques, aux mousses, etc.

Ces considérations m'ont déterminé à présenter les caractères de la plupart de ces familles, étant forcé de me borner ensuite, pour les autres, à ne citer qu'une seule famille pour chaque classe, afin de ne pas donner à cet ouvrage une trop grande étendue, qui, d'ailleurs, ne dispenserait pas le lecteur, d'étudier l'excellent ouvrage de M. de Jussieu, sur les familles naturelles.

Famille des Algues. Les genres qui constituent cette famille renferment des plantes dont les unes se présentent sous la forme de filamens simples ou rameux, ordinairement divisés par cloisons, remplis d'une matière verte, sans tubercules apparens : elles paraissent se reproduire, à peu près comme les polypes, par la séparation de leurs parties : tels sont ces filamens capillaires, souvent entrecroisés, connus sous le nom de conferves ; ces nostocs, substance gélatineuse, sans aucune forme déterminée, dont l'enveloppe verdâtre et membraneuse est remplie d'une sorte de gelée traversée par des filamens très-menus, articulés, tels que le nostoc en vessie ; ces byssus semblables à des duvets poudreux, à des flocons cotonneux ; d'autres portent des tubercules qui ne sont quelquefois visibles qu'à l'aide du microscope ou d'une forte loupe. Ces tubercules sont remplis de très-petits globules qu'on a comparés à des capsules, et auxquels on a donné le nom moderne de gongyles. Ces plantes, les unes terrestres, les autres aquatiques, sont, en quelque sorte, les premiers linéamens de la végétation : leur mode de reproduction est encore très-peu connu.

Les plantes marines ou varecs forment, dans cette famille, une très-longue série, ou plutôt une grande famille particulière que M. Lamouroux a nommée thalassiophytes dans l'excellent ouvrage qu'il a publié sous le titre d'Essai sur les genres de la famille des thalassiophytes. Ces plantes, comparées aux terrestres, offrent dans leur constitution, dans leurs fonctions, dans leur mode de reproduction, des différences très-remarquables, relatives aux lieux de leur naissance et aux circonstances dans lesquelles elles se trouvent : n'ayant point à puiser les principes de leur nourriture dans deux milieux différens, mais plongées constamment dans le même, leur organisation doit être beaucoup plus simple, différemment modifiée. On n'a pu y reconnaître de sève ascendante et descendante : il paraît très-probable qu'elles absorbent leur nourriture par toute leur surface. La plupart des botanistes ne les avaient considérées que comme une simple membrane coriace, comprimée, ramifiée, ou divisée en lanières ou en lobes très-variés ; homogène dans toutes ses parties ; sans racines, sans tige, sans feuilles ou n'en offrant que l'apparence. M. Lamou-

roux n'est point de cet avis : l'observation lui
a prouvé que leurs tiges , leurs feuilles avaient
une organisation particulière. Leur fructification est peu connue : leurs semences , d'après
ce même auteur , sont renfermées dans des
capsules qui sont elles-mêmes enveloppées dans
des membranes particulières ; elles forment ,
par leur réunion , des tubercules plus ou moins
nombreux , qu'il ne faut pas confondre avec les
vésicules aériennes , que M. Lamouroux considère comme des organes respiratoires.

Les Lichens sont , parmi les plantes terrestres , celles qui se rapprochent le plus des plantes marines : retranchés des algues , où ils
avaient d'abord été placés , ils constituent aujourd'hui une famille particulière ; ils se montrent sous des formes extrêmement diversifiées ,
tantôt comme des croûtes lépreuses , tubercu-
lées ou farineuses ; tantôt comme des expansions coriaces , membraneuses , foliacées , dé-
chiquetées ou lobées. Les uns affectent la forme
de petits arbustes à tige simple ou ramifiée ;
d'autres se présentent sous l'aspect de filets , de
cornes, d'entonnoir , etc ; la plupart couvrent
les rochers, tapissent les vieux murs , se glis-
sent entre les mousses et le gazon ; d'autres
croissent sur le tronc des arbres ou pendent en
longues barbes de leurs rameaux, etc.

L'étude plus détaillée que l'on a faite depuis plusieurs années de ces singuliers végétaux, a occasioné, pour leurs différentes parties, une nomenclature qui, quoique moderne, a déjà éprouvé beaucoup de changemens. Leur feuillage se nomme thalle ; on donne le nom de Bacilla ou podétion aux supports simples ou rameaux qui, dans un grand nombre d'espèces, s'élevent de la thalle et portent les réceptacles.

Le nom de réceptacle ou de conceptacle, selon d'autres, a été donné à ces tubercules, à ces écussons, etc., de formes très-variées, qui se montrent à la face supérieure de la thalle ou à ses bords. Ces receptacles sont sessiles ou soutenus par un podétion ; ils renferment, dans l'intérieur de leur substance ou à leur surface interne, une poussière très-fine qu'on regarde comme les semences.

La famille des Hypoxylées, confondue d'abord avec celle des algues, est composée de genres retirés, la plupart, des lichens et des champignons : c'est annoncer évidemment les rapports des hypoxylées avec ces deux familles. Les hypoxylées renferment des végétaux parmi lesquels se trouvent les plus petits que l'on connaisse, épars ou plus ordinairement réunis en paquets sur les troncs, les branches et les

feuilles de plantes mortes ou vivantes, quelquefois sur les pierres ou sur la terre ; de consistance coriace, subéreuse ; un grand nombre à peine de la grosseur d'une tête d'épin-
gle, tantôt enchassés dans une thalle pulvéru-
lente, filamenteuse ou solide, tantôt composés
du seul réceptacle presque toujours de couleur noirâtre. Ces réceptacles sont ou arrondis, et portent le nom de sphérules ; ou oblongs,
et ils prennent celui de livelles : ils s'ouvrent au
sommet par un pore ou une fente ; il en sort,
à l'époque de la maturité, une pulpe mucilagineuse, qui se réduit, par la sécheresse, en
une poussière très-fine, que l'on suppose contenir les semences.

. La famille des Champignons, telle qu'on la
présente aujourd'hui, n'a pas encore de limites bien déterminées : je ne crois pas qu'on
puisse y rapporter, comme on l'a fait, les
puccinies, les uredo, etc., très-petites plantes
parasites qui naissent dans le tissu cellulaire
des autres plantes, se développent sous leur épiderme, le percent pour répandre leurs semences en dehors. On prend pour telles de petites
capsules ou vessies qui, seules, constituent
toute la plante, comme dans les uredo, ou sont
renfermées dans un réceptacle commun, nommé péridium, comme dans les puccinies.

Les Champignons proprement dits sont les uns d'une consistance tendre, poreuse, charnue ; d'autres fermes, solides, presque ligneux, de formes très-variées : ils se développent par des expansions lamelleuses en dessous, ou garnies de pointes, de rides, de tuyaux plus ou moins serrés et réunis en masse, tantôt portés sur un pédicule simple ou ramifié, d'autres fois sessiles, sans tiges ni racines apparentes ; ils prennent la forme de houppes, de crinières, de branches de corail, de coupes, de globes, de massues, de calottes, de mitres ou d'un disque plane. On donne assez généralement à cette partie du champignon, soit sessile ou pédiculé, le nom de chapeau : elle est considérée comme un péridium ou le réceptacle des semences. Avant le développement entier du champignon, une membrane l'enveloppe en totalité ; elle se détache du pédicule, se crève, et ses lambeaux subsistent sur les bords et à la surface du chapeau, ou bien elle quitte entièrement le chapeau, reste fixée au pédicule, autour duquel elle forme un anneau. Les semences ou gongyles sont placées entre les lames, les tubes, etc., sous la forme de corpuscules arrondis, à peine perceptibles ; en général, ces plantes croissent très-vite et durent peu : il en est cependant , telles que les bolets , qui subsistent pendant plusieurs années.

Ces végétaux, dénués de tout agrément extérieur , la plupart d'une odeur lésagréable , n'habitent point les parterres fleuris : la lumière du soleil leur est nuisible ; ils cherchent l'obscurité et les ténèbres. Relégués dans les lieux humides , sur les vieux bois, sur les corps à demi pourris , dont ils paraissent hâter la décomposition , ils ne se nourrissent qu'au milieu des immondices et de la corruption ; quoique leur existence ne soit pas brillante , elle offre cependant des phénomènes assez singuliers pour que l'observateur aille les visiter sur leur fumier.

La famille des Hépatiques se rapproche des Lichens , dans beaucoup de ses genres , par des expansions membraneuses et foliacées ; mais elle a avec les mousses des rapports bien plus nombreux : les sexes commencent à s'y montrer ; les organes qui les constituent sont séparés , soit sur le même individu , soit sur des individus distincts. On regarde comme organe mâle des globules remplis d'une liqueur fécondante , ordinairement agglomérés dans un calice sessile: les organes femelles sont nus , entourés d'une gaîne calicinale, surmontée d'une coiffe membraneuse, s'ouvrant au sommet et non transversalement comme celle des mousses ; on y distingue, comme dans le marchantia polymorpha, un ovaire arrondi, terminé par un style grêle et un stigmate à peine visible ; l'ovaire se convertit en une petite capsule qui se déchire régulièrement ou se divise, de haut en bas, en plusieurs valves : elle renferme un très-grand nombre de semences pulvérentes.

A mesure que nous avançons dans l'ordre naturel des familles ; les plantes qui les composent présentent plus de perfection : nous commençons, dans la famille des mousses, par distinguer des racines, des tiges, de véritables feuilles, des organes de fructification bien plus apparens, des sexes distincts, mais sur lesquels on n'est pas généralement d'accord.

On remarque, dans la plupart, des étoiles en rosettes, composées d'un ou de plusieurs rangs de petites écailles imbriquées, ordinairément sessiles, réunies sur le même individu, ou placées sur des individus différens, apparentes dans beaucoup d'espèces, à peine visibles dans d'autres. Cet ornage est composé de très-petits utricules pédicellés, entremêlés de filamens articulés, le tout réuni sous la forme d'un bou-

ton , environné , en dehors ; de petites écailles
qui tiennent lieu de calice, et forment , par leur
épanouissement , ces rosettes en étoiles dont j'ai
parlé plus haut. Hedwig pense que toutes les
espèces de mousses ont de semblables étoiles ,
quoiqu'elles ne soient pas toujours visibles ; il
regarde comme organes mâles ces utricules
qu'il dit être pleins d'une liqueur fécondante
qui sort par une ouverture située à leur som-
mét ; la fécondation est facilitée par les filets
articulés.

Sur le même ou sur des individus séparés ,
existent des fleurs femelles, qui se montrent d'a-
bord sous une forme très-petite , comme autant
de corpuscules cylindriques avec des filamens
articulés : on regarde ces corpuscules comme
autant de pistils, dont un seul est ordinairement
fécondé : alors le pédicelle imperceptible qui
soulevait l'ovaire , s'allonge , pousse le jeune
fruit hors d'un involucre composé de plusieurs
folioles très-petites , imbriquées , qui ont reçu
le nom de périchet ; l'ovaire est oblong , le style
grêle , le stigmate évasé. A mesure que le fruit
grossit , après la fécondation , le pédicule s'allonge , laisse le périchet à sa base , se termine
par une espèce d'urne ou de capsule à une loge
traversée , de la base au sommet , par un axe

nommé columelle ; recouverte par une coiffe
membraneuse, caduque, qui a la forme d'un
bonnet pointu ou d'un éteignoir. L'orifice de la
capsule se nomme péristome ; il est souvent entouré d'un anneau élastique, toujours recouvert
d'un opercule caduc. Ce péristome est tantôt
nu, tantôt bordé d'une ou de deux rangées de
dents de formes variées. Cette urne est quelquefois posée sur un opophyse, sorte de renflement
charnu : l'intérieur de l'urne est rempli de grains
nombreux, pulvérens, qui sont de véritables
semences : répandues sur la terre, elles y ger-
ment. Hedwig, qui a suivi leur développement,
y a observé une radicule et une plumule avec
la plupart des autres phénomènes qui accompagnent la germination. Telle est l'opinion d'Hedwig sur les organes sexuels des mousses, opinion aujourd'hui la plus généralement adoptée,
quoiqu'elle contredise celle de Linné, et qu'elle
soit elle-même rejetée par quelques auteurs modernes.

La famille des lycopodiacées ne tient que
faiblement à celle des mousses : elle s'en éloigne
par les organes de la reproduction ; mais elle
s'en rapproche par le port, par la forme, la
distribution des feuilles, par le lieu natal. Les
lycopodiacées aiment l'ombre des forêts, l'hu-

midité et les pays froids ; elles portent des réceptacles auxiliaires , à une , deux ou trois loges
remplies de séminules , groupées trois à trois ,
quatre à quatre : une multitude de très-petits
corpuscules sphériques s'échappent en abondance sous la forme d'une poussière extrêmement
fine , qui , dans quelques espèces , s'embrase et
répand une lumière éclatante si on la jette sur
un corps enflammé.

Parvenus à la famille des Fougères , nous
sommes déjà loin de ces premières plantes qui
ne sont, en quelque sorte , que de simples ébau-
ches de la végétation. Si elles n'ont pas encore
tous les organes qui constituent ces végétaux
que nous regardons comme les plus parfaits ; si
elles sont privées de véritables fleurs , elles s'en
rapprochent par leur port , l'élégance et la grandeur de leur feuillage , par leur élévation qui les
assimile souvent à des palmiers d'un ordre inférieur.

Les unes ont une racine chevelue , d'où sortent des feuilles en touffes ; d'autres sont pourvues d'une souche rampante ou sarmenteuse ,
qui , dans plusieurs espèces des régions équi-
noxiales , s'élève quelquefois en une sorte de
tige arborescente , marquée de larges cicatrices
produites par la chute des feuilles inférieures.

20

Lorsque ces feuilles sortent de terre , elles sont roulées en crosse sur elles-mêmes , recouvertes d'écailles membraneuses , qui remplissent, à leur égard , les mêmes fonctions que les stipules dans les bourgeons.

Les organes de la reproduction sont très-remarquables dans les fougères : ils naissent sur la face inférieure de la feuille , le long des nervures ou à leur extrémité ; ils y forment , par leur réunion , des globules , des taches , des lignes de différentes formes , variables dans leur nombre , leur grandeur , leur composition. On donne à ces taches le nom de sores (sori) : ils se développent sous l'épiderme et quelquefois en soulèvent de petites portions qui tiennent lieu d'involucre , et auxquels on donne le nom d'indusies (indusiæ). Ces sores ou taches sont nus , ou recouverts d'un opercule , ou entourés d'un anneau élastique ; ils renferment de très-petites capsules groupées ensemble , qui se déchirent à leur sommet ou s'ouvrent en une ou deux valves , et laissent échapper des semences extrêmement fines : semées sur une terre humide , elles lèvent avec un cotylédon latéral. Ce cotylédon se développe en une petite foliole verte , appliquée sur la terre, s'y attachant par un chevelu très-délié , qui part d'un des points de

son contour , et d'où , en même temps , s'élève
la plumule.

La famille des Salviniées , celle des Equisé-
tacées , n'ont pas encore de place bien déterminée. A la vérité , la première a quelques
rapports avec les fougères ; mais la seconde n'est
essentiellement liée avec aucune autre de cette
classe , que par des caractères très-généraux
dans sa fructification : elle semble se rapprocher
davantage par son port et son organisation , des
dicotylédons , et s'éloigner très-peu des casua-
rina ; mais ses fruits s'opposent à cette réunion.

CLASSE 2. — *Monocotylédones.*

Monohypogynées.

Dans cette seconde classe commence la série
des plantes monocotylédones : elles offrent un
système d'organes plus étendu que dans les acotylédones. Les sexes , si difficiles à distinguer
dans la première classe , même dans les plantes
qu'on en croit pourvues , se reconnaissent ici
très-distinctement dans les étamines et les pistils , ou réunis dans les mêmes fleurs (les hermaphrodites) , ou , plus rarement , placés dans
des fleurs ou sur des individus séparés (les monoïques et les dioïques).La semence, confiée à la
terre, développe au moment de la germination,

dans la plantule attachée latéralement au cotylédon , une radicule et une plumule : celle-ci
s'annonce par une seule feuille ; celles qui se
montrent ensuite avec la tige , sont toujours
alternes , ainsi que toutes les autres parties de
la plante , sans en excepter les pièces des enveloppes florales , quoique en apparence opposées.
Cette enveloppe est toujours unique.

Les monohypogynées ont les étamines ordinairement en nombre déterminé , insérées sur
le même réceptacle que le pistil ; l'enveloppe
florale est assez généralement composée d'écailles ou de paillettes ; dans d'autres , elle est remplacée par une spathe ; l'ovaire est supérieur ,
surmonté d'un ou de plusieurs styles , quelquefois de stigmates sessiles ; le fruit est uniloculaire , à une ou plusieurs semences , ou bien il
consiste en une seule semence nue en apparence
(Caryopse de Richard , les graminées) , ou recouverte d'une enveloppe coriace , indéhiscente
(Akène de Richard , les cypéracées).

CLASSE 3. — *Monocotylédones.*

Monopérigynées.

Dans les monopérigynées , les étamines sont
placées autour du pistil , insérées sur l'envelop-

pe florale , à la base ou vers les bords , opposés à ses divisions. Cette enveloppe porte le nom de calice dans Jussieu, celui de corolle dans d'autres auteurs ; elle est ou d'une seule pièce, tubulée , ou profondément partagée en plusieurs découpures, supérieure ou inférieure à l'ovaire, quelquefois accompagnée d'une spathe partielle pour chaque fleur , on d'une universelle, enveloppant les fleurs avant leur épanouissement. Ces fleurs renferment un ou plusieurs ovaires surmontés d'autant de styles, de stigmates et de capsules : celles-ci sont uniloculaires , monospermes ou polyspermes , s'ouvrant intérieurement en deux valves : les semences sont atta-chées au bord de ces valves.

Dans les fleurs à un seul ovaire (ce sont les plus nombreuses), le style est simple ou triple, quelquefois nul , le stigmate simple ou divisé. Le fruit consiste en une baie , ou une capsule à trois loges , une ou plusieurs semences dans chaque loge ; quelquefois il ne reste qu'une seule semence par l'avortement des deux autres. Dans les baies , les semences sont attachées à l'angle interne des loges ; dans les capsules ordinairement à trois valves , elles sont insérées sur les bords d'un réceptacle saillant , qui constitue une cloison dans chaque valve qu'il sépare en deux ; l'embryon est fort petit, muni d'un péri-sperme corné, assez grand. *Narcissus jonquilla.*

CLASSE 4.° *Monocotylédones.*

Monoépigynées.

Cette classe très-rapprochée de la précédente, s'en distingue par la position des étamines placées sur l'ovaire ou sur le style, et toujours en nombre défini. L'ovaire est solitaire, inférieur, muni très-ordinairement d'un seul style et d'un stigmate simple ou divisé ; le fruit consiste en une baie ou une capsule à une ou à plusieurs loges. *Orphrys ananifera.*

CLASSE 5.° — *Dicotylédones apétales.*

Epistaminées.

J'ai exposé ailleurs la différence qui existe entre les plantes monocotylédones et les dicotylédones ; je ferai remarquer ici et je prouverai plus bas que cette troisième et dernière division renferme les plantes douées du système organique le plus complet : c'est là seulement que nous trouvons ces grands végétaux ligneux chargés de branches et de rameaux, produisant annuellement des boutons nombreux, qui réparent

les pertes de l'année précédente , et donnent au
végétal toute la plénitude de grandeur qu'il doit
avoir. Cette grande division contient au moins
les quatre cinquièmes de tous les végétaux connus. M. Jussieu a senti la nécessité d'y établir
de nouvelles coupes , fondées sur la présence ,
l'absence et la forme de la corolle : d'où sont ré-
sultées les apétales, les monopétales et les polypétales ; à chacune de ces sous-divisions s'applique la triple insertion des étamines , comme
dans les monocotylédones.

· Dans les épistaminées , le calice (la corolle ,
selon d'autres) est d'une seule pièce ; les étamines , en nombre défini , sont insérées sur le pistil ; l'ovaire est inférieur ; le style presque nul ;
le stigmate simple ou divisé ; le fruit consiste en
une baie ou une capsule à une ou à plusieurs
loges. *Aristolochia clematitis.*

CLASSE. 6.ᵉ—*Dicotylédones apétales.*

Péristaminées.

Cette classe des péristaminées est caractéri-
sée par les étamines attachées à l'orifice du
calice, en nombre défini ou indéfini. Le calice
est d'une seule pièce , entier ou à plusieurs divisions ; quelquefois des écailles presque péta-

liformes sont attachées à son bord ; l'ovaire est supérieur ou inférieur, ou seulement recouvert par le calice, avec un ou plusieurs styles ; et un stigmate simple ou divisé, quelquefois sessile ; le fruit est monosperme, rarement polysperme, ou bien c'est une semence nue, su périeure. *Daphne Cneorum.*

CLASSE 7.°—*Dicotylédones apétales.*

Hypostaminées.

Les Hypostaminées ont un calice entier ou composé de plusieurs pièces ; très-ordinairement elles n'ont point de corolle ; quelquefois celle-ci est remplacée par des écailles hypogynes, portant les étamines, ou alternes avec elles ; quelquefois aussi on distingue un tube corollaire, chargé ou non chargé des étamines. Celles-ci sont insérées sur le réceptacle, au-dessous du pistil ; elles ont leurs filamens libres ou monadelphes. L'ovaire est simple, supérieur, surmonté d'un ou de plusieurs styles, et d'un stigmate simple ou divisé, quelquefois sessile ; le fruit consiste en une seule semence ou en une capsule à une ou deux loges, monosperme ou polysperme. *Amaranthus sanguineus, et plantago media.*

CLASSE 8.°—*Dicotylédones monopétalées.*

Hypocorollées.

Nous voici arrivés aux plantes à fleurs complètes, c'est-à-dire composées d'un calice, d'une corolle, d'étamines et de pistils. Les fleurs monopétalées se divisent en trois classes, établies d'après l'insertion de la corolle comparée à celle du pistil.

Dans les hypocorollées, le calice est monophylle, la corolle monopétale, régulière, placée sur le réceptacle, au-dessous du pistil; les étamines sont en nombre défini, insérées sur la corolle, alternes avec ses divisions quand celles-ci sont en même nombre que les étamines; l'ovaire est simple, supérieur, quelquefois double (dans les apocinées); Le style simple, le stigmate simple ou divisé; le fruit est supérieur, consistant en semences nues au fond du calice, ou bien renfermées dans un péricarpe capsulaire ou en baie, à une ou à plusieurs loges. *Convolvulus arvensis.*

CLASSE 9.°—*Dicotylédones monopétalées.*

Péricorollées.

Les Péricorollées ont un calice monophylle,

quelquefois profondément découpé; une corolle monopétale, quelquefois à divisions très-profondes, régulière (rarement irrégulière), insérée sur le calice, les étamines attachées à la corolle ou au calice, en nombre défini (rarement indéfini); l'ovaire est simple, supérieur ou inférieur, muni d'un seul style et d'un stigmate simple ou divisé; le fruit est une baie ou une capsule à une seule ou à plusieurs loges. *Erica cinerea.*

CLASSE 10.° — *Dicotylédones monopétalées.*

Epicorollées synanthérées *(anthères conjointes).*

Cette classe renferme les fleurs composées proprement dites, nommées syngénèses par Linné, synanthérées par un auteur moderne : ces fleurs sont tubuleuses, réunies plusieurs ensemble dans un involucre ou un calice commun, placées sur le même réceptacle nu ou bien chargé de paillettes ou de poils. On considère, comme calice partiel, l'aigrette qui couronne la semence, en y comprenant la partie inférieure qui lui sert de tégument. La corolle est épigyne, placée sur le pistil; elle est ou flosculeuse, pourvue d'un tube dont le limbe se divise en cinq segmens assez réguliers,

ou semi-flosculeuse quand le tube, ordinairement très-court, se prolonge d'un seul côté
en une lanière entière ou dentée. à son sommet ; les étamines sont au nombre de cinq,
réunies en tube par leurs anthères, les filamens
libres, insérés sur la corolle ; un seul ovaire
placé sur le réceptacle commun ; un style qui
traverse le tube des étamines, et se termine
par deux (rarement un) stigmates saillans, di-
vergens, une semence nue ou couronnée par une
aigrette ; l'embryon est dépourvu de périsperme ; la radicule inférieure ; le même involucre
renferme tantôt des fleurs toutes flosculeuses ou
toutes semi-flosculeuses, tantôt des fleurs flosculeuses dans le centre, des semi-flosculeuses
à la circonférence. *Chrysanthemum præaltum.*

CLASSE 11.°—*Dicotylédones monopétalées.*

Epicorollées corysanthérées (*anthères disjointes*).

Parmi les familles qui entrent dans la composition de cette classe, il en est, telles que
les scabieuses, dont les fleurs sont agrégées,
réunies plusieurs ensemble dans un involucre
commun : on les nomme encore fausses composées, chaque fleur ayant un calice propre
et les étamines libres : elles renferment aussi
la belle et nombreuse famille des Rubiacées.

Le calice propre est monophylle ; la corolle monopétale , quelquefois presque polypétale , ses pièces n'étant réunies que par leur base ; très-souvent régulière , attachée sur le pistil ; les étamines sont en nombre défini , les filamens insérés sur la corolle ; les anthères distinctes ; l'ovaire simple , inférieur , surmonté d'un , quelquefois de plusieurs styles et d'autant de stigmates ; la semence , ou plus ordinairement le fruit , est inférieure , capsulaire ou en baie , à une ou plusieurs loges ; une ou plusieurs semences. *Asperula arvensis.*

CLASSE 12.°— *Dicotylédones polypétalées.*

Epipétalées.

Cette classe , la première des fleurs polypétalées , renferme presque uniquement la famille si naturelle des ombrettifères. Le calice est monophylle ; la corolle composée de plusieurs pétales , très-ordinairement au nombre de cinq , attachée sur un limbe glanduleux qui entoure l'ovaire ; même insertion , même nombre pour les étamines alternes avec les pétales; un ovaire simple , inférieur , surmonté de deux styles , quelquefois plus ; autant de stigmates et de semences nues , ou quelquefois renfer-

mées dans un péricarpe partagé en autant de
loges qu'il y a de semences ; l'embryon est
fort petit, situé au sommet d'un périsperme
ligneux. *Tordilium maximum.*

CLASSE 13.°— *Dicotylédones polypétalées.*

Hypopétalées.

De grandes et nombreuses familles sont renfermées dans cette classe. Le calice , rarement
nul, est d'une seule pièce ou composé de plusieurs pièces ; les pétales sont en nombre défini, rarement indéfini, insérés sous le pistil ou
sur le receptacle, quelquefois rapprochés par
leur base, de manière à représenter une corolle monopétale, les étamines en nombre
défini ou indéfini, placées sur le réceptacle ;
les filamens libres , quelquefois réunis en
tube, plus rarement en plusieurs paquets ;
l'ovaire supérieur , plusieurs réunis en un
seul ou quelquefois séparés ; un seul ou
plusieurs styles, quelquefois nul, autant de
stigmates ; le fruit supérieur, simple, à une
ou plusieurs loges, ou plusieurs fruits sur le
même réceptacle, renfermés chacun dans un
péricarpe uniloculaire. *Ranunculus flammula.*

CLASSE 14.° — *Dicotylédones polypétalées.*

Péripétalées.

Le calice est monophylle , divisé seulement à son sommet, ou partagé en découpures profondes ; la corolle située au fond ou à l'orifice du calice, quelquefois nulle , plus rarement monopétale par l'adhésion des pétales entre eux ; les étamines en nombre défini ou indéfini, quelquefois réunies par leurs filamens ; l'ovaire est supérieur , simple , rarement inférieur , ou plusieurs ovaires supérieurs , munis chacun d'un ou de plusieurs styles, ou bien surmontés d'un stigmate sessile , entier ou divisé ; le fruit est tantôt unique , supérieur ou inférieur , à une ou plusieurs loges ; tantôt, mais rarement, plusieurs fruits supérieurs , munis chacun du péricarpe uniloculaire ; les sexes sont quelquefois distincts par avortement. *Lathyrus odoratus.*

CLASSE 15.° — *Dicotylédones apétalée.*

Diclines.

Les classes précédentes renferment des fleurs toutes hermaphrodites ; s'il s'en trouve quelques-unes d'unisexuelles , la plupart ne le sont que par avortement , et très-souvent on y trouve le rudiment du sexe avorté ; s'il s'y rencontre quelques véritables diclines ou à sexes séparés , elles n'y ont été placées que d'après les rapports nombreux qu'elles présentent avec les caractères de la famille dans laquelle elles se trouvent.

On conçoit que, dans les fleurs à sexes séparés , il n'est plus possible d'employer, comme on l'a fait pour les classes précédentes, la situation des étamines par rapport au pistil : il ne restait donc d'autre moyen , pour placer convenablement les diclines, que de les réunir dans une classe particulière, ainsi que l'a fait M. Jussieu.

Dans cette classe, les fleurs sont ou monoïques, les fleurs mâles séparées des femelles sur le même individu, ou dioïques , les fleurs mâles séparées des femelles sur des individus distincts, ou quelquefois polygames, lorsqu'il se trouve des fleurs hermaphrodites parmi les fleurs unisexuelles. Dans toutes ces plantes, le calice est monophylle, ou remplacé par une écaille : il n'y a point de corolle; mais elle est assez souvent représentée par des écailles ou par des divisions intérieures et pétaliformes du calice; les étamines sont placées ou au fond du calice ou à son orifice; elles sont en nombre défini, plus souvent indéfini ; les filamens libres ou quelquefois réunis en forme de pivot central ; les fleurs femelles renferment un ou plusieurs ovaires supérieurs, quelquefois inférieurs, avec un ou plusieurs pistils, styles et autant de stigmates quelquefois sessiles ; le fruit est très-variable dans ses formes et le nombre de ses loges. *Bronssonetia papyrifera et passiflora alata.*

EXERCICE DE LA MÉDECINE, ET MATIÈRE MÉDICALE D'UN MÉDECIN DE CAMPAGNE.

S'il existe un contraste frappant entre deux individus exerçant la même profession, c'est celui qu'offrent le médecin d'une grande ville, et le médecin, le chirurgien, l'officier de santé, comme on voudra l'appeler, exerçant dans les campagnes. Le premier toujours mis avec une élégante simplicité, ou dans un négligé calculé, descend nonchalamment de son cabriolet, monte avec gravité l'escalier qui conduit à l'appartement de son riche malade, et gagne en cinq minutes, cinq, dix, ou vingt francs. Homme de mérite, d'ailleurs, il évite avec soin tout ce qui pourrait friser le charlatanisme.

Le second, sous le titre bâtard d'officier de
santé , titre ironiquement atroce , selon l'illus-
trissime M. Marc , qui lui a été déféré par
des docteurs qui vont chaque année remplir
leur bourse dans les chefs-lieux de départemens,
et qui n'y regardent pas de si près ; le second,
dis-je, vêtu plus que modestement , le pied
garni du soulier ferré et de la guêtre de toile ,
s'élance courageusement le bâton à la main ,
à toutes les heures du jour et de la nuit, par
des temps affreux , dans des chemins impraticables , pour porter dans la chaumière du pauvre les consolations plus ou moins utiles d'un
art qu'il possède plus ou moins bien. Incertain
cependant si le plus modique honoraire viendra
récompenser son zèle , il est obligé quelquefois
d'envoyer acheter de son argent de quoi réchauffer le malheureux qui va voir le jour sur
un lit de paille. Le contraste est frappant, et de
plus, ce tableau n'est que trop vrai. C'est bien ici
le cas de dire un mot sur le traitement que
les communes rurales accordent aux officiers
de santé pour soigner les pauvres malades et
leur fournir des médicamens ; ce traitement
ne s'élève pas au-de là de 15 centimes par jour,
pour le terme moyen des communes de l'arrondissement de Lille. Il y a telle commune

21

du canton de Seclin, composée de 325 habitans, qui donne 25 francs par année au médecin qui soigne ses pauvres, et qui accorde
la bagatelle de *quatre cents francs* au curé d'un
village voisin pour aller y célébrer une messe
tous les dimanches !... et enterrer les morts
indigens, moyennant trois francs, bien entendu. En vérité, on refuse de croire à l'existence de pareilles absurdités !

Je crois pouvoir placer ici quelques conseils à mes jeunes confrères exerçant dans les
campagnes ; mais sans prétention et uniquement
dans la pensée de leur être utile : ainsi,
mes chers collègues, vous avez probablement
fait vos études chez un docteur en médecine,
qui, moyennant six cents francs de pension,
vous a permis de suivre les cours d'un hôpital,
d'étudier dans votre chambre, et de vous présenter après quatre années ainsi passées, devant
le bénévole juri médical, qui à son tour,
moyennant deux cents cinquante francs, vous
a octroyé le droit de disposer de la santé et de
la vie des hommes. Tout cela est fort bien,
mais tout cela ne donne pas le diagnostic d'une
maladie, n'éclaire pas sur les symptômes qui
passent sous vos yeux, et tous vos livres ne
vous donnent pas une seule notion rationnelle

sur la thérapeutique et le pronostic. J'ai éprouvé toutes ces difficultés; j'ai été souvent embarrassé, et il m'a fallu bien du temps pour acquérir un peu de ce tact, de cet aplomb sans lequel on ne peut rien faire en médecine.

Ayez sur votre oreiller et apprenez par cœur le traité des phlegmasies chroniques de M. Broussais. Ayez sur votre table les principes de chirurgie de Legouas, le manuel d'anatomie de M. Bayle, celui de matière médicale de M. Milue-Edwards, et abonnez-vous aux archives générales de médecine : voilà tout ce qu'il vous faut.

Surtout, éloignez-vous des systèmes exclusifs : tel de vos confrères ne voit que la méthode du contro-stimulisme, et traite toutes les phlegmasies par l'émétique à haute dose; tel autre ne voit que des humeurs viciées, et traite le corps humain comme un meuble sale et encroûté; un troisième ne voit point d'autres moyens de guérison que les sangsues et l'eau de gomme. Repoussez les moyens extrêmes, et surtout soyez prudens dans l'emploi des remèdes. Quelques médicamens employés mal à propos peuvent développer dans les organes une stimulation très-vive, produire une véritable phlegmasie, et même des désordres plus graves. Considérez une maladie comme un collection de phénomènes dépendans d'une cause ; dites, comme M. Schoutetten, dans sa thèse inaugurale : *à la rigueur, il n'y a point de maladies, il n'y a que des organes malades*, et vous vous tromperez rarement. Quand une fois vous connaîtrez l'organe malade, prenez M. Broussais pour guide, et vous obtiendrez des succès.

Il est d'usage que le médecin de campagne, éloigné des grandes villes, fournisse des médicamens aux malades : ayez fort peu de drogues et ne les prodiguez pas. Donnez le moins possible des remèdes composés, et n'employez qu'une seule substance à la fois ; afin de pouvoir vous rendre compte de son action sur l'économie. Quelques médecins prétendent qu'il n'existe pas de spécifiques ; je ne suis pas de leur avis : le quinquina, le mercure, l'iode, sont des remèdes spécifiques. Voici le tableau des objets qui vous sont nécessaires.

Médicamens toniques.

Gentiane pulvérisée.
Petite centaurée, la plante.
Chicorée sauvage, racines.
Chicorée sauvage, l'extrait.

Quinquina en poudre.

Quinquina concassé.

Sulfate de quinine.

Gomme Kino.

Cachou.

Sang-dragon.

Fumeterre, l'extrait.

Ratanhia, l'extrait.

Sous-carbonate de fer.

Vin chalybé.

Sulfate d'alumine.

Acétate d'ammoniaque.

Ammoniaque liquide.

Médicamens diffusibles.

Vin.

Alcool.

Ether sulfurique.

Liqueur anodine d'Hoffman.

Ether nitrique.

Médicamens excitans.

Baume de copahu.

Menthe, les feuilles.

Menthe, l'eau distillée.

Mélisse, l'eau distillée.

Hysope, l'eau distillée.

Gomme ammoniaque.

Assa fœtida.

Raifort sauvage, l'alcool.

Scillé, l'oxymel.

Absinthe , la teinture.
Oranger , l'eau distillée.
Valériane , l'extrait.
Soufre sublimé.
Acide nitrique.
Acétate d'ammoniaque.
Ammoniaque liquide.

Médicamens émolliens.

Guimauve , la racine.
Mauve , les feuilles.
Bourrache , les feuilles.
Grande consoude , l'eau distillée.
Lin , les graines.
Gomme arabique en poudre.
Gomme arabique , le sirop.

Médicamens tempérans acidules.

Acide citrique , le sirop.
Orange (le sirop d'écorces d').
Groseilles , le sirop.
Mûres , le sirop.
Tamarins , la pulpe.
Crême de tartre soluble.

Médicamens narcotiques.

Pavots , les têtes.
Opium , l'extrait.
Morphine , le sulfate.
Laudanum de Sydenham.

Médicamens purgatifs.

Jalap , la racine pulvérisée.

Sené , les feuilles.
Rhubarbe , la racine pulvérisée .
Nerprum , le sirop.
Le sulfate de Soude.
Le sulfate de Magnésie.
La teinture de jalap.

Médicamens émétiques.

Ipécacuanha.
Tartre stibié.
Kermès minéral.
Sulfate de Zinc.

Médicamens laxatifs.

Manne.
Huile de ricins.
Huile d'amandes douces.

Médicamens incertœ sedis.

Jusquiame , l'extrait.
Belladonne , l'extrait.
Digitale , l'extrait , la teinture.
Safran , la teinture.
Camphre.
Cantharides , la teinture.
Spigellie.
Nitrate de potasse.
Mercure doux.
Mercure suroxygéné.
Pilules de Belloste.
Hydriodate de potasse.
Iode.

Chapitre II.

CONSIDÉRATIONS GÉNÉRALES SUR LA MA-
NIÈRE D'AGIR EN MÉDECINE, ET SUR L'EM-
PLOI DES MÉDICAMENS.

§ UNIQUE.

Les notions suivantes que je tire du savant ouvrage de M. Barbier, d'Amiens, pourront vous être fort utiles, et vous épargneront la peine de consulter quatre gros volumes.

Dans la pratique, et en suivant la méthode qu'on est convenu d'appeler physiologique, vous aurez constamment occasion de faire usage du traitement anti-phlogistique, ainsi que de la méthode tonique et excitante, à la suite desquelles viendra se placer l'usage des médicamens *incertæ sedis*, dont l'action sur l'économie animale n'est pas bien connue, mais qui produisent pourtant des effets salutaires.

Méthode anti-phlogistique.

Dans cette méthode vous ferez usage de saignées générales et locales; de bains entiers , de fomentations , de médicamens émolliens , tempérans acidules , laxatifs , etc.

En étudiant l'action sur l'économie des sub-stances qui recèlent une vertu émolliente , vous verrez qu'avec ces agens , le thérapeutiste peut agir sur la force matérielle et sur la force vitale des organes , et remplir bien des indications.

On applique directement les émolliens sur des phlegmons , sur des gonflemens fluxionnaires, sur des irritations pathologiques , etc. , pour produire une détente des tissus qui sont compris dans le rayon qu'occupe le travail inflammatoire, pour dissiper l'exaltation que présentent sur ces points du corps les propriétés vitales : alors les composés émolliens prennent les noms de cataplasmes , de fomentations , d'injections , de collyres, de gargarismes , selon la destina-tion qu'on leur donne.

Quand les voies intestinales sont irritées ou phlogosées , les tisanes et les lavemens faits avec des productions végétales, mucilagineuses , huileuses , farineuses , ou des productions ani-males gélatineuses , produisent une action bien-faisante dans l'intérieur de l'estomac et des intestins : leur contact avec les endroits mala-des amène un relâchement salutaire , cause une amélioration évidente. Les émolliens n'agissent pas seulement sur le lieu de leur application : leurs molécules pénètrent dans le sang , se répandent dans toutes les parties.

Si vous réfléchissez sur la constitution physique et le genre de vie de vos campagnards , vous pourrez dire comme M. Broussais que les sept huitièmes des maladies sont dans le ventre. Ainsi , eu égard au grand nombre de lésions de l'appareil digestif, vous ne pourrez méconnaître les bons effets des émolliens dans les irritations de la membrane muqueuse de l'estomac , lorsque la langue est rouge , sèche , qu'il y a une soif ardente ; lorsque l'arrivée des alimens dans la cavité gastrique cause un sentiment de pesanteur , du malaise , une chaleur pénible , si les alimens ont une nature stimulante. Il est inutile de dire que les médicamens émolliens ne sont, dans ce cas , que des auxiliaires recommandables des sangsues et de divers autres remèdes. Si le cœur, le cerveau, les principaux appareils, ont été provoqués, ont reçu une irritation sympathique, les médicamens émolliens, en réprimant leur activité morbide , en modérant tous les accidens fébriles , multiplient les services qu'ils rendent à la thérapeutique. On sait quelle importance les boissons mucilagineu-

ses , amilacées , oléagineuses , gélatineuses ,
ont dans le traitement des empoisonnemens par
des matières caustiques : faites-en prendre de
grandes doses dans les premiers momens pour
déterminer des vomissemens et des déjections
qui entraînent la matière vénéneuse : donnez-
les encore plus tard pour combattre la phlogose
et les désordres que celle-ci a laissés dans la
cavité gastrique.

Lorsqu'il se fait une exhalation sanguine sur
la face interne de l'estomac , et qu'un malade
vomit du sang , recourez aux boissons douées
de la vertu émolliente , surtout si une douleur , un sentiment d'ardeur dans la région
gastrique , décèle un travail inflammatoire
dans l'intérieur de l'estomac. Dans les squir-
res , les cancers d'estomac , l'emploi des médicamens émolliens est toujours favorable ,
lorsqu'il survient autour ou sur les lieux de
ce viscère qui sont affectés ou dégénérés , un
travail d'irritation , une phlogose , des sortes
d'éruptions , etc.: l'impression adoucissante
des émolliens ne manque jamais de calmer ,
de diminuer les souffrances du malade. Il est
vrai que ces agens sont incapables de travailler à la guérison de la lésion de l'estomac ,
mais les substances émollientes ont au moins
la faculté de procurer des momens de calme.

Vous trouverez dans les médicamens émolliens de puissans secours contre les lésions intestinales. Ils réussissent tous les jours à guérir
les diarrhées qu'entretient une irritation de la
membrane muqueuse des intestins, si cette
irritation est récente, simple, exempte d'ul-
cération ; l'usage de la décoction blanche, de
la solution de gomme arabique sucrée, de la
tisane de riz, de gruau, de grande consoude, que l'on édulcore avec le sirop d'orgeat,
de guimauve, ou même avec le sirop d'oranges, de groseilles, de limons, etc. ; l'usage du
bouillon de corne de cerf, de poulet, de gre-
nouilles, diminue d'abord l'ardeur intestinale,
la fréquence des déjections ; les selles deviennent plus rares ; elles acquièrent plus de consistance, les coliques diminuent. Remarquez
que les boissons mucilagineuses ont moins de
succès, lorsque le siége principal de la phlogose existe dans la dernière portion de l'intestin grêle, des expériences faites sur des animaux vivans ont appris que ces boissons étaient
ordinairement absorbées avant d'arriver dans
l'iléon. Elles ne peuvent plus alors s'appliquer
immédiatement sur les parties malades : si l'irritation ou la phlogose qui entretient la diarrhée, occupe l'intérieur des gros intestins,

cés boissons sont encore moins utiles, parce qu'elles ne parviennent pas jusqu'aux parties affectées : alors il faut injecter par l'anus les médicamens émolliens ; des lavemens composés avec la graine de lin, la racine de guimauve ; avec le bouillon de veau, de poulet dans lequel on délaie un jaune d'œuf ; avec une solution d'amidon, etc., ont une efficacité bien reconnue. On donne des demi-lavemens, même moins, pour que leur poids ne cause pas de tiraillemens pénibles, pour qu'ils ne fatiguent pas les gros intestins, qu'ils ne provoquent pas de contraction de cés organes qui les expulseraient aussitôt après leur injection, qui ne permettraient pas de les garder, de les laisser séjourner avec les surfaces malades. Quand la diarrhée est récente, qu'elle dépend d'une simple irritation de la membrane muqueuse des gros intestins, ce traitement, aidé par un régime convenable, fait cesser en peu de temps le sentiment pénible que l'on éprouve dans la région du colon ; les coliques, les déjections, la chaleur du fondement, le ténesme, etc., disparaissent ; les gros intestins ont repris leur situation physiologique.

S'il existe des ulcérations de la membrane

muqueuse intestinale, si surtout la phlogose est ancienne, les émolliens n'obtiennent plus un succès aussi complet; toutefois ils nè cessent jamais de se montrer salutaires : ils rendent les déjections moins fréquentes, moins fétides, les coliques moins vives et moins douloureuses. Il est bien utile d'ajouter aux boissons émollientes une préparation opiacée à petites doses, comme le sirop diacode, l'infusion aqueuse d'opium, le laudanum liquide de Sydenham, et surtout l'acétate de morphine : le succès est plus prompt et plus sûr. Vous observerez journellement dans vos communes rurales, des indigens de tous les âges avec des dévoiemens qui ont pour cause occasionelle un mauvais régime, des alimens indigestes, mal choisis, irritans, pris en trop grande quantité après une abstinence forcée, et pour cause prochaine une irritation de la la surface intestinale. L'usage d'une boisson émolliente, légèrement opiacée, l'administration d'un ou deux demi-lavemens de même nature, une nourriture douce, prise en petite quantité, guérissent en peu de temps la plus grande partie de ces dévoiemens.

Lorsque la diarrhée est un des symptômes des maladies fébriles, les médicamens émol-

liens multiplient les services qu'ils rendent :
il ont encore une utilité incontestable dans la
dyssenterie. Leur puissance n'est pas ordinairement capable de faire cesser la maladie ,
mais elle concourt au succès du traitement.

Dans les maladies de l'appareil circulatoire, dans les affections fébriles, où les batte-
mens vifs, précipités du cœur, la fréquence
du pouls, le développement de la chaleur animale attestent que l'appareil circulatoire est
dans un état d'irritation, les boissons émollientes produisent un très-grand bien. Elles
sont aussi indiquées dans les irritations des
poumons, qui accompagnent si fréquemment
les maladies fébriles ; dans les phlogoses de la
membrane muqueuse des bronches, les rhumes, les catharres pulmonaires, la bronchite,
l'utilité des émolliens les a rendus un remède
populaire.

L'engorgement inflammatoire du tissu pulmonaire, la péripneumonie, la pleurésie, l'hémoptysie, la phthisie pulmonaire, les maladies de l'appareil cérébral réclament l'emploi
des émolliens ; mais il faut d'autres secours
pour débarrasser les tissus de ces divers organes de la surabondance de sang qui les remplit,
et c'est alors que le traitement anti-phlogistique est indispensable.

L'expérience a consacré l'usage des boissons émollientes dans les maladies de la peau, dans la petite vérole, la rougeole, la scarlatine, etc.; on doit toujours craindre, dans ces maladies, qu'il ne se développe une phlegmasie dans les organes digestifs, circulatoires, pulmonaires, cérébraux; car les terminaisons funestes de ces maladies proviennent toujours de ces phlogoses concomitantes.

Après les médicamens émolliens viennent naturellement se placer les boissons acidules qui offrent un moyen efficace contre un grand nombre d'affections qui se rapportent à la fonction digestive : fréquemment ces boissons montrent une vertu stomachique plus sûre, plus évidente que celle des substances toniques et excitantes. Quelques jours de leur emploi dissipent les anorexies, les dyspepsies, les gastrodynies, les diarrhées, les constipations opiniâtres, etc., qui tiennent à une irritation de la surface gastro-intestinale. C'est surtout dans cette occasion que l'on voit la limonade, l'eau de groseilles, les oranges, etc., ouvrir l'appétit, tenir le ventre libre ou arrêter le dévoiement.

Vous retirerez un avantage incontestable de l'usage des acidules dans les ulcérations de la bouche, du pharynx; on les administre en boissons ou en gargarismes. Conseillez-les dans la phlegmasie des tissus gastriques et intestinaux. Alors vous pouvez rendre la boisson aussi douce que l'exigera la susceptibilité morbide de l'estomac et des intestins. N'oubliez pas toutefois l'énergie que montre alors l'absorption dans les voies alimentaires ; souvent la liqueur médicamenteuse a disparu avant d'être arrivée dans la dernière partie des intestins grêles : aussi c'est toujours en lavemens qu'il faut administrer les substances médicales que l'on veut opposer aux lésions des gros intestins.

Les acides sont reconnus pour des vermifuges puissans. On conseille le suc de citron, pris concentré, lorsqu'il existe des vers dans les intestins.

Les boissons acidules ne peuvent rendre que de bien faibles services dans les maladies du cœur. Leur propriété tempérante conviendrait bien dans le traitement de l'inflammation des organes pulmonaires ; mais leurs tissus, lorsqu'ils sont dans un état de phlogose, ne peuvent supporter l'impression des molécules acides ; celles-ci provoquent une toux qui augmenterait l'inflammation : aussi faut-il vous abstenir des acidules dans la pleurésie, la péripneumonie, la bronchite. Lorsque les organes respira-

22

toires sont exempts d'inflammation , mais que la membrane muqueuse des bronches fournit une excrétion abondante de mucosité , les acidules se montrent parfois favorables en facilitant leur expulsion. L'oxymel simple s'administre souvent dans les catarrhes , les toux humides , comme remède expectorant , incisif , etc.

Entre les médicamens dont je viens de vous occuper , et ceux que met en usage la méthode tonique et excitante , viennent se placer les médicamens narcotiques , purgatifs , émétiques et laxatifs : M. Barbier sera encore notre guide dans cette affaire.

Narcotiques.

Quand la membrane muqueuse gastrique est fortement irritée, l'opium , l'acétate de morphine ne conviennent pas ; dans les dégénérescences cancéreuses de ce viscère , l'opium ne réussit pas toujours : il offense souvent les tissus que l'on voulait engourdir, et tourmente le malade au lieu de le soulager.

Quand les tissus gastriques sont sains , l'impression que l'opium fait sur leurs nerfs change tout-à-coup leur condition actuelle. Les vomissemens spasmodiques , les douleurs , les crampes d'estomac, cèdent fréquemment à son usage ;

il est encore très-utile dans les ulcérations intestinales , dans la diarrhée, dans la dyssenterie. Donnez alors de quatre heures en quatre
heures une tasse d'infusion mucilagineuse dans
laquelle vous ferez mettre du sirop de diacode,
du sirop d'acétate , ou mieux encore du sirop
de sulfate de morphine. Dans le choléra-morbus sporadique , vous obtiendrez des avantages
qui tiendront du prodige en donnant de demi-
heure en demi-heure six gouttes de laudanum
liquide de Sydenham dans une cuillerée d'eau
sucrée. Dans les coliques, l'opium en lavemens
devient encore un secours plein d'énergie.

Vous observerez que dans le premier temps
des rhumes, une préparation opiacée , prise le
soir , donne une nuit plus calme, et prépare
une sueur salutaire. Dans l'hémoptysie , c'est
un point important d'arrêter la toux, parce
qu'en secouant le tissu pulmonaire , elle augmente encore la congestion capillaire qui verse
le sang dans les cellules bronchiques : au moyen
de l'opium , on arrête ces accidens. Il rend
aussi les plus grands services dans la phthisie :
combien de fois ne serez-vous pas touché de
l'accueil amical , des expressions de reconnaissance d'un malheureux phthisique qui viendra
de passer une bonne nuit parce qu'il aura pris
du sirop de diacode.

L'opium sera encore employé avec succès dans les maladies des voies urinaires , de l'appareil génital , de la peau , et dans les maladies vénériennes.

Purgatifs.

Il est digne de remarque que ceux des anciens médecins qui suivaient la doctrine hippocratique, étaient conduits à employer les purgatifs dans les mêmes cas où la pratique éclairée par la physiologie reconnaît aujourd'hui leur utilité , et à les rejeter dans les circonstances où les voies digestives ne permettaient pas d'y recourir sans qu'il en résultât des accidens. Aujourd'hui comme alors , l'expérience nous apprend que les signes qui révèlent que les purgatifs peuvent être employés sans danger sont l'humidité de la bouche ; l'enduit blanchâtre ou jaunâtre de la langue ; le gonflement , avec souplesse et sans douleur , du bas ventre et des hypocondres ; une disposition molle et souple de la peau ; des urines bilieuses et safranées ; quelques tranchées , des borborygmes , le pouls souple. Dans cette disposition , un purgatif déterminera une activité singulière dans les organes sécréteurs et exhalans du bas-ventre ; il occasionera des excrétions faciles , abondantes et salutaires. Gardez-vous bien, au contraire, de mettre les purgatifs en usage, lorsque la sécheresse de la bouche, la violence de la soif, l'ardeur, l'aridité, la rigidité, quelquefois la noirceur de la langue, la limpidité ou la couleur enflammée des urines, l'élévation plus ou moins douloureuse du bas-ventre, un sentiment intérieur d'ardeur dans les intestins, la rareté des déjections, dont la matière est consistante, la tension et la vivacité du pouls, la peau non perspirable, etc., vous démontreront que leur impression irritante blesserait la surface intestinale, qui est plus sèche, plus rouge, plus sensible, que dans la condition ordinaire ; qu'elle occasionerait des tranchées violentes, et qu'au lieu d'une purgation douce et salutaire, elle ne produirait que l'évacuation forcée, pénible, d'un peu de sérosité. Vous ne tarderiez pas alors à voir se développer tous les accidens morbides qui accompagnent la gastro-entérite aiguë.

Lorsque la membrane muqueuse qui recouvre l'intérieur des intestins est dans un état morbide, les purgatifs sont nuisibles. Ils doivent être repoussés dans l'entérite, dans les ulcérations des intestins. Ils réussissent pourtant, à faible dose (un gros chaque matin), à arrêter des flux diarrhéiques, que l'on croirait voir s'augmenter sous leur influence : alors ils font plus, ils rappellent l'appétit, ils rétablissent les digestions.

Les purgatifs sont utiles dans le traitement des maladies du foie, quand cet organe n'est point pris de phlogose ; ils ne conviennent pas dans la péritonite, et rendent peu de service dans les maladies des appareils circulatoire et respiratoire.

Ces agens sont recommandables dans le traitement de l'apoplexie : dans la paralysie, l'hémiplégie, la paplégie, une forte irritation intestinale peut devenir salutaire. On a donné avec succès les purgatifs dans la leucophlegmatie : lorsque ces agens parviennent à déterminer une exhalation considérable sur la surface intestinale, qu'ils provoquent des selles aqueuses, abondantes, ils soulagent toujours les hydropiques ; ils peuvent même, s'il n'existe pas de lésions graves d'un ou de plusieurs organes, concourir à leur guérison.

Emétiques.

Lorsqu'un malade a de l'inappétence, qu'il se plaint de ne pouvoir manger, qu'il a même du dégoût ; que la langue est humide, large mais chargée d'un enduit blanchâtre ; qu'il a un goût fade dans la bouche ; que la salive paraît plus épaisse , filante ; qu'il éprouve un sentiment de plénitude , si le foie participe à l'état morbide de la surface gastro-intestinale , si ce viscère est dans un état de turgescence , on observe quelques phénomènes de plus : la bouche est amère , la langue jaunâtre , le malade se plaint de rapports désagréables ; il vomit souvent de la bile pure : alors un émétique produit un effet vomitif et un effet évacuatif également salutaires.

Mais si la surface gastro-duodénale est prise d'une vive irritation , que décèlent les lèvres d'un rouge vif , écailleuses , la langue rétrécie , pointue, rouge aux bords et à sa pointe , sèche , fendillée , etc. , la soif , un sentiment de chaleur dans la région épigastrique qui est sensible à la pression ; un médicament émétique devient incertain , dangereux , souvent pernicieux , et le mal qu'il a fait ne se borne pas toujours aux parties qu'il attaque ; ses effets nuisibles, sont plus nombreux , quand la lésion de l'estomac a fait des provocations au cœur, au cerveau , etc. , enfin quand il existe un état de fièvre , alors ce médicament semble à la fois offenser tous les appareils organiques du corps , et son administration peut avoir les suites les plus funestes ;

il est très-ordinaire de voir un émétique produire une gastro-entérite aiguë ; quel mal ne
doit-il pas produire lorsqu'il est administré
quand cette affection existe déjà ?

. Le tartre stibié est d'un secours aussi prompt
qu'efficace dans les empoisonnemens, lorsqu'on
est appelé peu de temps après l'ingestion du
poison, et qu'on peut le supposer encore dans
l'estomac.

Vous pourrez avoir recours aux émétiques
dans l'affection de la trachée-artère et du larynx que l'on nomme croup ; mais ce moyen ne
sera efficace qu'autant que vous l'accompagne-
rez de saignées générales et locales. |

. Dans la péripneumonie, j'ai employé plusieurs fois avec succès le tartre stibié, à la dose
de vingt-quatre à trente grains par jour, après
l'avoir fait précéder de la saignée.

· On a vanté l'emploi des émétiques dans les
toux convulsives, dans la coqueluche ; leur
action curative me paraît provenir de la révolution que l'irritation gastrique opère à l'égard des
organes pulmonaires. Vous avez vu page 327 de
cet ouvrage, que des applications topiques de
tartre stibié sur l'épigastre, peuvent aussi devenir salutaires.

Dans les plaies de tête, vous verrez l'éméti-

que administré en lavage , établir sur la surface
gastro-intestinale une irritation salutaire , propre à détourner celle qui menace l'arachnoïde.

Toniques.

Le Thérapeutiste ne se contente pas d'avoir
aperçu la forme d'une maladie , il veut en
connaître le fond ou l'essence ; il observe avec
soin de quelle nature est la lésion qui trouble
l'action naturelle de l'estomac , qui vicie l'exercice de ses fonctions ; il cherche dans l'état
actuel de ce viscère la cause de l'inappétence
du malade , de la difficulté de ses digestions ,
de leur perversion. Il conçoit l'utilité des médicamens toniques si les tuniques de l'estomac
sont dans un état de mollesse , de ramollissement , ou si, mal restaurées , elles ont perdu
de leur volume , elles sont amincies ; puisque
l'impression des molécules toniques est propre à
ranimer la vitalité de ces tuniques , à corriger
cette lésion matérielle par un mode de nutrition
plus régulier et plus actif.

Les médicamens toniques obtiendront encore
des succès dans les lésions vitales de l'estomac ,
lorsqu'elles tiendront à ce que l'influence nerveuse qui vivifie ses tissus , aura éprouvé un dé-
croissement ; alors ce viscère sera dans un état

d'atonie , de langueur. L'opération de ces agens sur les nerfs mêmes de l'estomac pourra réveiller cette influence ; leur action sur l'appareil cérébral , sur le système des nerfs ganglionnaires, lui donnera l'activité qui convient à l'exercice de la fonction digestive.

Il est évident que les toniques sont contraires lorsque la cause des accidens dont j'ai parlé est une irritation de la membrane muqueuse de l'estomac. Il est également évident que lorsqu'un travail de phlogose occupe toutes les tuniques de ce viscère , les médicamens de cette classe doivent être proscrits ; leur action immédiate animerait davantage le foyer inflammatoire. Ce que je dis de l'estomac est applicable aux intestins : on ne doit plus penser à appliquer ces agens , quand les voies intestinales sont échauffées , irritées. Lorsque l'intérieur des intestins est plus rouge , plus sensible, plus chaud, pourrait-il supporter le contact des principes tannins , résineux , de l'acide gallique dont sont chargés les médicamens toniques.

Ces agens sont presque toujours contraires dans les maladies des appareils de la circulation, de la respiration et de l'encéphale ; on vante l'usage des toniques à la fin du catarrhe vésical, et l'on s'est servi avec avantage de ces agens dans les pertes utérines , lorsque par leur durée et leur abondance elles épuisaient les forces de la vie , et qu'un état d'atonie du tissu de la matrice favorisait la sortie du sang. Lorsqu'il y a de la douleur, de la chaleur dans cet organe , de la pesanteur dans les lombes , lorsque le pouls est dur et plein , repoussez les toniques. Alors les véritables emménagogues sont les saignées , les bains , les émolliens. ·

Les toniques ont de tout temps joué un grand rôle dans les affections pathologiques que l'on s'est plu à désigner par les éphitètes absurdes de fièvres inflammatoires , bilieuses , muqueuses , adynamyques , ataxiques , et dans ces deux dernières surtout. Défiez-vous de ces théories vicieuses : ne voyez point dans les maladies des êtres malfaisans descendus du ciel tout exprès pour accabler la pauvre espèce humaine , ou pour venir se caser tout bonnement dans telle classe et dans tel genre qu'il a plu à tel ou tel faiseur de système d'imaginer.

Je vous l'ai déjà dit avec un compatriote qui promet de donner à son pays un médecin distingué : il n'existe point de maladies, il n'y a que des organes malades. Quand on rapportait la cause des gastrites et gastro-entérites (fièvres putrides ou adynamiques) à une altération sceptique des humeurs, c'était pour arrêter les progrès d'une décomposition qui menaçait d'embrasser tout le corps, que l'on administrait les agens toniques et excitans. Alors on les appelait des anti-sceptiques. Ceux qui ont vu dans ces fièvres une débilité profonde des propriétés vitales, ont aussi eu recours à ces mêmes remèdes, mais ils en attendaient un autre effet : ils les regardaient comme propres à relever les forces abattues, à ranimer l'activité défaillante des appareils qui président aux fonctions essentielles à la vie. Le phénomène morbide auquel on attribue l'adynamie, loin d'être combattu par l'action des toniques, n'en peut recevoir qu'une nouvelle force : aussi l'observation prouve-t-elle que le quinquina et les autres amers ne conviennent pas pour prévenir cet état pathologique, qu'ils sont incapables de le dissiper lorsqu'il existe.

Toutefois, des praticiens recommandables soutiennent encore la cause des toniques dans le traitement des fièvres adynamiques (admettons le mot pour un moment) : ils se croient autorisés par l'expérience à les regarder comme des remèdes qui souvent rendent des services incontestables. Mais il est facile de voir dans les observations qu'ils rapportent, qu'ils réduisent

les toniques au rôle de secours incertains à l'aide
desquels on essaie de ranimer les forces, lorsqu'il
y a dans ces fièvres un refroidissement de tout
le corps, une débilité extrême du pouls, une pâleur de la face, etc. Alors que l'on ne donne ces
agens que dans des cas désespérés, on n'aura plus
qu'à regretter que leur pouvoir soit si faible, si
rarement efficace. On peut conclure de tout cela
cependant que quand on donne les toniques
dans les premiers temps des fièvres prétendues
adynamiques, ils sont manifestement nuisibles ;
mais que quand on les donne après que la maladie
a pris un caractère pernicieux, on ne voit plus
qu'ils font quelque mal, on ne découvre pas
plus facilement s'ils sont réellement utiles.

Les médicamens toniques jouissent d'une célébrité non contestée dans les fièvres intermittentes : je n'ai pas besoin de vous en parler ici
et vous connaissez depuis long-temps les bons
effets du sulfate de quinine.

Excitans.

Des médicamens toniques aux médicamens
excitans, la transition paraît d'abord peu sensible, et cependant ils doivent en être séparés ;
la substance de ces derniers se compose de principes chimiques différens ; ils ne font pas sur

les substances vivantes la même espèce d'impression ; ils ne déterminent pas les mêmes effets physiologiques ; enfin, dans le traitement des maladies, ils servent à remplir des indications distinctes. C'est sur la tonicité des tissus vivans qu'agissent les médicamens de la première classe : c'est la contractilité de ces tissus que développent les excitans. Les premiers rendent les mouvemens forts, les derniers leur donnent plus de fréquence ; et pour ne parler que de l'estomac, les toniques, en fortifiant cet organe, assurent à la digestion une grande perfection ; les excitans impriment plus de célérité à l'exercice de cette fonction.

Les phénomènes que l'on observe dans toutes les fonctions de la vie démontrent assez la complication, l'étendue, l'importance de la méthode que l'on nomme excitante. Ce mode de médication présente l'économie animale dans une condition nouvelle et fort agitée ; les digestions plus promptes, plus parfaites, fournissent une plus grande proportion de molécules réparatrices ; la circulation a plus de rapidité, la respiration donne un caractère plus animé, plus vivifiant au sang que les artères répandent dans toutes les parties : la chaleur vitale se développe ; les sécrétions et les exhalations sont abondantes ; les facultés morales offrent une exaltation marquée ; etc. , etc.

Mais si l'on prend les agens excitans à trop haute dose ou pendant trop long-temps , ces mêmes effets organiques deviennent nuisibles. Les fonctions digestives perdent de leur intégrité : ce n'est plus cette excitation modérée qui réveillait l'énergie des organes , qui animait leurs mouvemens : c'est une agression violente , perturbatrice , qui désordonne tout dans l'économie animale : l'usage immodéré des excitans produit des phlegmasies chroniques , des marasmes, des hydropisies , etc. , etc. ; on rencontre tous les jours dans la pratique des faits qui attestent les effets pernicieux de l'abus du café , des épices , et des liqueurs fortes.

Les substances excitantes conviennent quand il y a inertie dans lés mouvemens organiques , quand les fonctions de la vie s'exécutent avec trop de lenteur : on s'en sert pour déterminer une sécrétion ou une exhalation qui doit devenir salutaire. Les toniques au contraire sont employés lorsqu'on désire donner au tissu d'une partie plus de ton , plus de force matérielle , sans accélérer ses mouvemens, lorsque l'on veut corroborer le système animal tout entier , accroître la vigueur organique sur tous les points du corps, sans précipiter le cours du sang ni forcer les organes à des mouvemens rapides.

Excitans diffusibles.

Les excitans diffusibles produisent des effets encore plus nuisibles lorsque l'estomac est dans un état d'irritation, que sa surface muqueuse est rouge, chaude, et très-sensible. Le cœur est aussi soumis à leur influence; à peine ces agens sont-ils administrés que le pouls devient plus fort, plus élevé et surtout plus fréquent. Dans la phlogose de la membrane muqueuse pulmonaire, ils augmentent la toux, la rendent pénible et suppriment l'expectoration quand elle commence à s'établir : mais si cette phlogose est legère, récente, si le médicament excitant diffusible, pris à forte dose, provoque une abondante sueur, celle-ci parvient souvent, par un effet révulsif, à enlever l'irritation pulmonaire, à faire avorter la maladie ; mais quand ce phénomène n'a pas lieu, le vin sucré, le punch, l'eau-de-vie avec du sucre, etc., augmentent l'inflammation et changent un simple rhume en une péripneumonie.

Vous connaissez probablement l'étonnant pouvoir des agens diffusibles sur les facultés

morales de l'homme. Ils élèvent l'ame , multiplient les idées , donnent à l'esprit plus de vivacité, enflamment l'imagination ; l'usage des diffusibles excite les passions , éloigne les soucis , les
chagrins , inspire la gaîté ; il allume le courage , porte à braver les dangers , il fait des
téméraires. A la suite d'un grand repas , lorsque tous les convives sont sous la puissance
des liqueurs diffusibles , il y a une harmonie
entre toutes les volontés , une tendance réci-
proque à multiplier les témoignages d'amitié ,
de confiance, etc. ; un état commun d'excitation
rapproche tous les convives, et cette conformité du physique semble appeler la conformité
des affections , des désirs , des sentimens.

Mais à l'exaltation des facultés morales succè-
de un état tout différent , si l'on prend en peu
de temps une grande dose de liqueur vineuse
ou alcoolique. La tête devient pesante , la figure
bouffie , elle perd son expression naturelle ; les
yeux gonflés , moins ouverts , sont languissans ;
les muscles semblent d'abord moins dociles aux
ordres de la volonté ; la marche est chancelante.
Bientôt le système musculaire cesse de recevoir
des nerfs les principes qui l'animent ; il éprouve
une détente complète ; le corps est courbé en
avant, les bras pendans ; il s'affaisse sur lui-mê-

me ; il existe une espèce de paralysie. Un assoupissement profond , qui se continue pendant
plusieurs heures , termine cette scène dégoûtante.

Excitans *incertæ sedis.*

Il existe beaucoup de médicamens que M. Barbier place dans la classe *incertæ sedis ;* je ne
vous entretiendrai que de ceux cités dans la
nomenclature chapitre IV de cette partie : je
vous en indiquerai la nature, les effets et les
usages.

Jusquiame.

Plante annuelle , souvent bisannuelle , qui
vient spontanément dans les endroits incultes ,
autour des habitations , près des villages , au
bord des grandes routes. On se sert de la tige et
des feuilles de cette plante : toutefois les racines
et les semences possèdent les mêmes propriétés
que les autres parties.

On administre la jusquiame en poudré à la
dose de trois, six, jusqu'à quinze grains , même
un scrupule et plus par jour. L'extrait se donne
à la dose d'un à deux grains à la fois : on peut
augmenter peu à peu la dose, et l'élever très-
haut. La teinture alcoolique se donne par gouttes.

Il est un certain nombre de maladies dans

lesquelles on accorde à la jusquiame une grande efficacité. Il faut surtout remarquer que ce n'est pas l'influence que cette plante porte sur l'appareil digestif, sur l'appareil circulatoire, etc., qui la rend salutaire : son utilité tient le plus ordinairement à la faculté qu'elle a de modifier l'état actuel du cerveau, de lui imprimer une disposition vitale, de donner à l'influence nerveuse un autre cours.

Belladone.

Plante vivace, qui croît sur les bords des bois montueux en France, en Allemagne, en Italie, etc.

On emploie en médecine la racine et la feuille de la belladone en poudre. L'extrait se donne à la dose d'un à quatre grains : il faut commencer par petites doses, se rappeler que ce médicament est très-dangereux dans des mains peu exercées à manier les poisons que la médecine emploie au traitement des maladies, et être attentif aux phénomènes nerveux qui se manifestent.

Ce n'est point dans la bronchite, dans la péripneumonie, dans la pleurésie, dans la phthisie et autres lésions matérielles qu'on recherche la belladone, mais dans les toux sèches, nerveuses, convulsives, dans les coqueluches, etc. ;

dans cette dernière maladie , la poudre des feuilles ou de la racine , à la dose de deux grains mêlés avec du sucre , pris en trois fois dans la journée , produit des effets très-salutaires. On emploie aussi la teinture par gouttes.

Douce-amère.

Sous-arbrisseau sarmenteux qui croît spontanément dans les haies , au bord des bois , dans les lieux humides. On administre les tiges de douce-amère en décoction ; on commence par deux gros , et l'on va jusqu'à deux onces par jour , avec lesquels on fait trois ou quatre verres de décoction. L'extrait et la teinture ont peu de vertu.

Digitale-pourprée.

Plante bisannuelle , qui croît dans les bois montueux, dans les lieux secs , pierreux et sablonneux. On la cultive dans les jardins , où ses longues colonnes de fleurs font un bel effet.

On administre les feuilles en poudre : la teinture alcoolique et l'extrait sont fréquemment employés.

La digitale pourprée a acquis une grande célébrité en médecine : 1° elle stimule directement les tissus malades, les organes où il

s'est formé des engorgemens ; etc ; 2.° elle
excite l'action sécrétoire des reins , et décide
un écoulement abondant d'urine ; 3°. elle ralentit les contractions du cœur ; elle affaiblit
les mouvemens circulatoires , et fait perdre
au pouls sa vivacité, sa fréquence morbide.

Safran,

Plante vivace , dont la racine est bulbeuse,
qui croît spontanément dans les montagnes de
l'Asie , de la Barbarie , et que l'on cultive dans
plusieurs provinces de France, La fleur de
cette plante contient un style qui porte un
stigmate rouge , plus long que les étamines ,
ordinairement penché ou très-pendant , profondément divisé en trois lobes épaissis vers
le sommet : ces stigmates sont d'un rouge
orangé , d'une odeur aromatique ; ce sont
ceux qui forment le safran.

On l'administre en poudre à la dose de six,
douze , vingt-quatre grains, un demi-gros et
plus , selon le degré d'intensité que l'on veut
donner aux effets immédiats de cette substance. On met aussi cette poudre en pilules ,
dans un électuaire. La teinture est fréquemment employée.

On l'emploie de quatre à six grains comme stomachique ; à une dose élevée, il dissipe l'inertie du système utérin, il ranime son action vitale et rétablit la menstruation.

Camphre.

Principe immédiat des végétaux, que l'on retire du Laurus Camphora, arbre abondant au Japon, à Ceylan.

On l'administre ordinairement en poudre ou en bols. On ne parvient à le pulvériser qu'en y ajoutant une petite quantité d'alcool. On l'étend avec du sucre ou une autre poudre adoucissante. On le suspend aussi dans un véhicule aqueux : du reste, il est maintenant peu employé à l'intérieur, et ne sert guère que comme topique suspendu dans l'alcool.

Nitrate de potasse.

Sel formé par la combinaison de l'acide nitrique et de la potasse. Il s'administre en bols, ou dissous dans la tisane du malade.

C'est un remède familier dans les infiltrations cellulaires, dans les hydropisies. On prétend qu'il excite le tissu des reins et active la sécrétion des urines.

Savon médicinal.

Ce savon s'obtient en combinant la soude caustique avec l'huile d'amande douce. On le donne à la dose de six à douze grains par jour; on peut aller beaucoup plus loin.

On conseille l'eau de savon dans les empoisonnemens par les acides. On l'applique à l'extérieur sur les tumeurs indolentes , sur les engorgemens des glandes , etc. On l'ajoute dans les lavemens , lorsqu'on veut titiller les gros intestins , et obtenir l'expulsion de ce qu'ils contiennent.

Oxyde de zinc.

On prépare cet oxyde en mettant du zinc dans un creuset et en l'exposant à l'action du feu.

On donne cette préparation en poudre mêlée avec du sucre , en électuaire , en bols ou en pilules.

On obtient de bons effets de ce remède dans l'épilepsie , les maladies convulsives , mais il fatigue beaucoup les voies digestives.

Iode , hydriodate de potasse.

Corps simple , qu'on retire des eaux-mères de cendres de Varech , avec lequel on compose l'hydriodate de potasse.

On l'administre en solution alcoolique. La dose est de dix à vingt gouttes matin et soir.

On l'emploie aussi en pommade sur les tumeurs et particulièrement contre le goître. J'ai obtenu des succès marqués en l'employant contre cette dernière maladie.

CONCLUSION.

En somme , lecteur , est-ce un mauvais ouvrage que je vous donne là ? ma foi , J'ai bien
peur que vous ne me répondiez par l'affirmative.
Cependant

> Ce livre offre du bon , du faible , du mauvais ;
> Vous trouverez qu'ainsi tous les livres sont faits.

Je sais bien , à la rigueur , que j'aurais pu
modestement prendre le titre d'essai d'une
Topographie de l'arrondissement de Lille , mais
j'ai fait cette réflexion tardivement , et aujour-
d'hui que l'ouvrage est imprimé , il m'est impossible d'y rien changer. Cependant , si le
suffrage du public me prouve que j'ai posé les
fondemens d'un ouvrage utile , je pourrai faire
en grand ce que je n'ai fait qu'en abrégé. La
matière est abondante , et l'accueil bienveillant
que je reçois de mes nombreux souscripteurs ,
est pour moi un bien puissant encouragement.

FIN.

TABLE DES MATIÈRES.

PREMIÈRE PARTIE.

DEUXIÈME PARTIE.

CHAPITRE 1.er Statistique de l'arrondissement de Lille.

Fin de la Table.

Défauts constatés sur le document original

Contraste insuffisant ou différent, mauvaise qualité d'impression

Under-contrast or different, bad printing quality